自媒体运营
从入门到精通

◎ 自媒体时代,精心打造自媒体运营干货 ◎

自媒体运营从入门到精通

杨飞 黄小波 著

中国商业出版社

图书在版编目（CIP）数据

自媒体运营从入门到精通 / 杨飞，黄小波著 . — 北京：中国商业出版社，2018.2

ISBN 978-7-5208-0244-4

Ⅰ . ①自… Ⅱ . ①杨… ②黄… Ⅲ . ①传播媒介 – 网络营销 Ⅳ . ① G206.2

中国版本图书馆 CIP 数据核字 (2018) 第 028730 号

责任编辑：唐伟荣

中国商业出版社出版发行

010-63180647　　www.c-cbook.com

(100053　北京广安门内报国寺 1 号)

新华书店经销

天津冠豪恒胜业印刷有限公司印刷

*

710 毫米 ×1000 毫米　1/16　15.5 印张　200 千字

2018 年 2 月第 1 版　　2019 年 10 月第 2 次印刷

定价：48.00 元

* * *

（如有印装质量问题可更换）

前　言

当我们看到很多自媒体相关书籍不厌其烦地大谈自媒体的前景时，会发现其实那些只是未来式，与当下无关。就像我们可以随意地遐想自己的未来是怎样的一样，但却很难行之有效地花费时间去实现那样的未来。"遐想"与"做到"之间还相距很远。

自媒体之大，远远不是自媒体人能够想象到的，我们耳熟能详的罗辑思维、六神磊磊、papi酱等只是冰山一角，海面下还有其更加庞大的身躯，这才是它的主要架构，这也是大多数自媒体人的立身之地。当然，在冰山下，还有很多我们看不见的"透明冰"，这又是另一个难以描述的世界，但它们都是自媒体空间。

如今互联网的最大金矿就是自媒体，它对个人的认知改变、对企业的互联网改造，证明过去那种单极化的互联网区块已经被打破。大家都能切身体会到如今以自媒体为代表的多元化内容正在颠覆传统媒体的有限体验，也能体会到"人人发言，人人创作"的理念给大众在寻找内容时带来了更多自由的选择。随着自媒体的发展，有思想、有行动力的人一定会投身其中，而观望者会始终观望。这是必然的，毕竟自媒体和其他行业比起来，还只是一个新兴行业。但正因如此，这也是自媒体不断努力前进的动力。

在如此深刻而复杂的自媒体带来的变革背景下，很多人都会感到脱离了时代，由此会显露出惶恐和无助，其实大可不必如此。自媒体不是随时在变

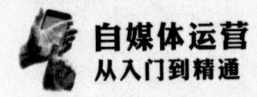

的，大家也不是随时不能变的。实际上，用户并不是在传统与变革之间做"二选一"，用户只是在选择一个对他来说利益最大化的答案。因此在某种意义上，自媒体只是一种工具，这种工具对于任何人都是一样的起点，当然也包括各行各业的传统企业。

如果你是做自媒体的，想要通过创作内容来引流变现，虽然你懂得很多自媒体知识，但还不知道该怎样运用，犹如战争，不是人多就能解决问题，还要懂得排兵布阵才能战胜对方。

毫无疑问，通过阅读本书，能给你在自媒体中的成长带来一个积极的形象，给你的行动指出最好的方向。如果你可以做到学以致用，那么你将在自媒体世界开启一段惟妙惟肖的行程，让你在学习、实践中修正自己的思维，取得预期的成功。

也许有两个简单的原因使得你对自媒体感到不是那么满意：

一是你不知道怎样进入自媒体；

二是你不知道怎样依靠自媒体来寻求发展。

本书就是用来辅助你解决这两个问题的：教给你需要的信息，从而能让你的用户接连不断地来找你；还会教给你相关的技巧和秘诀。如果你已经知道该怎么做而不去做，则会激励你采取行动，帮助你持续不懈地建立事业去实现梦想，并且过上你真正想要的生活。

一些有才华、有热情的自媒体人认为自媒体运营的过程中一定是自由的、无拘束的，这种思维并非发展之道，而是典型的自我麻痹心态。千万不要落入这种陷阱，因为这种思维认为"自媒体就是自由的媒体"，因此必须要用自己的方式来做事，而这恰恰会让我们错失很多的进步机会。

准备好了吗？更多的实用知识将会在书中与你相见，我们不见不散。

目 录

第 1 章 打造适合你的自媒体 001

1.1 继网红、直播之后,自媒体风口为何如此火爆 001
1.2 个人如何抓住自媒体这个风口 004
1.3 企业如何布局自媒体渠道 008
1.4 大学生如何抓住自媒体风口,秒变网红 010
1.5 宝妈如何抓住自媒体风口增加收入 014
1.6 上班族如何抓住自媒体风口,获得第二份收入 017
1.7 站在风口上,猪都能飞起来 020
1.8 微商从业者如何抓住自媒体风口,日进 300 精准粉丝 024
1.9 风口上的自媒体如何打造自我 IP 027
1.10 有颜值的直播,无颜值的写文章、做视频也能秒变网红 031

第 2 章 常用的 8 个自媒体平台玩法 034

2.1 今日头条 034
2.2 搜狐公众平台 059

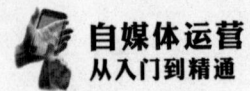

2.3	企鹅媒体平台	087
2.4	一点资讯	106
2.5	百家号	118
2.6	网易号	129
2.7	大鱼号	140
2.8	其他自媒体平台	147

第3章　短视频自媒体　149

3.1	短视频行业现状分析	149
3.2	短视频制作工具PR（Adobe Premiere）讲解	160
3.3	短视频制作工具PR（Adobe Premiere）实用理论	165
3.4	自媒体平台全套账号申请技巧	168
3.5	如何量产高质量内容	171
3.6	写文章月入过万元的玩法	175
3.7	自媒体如何达到千万级播放	177
3.8	短视频变现月入3万元的技巧	179

第4章　自媒体精准引流　181

4.1	最新精准引流十大玩法	181
4.2	利用百度霸屏日引300精准粉丝	187
4.3	撰写引流软文的秘籍	193
4.4	利用自媒体平台如何日引300精准粉丝	193
4.5	头条号商品功能如何助力销售产品增加订单	200

第5章　个人如何利用自媒体盈利　　202

- 5.1　定位　　202
- 5.2　大学生利用这几招做自媒体，轻松赚到学费和生活费　　206
- 5.3　宝妈利用这几招做自媒体，自己可以在家创业　　208
- 5.4　上班族利用这几招做自媒体，月收入轻松增加4 000元　　211
- 5.5　微商利用这几招做自媒体，轻松日引300精准粉丝　　212
- 5.6　新手做自媒体，申请账号一定要注意这几点　　215
- 5.7　新手做自媒体，必须要掌握的几个思维点　　217
- 5.8　新手做自媒体，最好掌握这4款视频制作软件　　218
- 5.9　学会爆文的几大要领，轻松写出10万+爆文　　222

第6章　企业如何抓住自媒体渠道　　225

- 6.1　移动互联网对传统企业的冲击　　225
- 6.2　互联网时代下传统企业发展缓慢的原因　　227
- 6.3　传统行业面对自媒体的崛起该如何转型　　229
- 6.4　传统企业运用自媒体借势营销方法　　232
- 6.5　自媒体对新兴企业的潜在优势　　234
- 6.6　新兴企业利用自媒体快速发展的途径　　236

第1章
打造适合你的自媒体

1.1 继网红、直播之后,自媒体风口为何如此火爆

随着互联网的大力崛起,"以人为本"的思想观念正在改变着各行业的发展轨迹,消费者也真正拥有了主动权。可以预见,在互联网的汹涌大潮下,谁能将"顾客就是上帝"的理念真正贯穿于设计、生产、销售、终端服务的全过程,以更廉价的方式、更快的速度、更好的产品与服务来满足市场,谁就能成为这个商业新时代的弄潮儿,将更快地走向成功。

网红、直播就是在这样的氛围下成长起来的新产物。人们为什么喜欢网红,那是因为网红能给他们带来不是明星似的亲近感;那人们又为什么喜欢看直播网红,完全是因为可以满足人们的"近距离"接触,这也就使得一大波网红在互联网中过得风生水起。

但是问题也随之而来,在经过大量视觉的"冲击"之后,人们对网红已有疲劳之感,再加之互联网中夹杂的有关网红的一些负面消息,使得网红这个词汇成了一种不太正面的代表（如网红脸相当于整容脸），直播也就跟着下滑了。

其实根本原因还是出在内容的表现形式上，网红的日常是什么，无非就是刷刷脸、晒晒图、写写走心话等，这样又怎么可能一直拿捏住用户的胃口。

这时候自媒体就应运而生了，完全看不到一丝征兆地出现在了大众的面前，而且大有成为这个时代最有影响力的行业的势头。

如今是一个知识认可的时代，每个人都想把自己所拥有的东西表现出来，网红就是最好的例子。而互联网刚好给了大家表现的舞台，于是通过自媒体表现自己成了大众喜欢的方式。简单来说，就是当一个人对某件事情感兴趣，比如他是个吃货，整天研究怎样吃，研究了几十年，体内积蓄的油水都快要溢出来了，这时就需要说出来、写出来，和人分享，否则油多长胖，有害身体。而互联网提供的技术平台，能够让他低成本地将自己的"油水"分享出去。

自媒体也没有辜负众人所望，仅过了四年，自媒体用户就基本涵盖了所有领域，自媒体平台也是大量地应运而生，自媒体人更是如雨后春笋般增加，如今的媒体时代说成自媒体时代也不为过。

那么为什么自媒体风口突然就变得如此火爆呢？

首先是横向创新，papi酱、咪蒙、同道大叔为什么能火起来，原因就是他们能横向创新。过去的视频网红只会刷刷脸、卖卖萌、跳跳舞，papi酱却用视频来进行文字吐槽，配上其特有的表情，这是横向创新；同道大叔是关于星座的自媒体，讲述12星座的文章很多，有的文章的阅读量也很大，同道大叔把文字变成漫画，将本身就很火的内容画成了漫画，这是横向创新；咪蒙是文字自媒体中的一个创新者，为什么这么说，因为她写的很多

文章，都是和传统观点相违背的，因为从众心理，很多人只会跟着附和，哪怕当有个人试着去反驳时，还是会有人附和，这也是横向创新。

如果说2016年是"自媒体元年"，2017年是"自媒体变年"，那么2018年就是"自媒体丰收年"，2018年不仅是自媒体内容的丰收，更是自媒体人的丰收。因为内容创业多元化成了当今时代的主旋律；咖啡店不只是咖啡店，还是品位；网吧不只是网吧，还是网咖；自媒体不只是自媒体，还是多元化的代表。

在互联网初期，内容创业主要聚焦在文字领域；但现在，内容创业开启了多元化模式，主要分为图文、音频、视频等形式。

音频内容创业方面，有喜马拉雅、蜻蜓FM等平台。而视频内容创业最为活跃，有独立的制作公司，更多的是自媒体或个人品牌的小型创业，如依靠创意短视频走红的papi酱，依靠"趣味剪辑＋个性演说"爆红的某S。根据优酷公开的数据显示，在优酷土豆用户中已有超过2 200万用户开通了自频道，自频道同时拥有超过100亿的月视频播放量和超过1 000万的日订阅流量。

再加之各自媒体平台规则的建立以及自媒体人创作内容质量的提升，双重作用下使得自媒体领域更加繁荣。

自媒体平台给自媒体风口带来的价值有如下三个方面：

1. 流量

腾讯的"企鹅媒体平台"，今日头条本身的媒体属性，兴趣分发的智能技术等，都能为自媒体人提供丰富的推广渠道，增加文章流量。这样既让平台有了更多的曝光机会，也让自媒体人提高了收益。

2. 商业价值

自媒体平台之间难免有竞争，因此为了吸引优质的自媒体人，各自媒体平台给自媒体人加大了广告分成的收入以及平台补贴，如此良性的商业竞争在一定程度上为自媒体规则的制定起到了促进的作用。

3. 创业服务

自媒体平台会为自媒体人提供内容生产、内容分发、数据分析、行业沙龙、融资对接等创业服务，增进其对行业的了解。它们在希望聚集更多的优质自媒体人来创作更多的内容并实现优质内容的精准化的同时，刺激更多的自媒体新人努力地创造优质内容。

自媒体肯定会越来越火爆，自媒体肯定会有更多的风向。虽然里面有很多不同的平台，有很多不同的运营方法，还有很多不同的自媒体人，但是内容创业将会一直是自媒体风口下的主流，用横向创新的方式去表达你的多元内容，然后靠平台分发出去，你就是在进行内容创业。作为一个自媒体人，即使没有在自媒体风口上体会到凉意，也要在自媒体风口下跟着风向走，直到下一个风向改变时，你才能用最快的时间站在那里等待风的来临。

1.2　个人如何抓住自媒体这个风口

有这么一个消息在自媒体中广泛传播，那就是在 2017 年超过 80% 的自媒体人月收入不足万元，70% 左右的自媒体人月收入不足 5 000 元，约有 50% 的自媒体人日均工作超过 8 小时。这样看来，貌似自媒体也不是如大家所想的收金地，许多自媒体似乎还生活在"温饱层"边缘。那么个人在 2018 年踏入自媒体还有机会吗？又该如何抓住自媒体这个风口？

其实我们不要被上面的那个数据给吓着，因为目前专职做自媒体的人还不是主流，大部分自媒体人都是兼职在做，所以这对于你要不要专职进入自媒体这个行业是没有什么直接关联的。

第1章
打造适合你的自媒体

自媒体领域是随时在变换的,在2015年以前,许多自媒体人只需要做一个勤快的搬运工就能在网上成功地吸引大量粉丝,因此只靠接广告就能月入上万元的自媒体人可谓比比皆是。然而翻过了2015年,各大自媒体平台慢慢地开始完善规则,那些单纯靠CP(复制粘贴)发内容的自媒体人已经岌岌可危,而且随着大量的新人加入自媒体,用户选择的内容范围扩大,因此优质内容的生存级别就完全碾压了搬运内容。

不过这并不是表示自媒体越来越难做,而是在告诉自媒体人:如果你不能做出好的内容,那么这儿并不适合你;如果你能有好的内容输出的话,那么这儿就是你的地盘。

无论你是还未涉足自媒体的小白,还是刚入自媒体的新人,抑或者是已浸润自媒体的老手,想要在2018年抓住自媒体这个风口,有些认知是你不得不去厘清的。

1. 原创

这真的是老生常谈的事,原创始终是自媒体内容创业的主打。为什么自媒体能崛起,其中很大原因就是自媒体人能够大胆地横向原创而不再拘束于传统媒体的严肃。正因如此,用户才会接受自媒体,才会或多或少地参与到自媒体中。

但网上有许多的文章都在抨击原创,其实主要是想抨击平台吧。确实,如上文所说,过去靠搬运就能赚钱,而且还比较轻松,但并没有说原创不能赚钱,相反优质的原创还能赚很多钱。那么为什么有人会说原创不能赚钱?我想大抵有两个原因:要么是你的原创内容不行,但确实是你自己创作的,再看到那些搬运的内容能赚钱之后,你就会想,平台果然对搬运的内容感兴趣,我自己辛苦做的内容却不能得到赏识,自媒体果然不行了;要么是因为种种原因导致你的优质原创内容没有得到分发,比如某些平台未写出某些规定但其实还是在执行规则、发布平台没选择好等。

内容原创是你做自媒体的第一原则,随着自媒体平台对原创内容的扶持力度加大，理所当然地会把搬运、山寨内容给打压下去。不过你也不要太过担心创作不出来原创内容，笔者自己就是一名典型的理科男，学生时代的语文成绩也就中等，但我一直坚持写下去，慢慢地就有了那种对文章的灵感。当然这就需要你自己去逐渐培养这种灵感。

2. 平台选择

如今大部分自媒体还得依靠平台去获得收益，因此平台的"喜怒哀乐"也就是你的"喜怒哀乐"。就如各大平台的扶持计划，给了一些自媒体人的保底空间；而2017年上半年今日头条和百家大力打击购买号，让很多想跳过初期运营的自媒体人着实地摔了一跤。

自媒体平台在2017年有个显著的特征就是变"严肃"了，看起来没有那么和蔼可亲了，于是很多自媒体人开始抱怨平台搞压榨主义。其实并没有，只是平台也是商家，它们也需要收益，如果自媒体人一味地靠搬运内容在它们身上赚钱，这样既没有去履行平台的初衷，也在用户群里搞坏了口碑。而口碑是非常重要的，在如今这个"以人文本"的互联网时代，如果口碑坏了，那么想要再度崛起，就会显得非常困难。

下面简要给大家说说几个主流平台的倾向优势。

今日头条——流量很大，智能推荐算法最完善，给自媒体人的定义就是"你写什么，我就给你推什么"。

百度百家——百度排名好，收益好，给自媒体人的定义就是"你写什么，我就给你把排名做上去"。

企鹅平台——强大的多流量入口（天天快报、腾讯新闻、各种插件），给自媒体人的定义就是"你写什么，用 QQ 的人都有可能看到"。

一点资讯——流量精准，平台干净，给自媒体人的定义就是"你写什么，用户搜了就给你推"。

3. 领域细分

将来的自媒体一定会往市场细分发展，甚至出发点不同的话每个领域都会有不同的声音。也许你的内容很好，但一定会有人不喜欢你或对你没感觉，因此不要想试图讨好所有人，也不用去哗众取宠，服务好自己的粉丝才是最重要的。自媒体说白了就是粉丝经济，只有信任你的粉丝才会为你买单，要培养粉丝的信任，就是言行如一并坚持自己的风格。

而且在整个自媒体品类格局形成以后，你在单一品类中的影响力有多大，就直接影响你的变现能力。现在中国社会圈层化的特点，已经直接影响了自媒体。自媒体的价值就在于，你在这个圈层中和同品类的自媒体相比，你在全国能够排到第几位，能不能做到品类第一，这比用户数更加重要。所以，品类的排名变成了最重要的衡量标准。对今天所有的自媒体运营者来说，能不能生存是一个专业化的问题：你有没有冲到前三名的能力；当你在前三名的时候，有没有能力筑起足够高的城墙，防止被别人超过去。

4. 品牌（人格）

如今自媒体中有个大势就是，用户越来越对有着独特创新的自媒体人感兴趣。papi 酱的八卦文字吐槽、鬼脚七的佛禅思辨、罗辑思维的逻辑思维、咪蒙的另类鸡汤，无不都是用户倾向选择的结果，这些人能如此成功的原因就是自身人格魅力很好地被各自的用户接纳了，因此他们无论创作出什么样的内容，都有一批忠实的粉丝在帮助分发。所以说一个成功的自媒体不是看你的内容有多地优质，而是看制作内容的那个人能否给这些内容创造出独有的性格。

2018 年，不是自媒体的衰落之年，而是自媒体的变革之年，正因为变革，更多的机会才能呈现在你的面前，进或不进，你要想好。

1.3 企业如何布局自媒体渠道

如今就是自媒体时代，无论是个人，还是企业，只要踏足到互联网营销领域，如果不做自媒体，那么就会与很多机遇失之交臂。这不是危言耸听，自媒体的发展速度太快了，快得大家都有点跟不上这个节奏，而且整个互联网环境都在快速变化，若不作出有目的性的调整去应对用户在自媒体"冲击"下的变化，就注定没有好的结果。

企业为何要做自媒体？是因为钱多吗？还是只为了顺应这个潮流？

可能都有吧，但真正的目的是给用户创造一个"活生生"的企业形象，使得用户不再面对一个冷冰冰的官网和"话笑肉不笑"的客服。而且企业也能借自媒体来拉近与用户之间的距离，可以及时知道用户想要什么、想改变什么和想拒绝什么。

过去的企业总给大家这样一种感觉：产品拿出来，你爱买不买。这样爱理不理的态度很是让人诟病，连大街上卖小吃的都知道吆喝几声要比沉默卖出得多一些，那企业为了产品销量而去自媒体中"说说话"也不失为一种正确的选择。当然这不只是在刷存在感，还是为了把企业与产品的默契给提升上来，企业不会盲目地本着自家的信念去做产品，而是会在自媒体中"说话"的同时渐渐地把用户想要的产品给构造出来。

为了塑造品牌质感，为了和用户拉近关系，为了吸引更多的忠实粉丝……这就是企业为什么要做自媒体的原因，因为它能用低廉的成本换来高价的好处。

当然这只是能成功运营自媒体的企业才会得到的好处,否则一切都是空谈。

企业与个人在自媒体中最大的不同就是前者不需要为运营自媒体能得到多少收益而烦恼,毕竟不是以获取内容变现为出发点的。企业运营自媒体需要思考的就是如何更好地把品牌给做上去以及怎样才能吸引更多的粉丝,简而言之就是渠道的选择问题。

企业如何布局自媒体渠道,需要从如下这些方面去想:

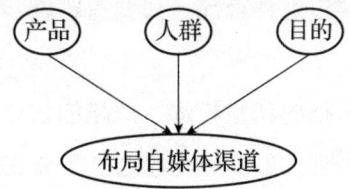

在做任何一件事的时候,你都要思考为什么去做。企业做自媒体,无非就是引流推广,这个没有什么好多说的。其实自媒体就是一个大型的玩具,它强调的就是随性和个性化的表达,一切都是围绕着用户而发展起来的粉丝经济。

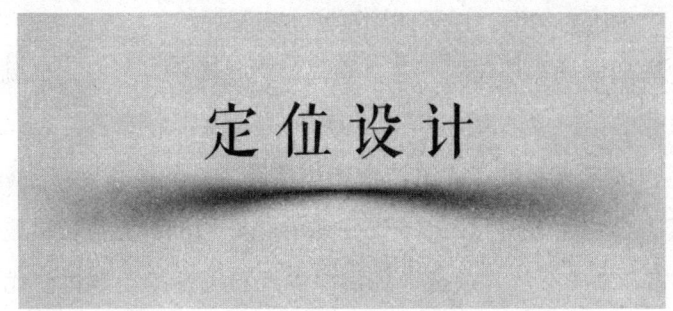

因此,企业在自媒体上推广产品时就得一切围绕着用户。当然并不是说要企业去改变既成品,而是结合用户的喜好来着重推广自家的产品优势。

同时还要分析企业自媒体的目标人群,就是企业自媒体的核心受众,要去想企业核心受众的媒介接触习惯是什么?他们会通过什么渠道去获取信息?他们会通过什么平台去获取和企业产品或者服务相关的信息?明确这些

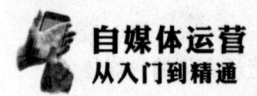

之后,才能找到相对应的自媒体平台。

对于企业如何选择自媒体平台,笔者给出的建议就是把你能想到的平台都去注册一通。因为你的目的是塑造企业品牌,实现引流推广,那么收益对你来说就是次要的。而对于初期的企业自媒体来说,只有一个目的——增加曝光度,不求能写出有多么吸引人的故事,不求一篇软文能有多大的效果,你只需要能争取把自家企业的名字或者产品留个印象给用户就行。因为用户的购物心态是很奇怪的,他们中的大多数人在买东西时都是靠印象感官去买的,哪怕他们以前没有买过这种产品,只要有印象,他们都会把这种产品纳入购买意向之内。

不过这些平台也分严格的和宽松的。严格的如今日头条、百度百家、企鹅等主流大平台,在它们那儿发文就得小心,不要去触碰它们的禁忌,比如直白地留二维码、微信,不然会被封号;宽松的如 QQ 空间、微博、贴吧(自建)等无收益平台,它们就相当于是你的后花园,只要不发那些有损国家、有损人民的内容,基本上可以拿"任我行"来形容。

不过在全平台发布时,并不建议你把企业的主号拿去引流推广,最好拿小号去做,反正小号也不值钱,而且你还可以时不时地拿小号去推主号(当然,要真有这个闲心的话,还不如到某宝上去买评论)。

社群也必须要做,现在的人最喜欢谈的就是圈子,那行,你就把对你企业产品感兴趣的用户拉进你的圈子,以后什么事就都好办了。

当然还有靠名人互推、截流、借势热点等方法,这里就不一一阐述了,只要你想着为企业而做,那么很多方法都会很适用的。当然,最重要的还是得"以人为本",如不然,在这个凡事都讲究利己性的自媒体时代,你捞不到任何好处。

1.4 大学生如何抓住自媒体风口,秒变网红

如今就是自媒体群星荟萃的时代,这儿不仅有各路明星大V在大量吸粉,还有许多正在凭着自身才干崛起的草根大V,毕竟在这个人人都能做自

第 1 章
打造适合你的自媒体

媒体的时代,只要你敢、你有才华,那你就能成为自媒体网红,像其他大 V 那样坐拥百万粉丝,甚至得到上千万元的融资。

自媒体火了许多人,papi 酱、咪蒙、陈翔、二更等都是靠着自媒体成了堪比一线明星的存在。尤其是 papi 酱,在大学时期就开始做自媒体,看看她现在的成就,许多创业者都不能与她比拟。作为心怀远大抱负的你,怎么不来做做自媒体呢?也许下一个自媒体超级大 V 就是你。

生在中国,有个不可避免的问题就是"狼多肉少",即使你是大学生,也照样会面临着找不到工作的难题。而更困难的是,你该怎样从茫茫人海中脱颖而出。

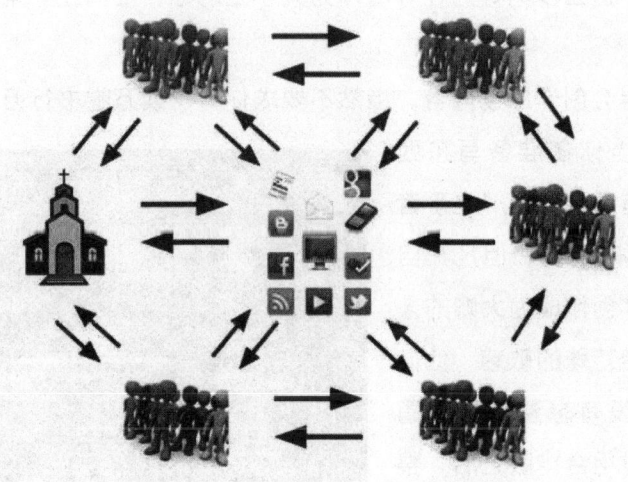

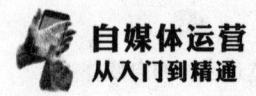

如果你至今还没有个人品牌的意识，没有想着去自觉地提升核心竞争力，那么你与高阶社会是存在着鸿沟的。

自媒体不失为你在大学时期就开始建立个人品牌的最好平台，在这儿不需要你有什么资格证才能进入，也不需要你有多深的专业知识才能玩转，只要你会写文章、拍视频，并且还有点小个性，那么自媒体就很适合你。

其实，如今的大学生在大众的眼中多多少少没有以前那么被看重了，这个并不是大众的认知错误，而是许多大学生在大学期间根本就没有花时间去钻研学习，而是要么玩游戏、要么耍朋友，连考试都是以及格线为最高标准，想想确实有点浪费青春。

而自媒体就像你开的一家专卖店，要经营好它，你就必须思考如何把你的产品卖得有特色，如何让店铺更有吸引力，让更多用户关注你的店铺，乐意看你发布的产品。而这一构思的过程，也就是你修炼自己、提高自己运营能力的过程。

对大学生而言，不需要思考太多的生活忧虑，朋友圈子也比较单纯。这对自媒体来说就是一种先天优势，因为你不用思考收益的问题，也不用担心遇到各色的套路，因此运营自媒体，你会有意识地打造个人价值，打造个人品牌，并因知识的欠缺而请教各类牛人，学习他们的方法和经验，这对扩大眼界、积累人脉很有帮助。

自媒体中这么多的好处在等着作为大学生的你，难道还不来自媒体中分一杯羹吗？

你首先得会创作原创内容，当然不要求你有"读万卷书行万里路"的能力，但至少当你在准备写东西时，脑中要有那么几句"之乎者也"。其实不难发现，但凡在自媒体中靠文字创作成为大咖的人都对文字有着特殊的敏感，他们写的内容并没有想象的那么高深，但是经过组合排版之后，整

体给人一种不一般的感觉。

咪蒙就是如此，她写得很直白，反正有什么负面的地方她都会拿来做素材。但我们在看了这样的文章之后却并不会全部都那样愤世嫉俗，反而觉得她真的很厉害，能把一件负面的事说得很有理。其实也就那样，谁不知道那些道理呢（鸡汤文就是如此，一个简单的道理都能被反复地写出各种花样）。这就是原创的魅力，不仅用户喜欢，平台也会大力支持，这对于想要靠自媒体成为网红的你是非常重要的一个能力。

再来看看十八线以外的明星是怎样一步一步成为一线明星的：蹭热点、搞绯闻、找水军、整整容，当然还有些灰色交易，这里就不一一赘述了，从中可以看出品牌推广的重要性。因此，大学生要想在自媒体风口上成为网红，最重要的就是要推广自己。

推广，换句话说就是"做广告"，扩大你的传播半径和影响范围，让更多的人知道你和你的作品，产生更大的辐射范围。当下，大学生想要成为自媒体网红，并不需要花费多大财力物力，什么叫社交化的传播？那就是只需借助社群分享、微博、微信公众号、头条号、百度百家等移动互联网平台，就可以实现全网络扩散。

移动互联网下的社交传播，比任何一个时期都要快。一篇成品文章，从发送到预览，几秒钟的时间，阅读量就有可能直接上千。可见，一个成功的自媒体网红，除了写得一手好文章外，丰富化的推广手段也是应该被考虑进去的一个必需技巧。

当然推广是建立在营销的基础之上的，要知道，这两年随着移动互联网的日趋成熟，原创内容逐渐被重视，越来越多的写手加入了自媒体这一领域。他们的职业可能是专栏作者、作家、编辑，有的可能还是某一行业垂直领域的佼佼者。

大学生想要在自媒体里面获得优势的话，那么就一定要学会去借

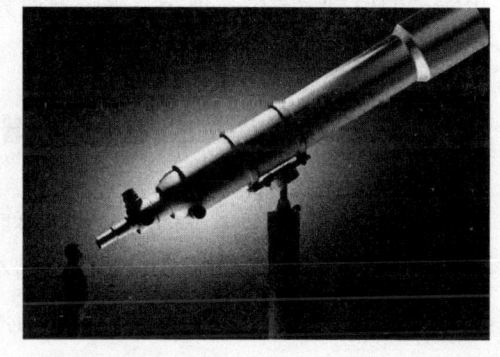

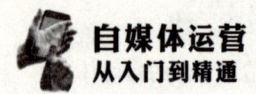

势。某些草根不就是凭着一张照片、一首歌曲、一个动作而成为网红的吗？比如你有一张和某名人一起合影的照片，那么你就可以把这张照片拿来大书特书，这就是借势营销。因此，当这个话题在一定时间内，成为大众关注的热点事件时，围绕这一主题而写作的文章一旦发出，就一定会拥有特别高的关注度和传播性。

当然，想要成为网红，还得有一些硬件上的优势，貌美可以成为网红、才子可以成为网红、搞怪也可以成为网红，每个网红身上都有普通大众没有的东西。而这些优势都是可以培养出来的，大学生就是可塑性非常高的网红潜在人群，因为没有高中时候的学习压力，也没有社会给予的生活压力，也因此给大学生制造了很多的机会去塑造不一样的自己。

有特色的自媒体人在自媒体中是非常容易受到关注的，在如今这个张扬个性的时代，大家最喜欢的是"另类"，而不是从小讲到大的"五条杠"。而且社会的主力人群正在向 80 后、90 后转变，这两个年代的人都是对追求个性有着极大的兴致。于是为什么许多貌似不是主流的东西都能被炒红半边天，原因就是受众不喜欢循规蹈矩，大学生完全可以借助这点优势在自媒体中作出有个性的个人品牌。

而最后呢，就是在与用户的互动性上。大学生的优势就是能靠着自己的文化认知来和用户走得更亲近一些，基本上只要在学校不是那种与人老死不相往来的存在，大学生都能和别人聊得非常欢畅。而且大学生没有带上社会中太多的气息，有的只是想和他人交朋友的随意。大学生更富激情，更能说出自己想说的。在自媒体领域，最容易带节奏的就是大学生，最容易成为意见领袖的也是大学生，那么，最容易成为自媒体网红的也就是大学生了。

1.5 宝妈如何抓住自媒体风口增加收入

在自媒体大火的这个档口下，不做自媒体简直就是在浪费机会。相比于其他专业性要求高的行业，自媒体门槛本就不是很高，因此进入自媒体领域的人可谓一批接着一批，其中大部分被淘汰了，但架不住人多，总体上在自

第1章
打造适合你的自媒体

媒体中成功发展起来的人是越来越多的。

宝妈就是如今做自媒体的主流之一。而因为她们的家庭角色的特殊性,使她们在做自媒体时并没有那么急功心切,所以在自媒体领域中,她们尤为活跃,我想这就是兴趣与收益同在造成的吧。

其实在自媒体未火之时,微商才是宝妈们最喜欢选择的行业,只不过因为微商被做臭之后,一些宝妈在里面变得举步维艰,再加之做微商是需要资金投入的,这对于一些宝妈来说就比较不划算。在看到自媒体之后,宝妈们知道了原来只用写写文章、拍拍照片,再在平台上发布后就可以获得收益,她们欣然地选择了自媒体。

而且宝妈们有大量的时间待在电脑旁,这就给她们上网创造了机会。自媒体就是那么随便,随便到你只需要一部手机或者一台电脑就可以找到你想要的各种素材,这样既娱乐了生活,还能给自己的小宝贝赚点奶粉钱,多好的事。

那么宝妈该如何抓住自媒体风口,帮宝宝赚点奶粉钱呢?

1. 定位 (宝妈要想获得认同感,最好选择育儿、情感方向)

如果你是一位宝妈,而且想做自媒体,那么你就需要对自己有一个准确的定位,要知道你擅长什么、需要什么,在清楚地了解自己的情况后再来决定做什么领域的自媒体。就比如你是位温柔的全职妈妈,你对怎样照顾小孩非常有见地,并且还知道其他刚有小宝宝的妈妈最想要知道的关于照顾宝宝

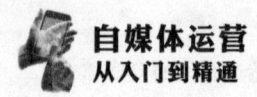

的知识，帮助她们厘清日常生活中宝宝会遇到的各种问题，避免一些照顾宝宝中可能犯到的错误，那么你就可以定位你的自媒体是"育儿"，这样记住你的人就会越来越多。当然，你最好想方设法地让喜欢你的用户加到你的个人微信好友上面去，如果有公众号就更好了。

2．价值

前面提到过用户最喜欢对自身有价值的东西，那么你想要积累粉丝，想要让粉丝自发地为你分享、转发，你就得提供有价值的东西，这样不仅能增加粉丝对你的信任，更能提升你对自己的认同感。当然这些都是虚的，实质的就是，如果你是做微商的，那么你完全可以把这些粉丝转化成你的客户，因为他们信任你，花些钱买你所推荐的东西也未尝不可。

3．领域选择

最好不要跟风，容易被淹没，因为跟风是需要"墨水"的，如果你跟着跟着就没有下文了，那就等于失败了。你肯定在之前有着自己独有的能力，只是在有了孩子之后才成为宝妈的，因此你可以在当宝妈的这段时间里重新把你独有的能力发挥在自媒体中。如果你没有什么其他的能力，就是一个全职妈妈，那你就写育儿，写自己是怎样照顾宝宝的；或者写情感，全职妈妈肯定神经非常细腻，婆婆的一个小皱眉都可能会被儿媳妇误解成在吃闲饭的意思。你就这样写吧，在自己能够把握住的领域坚持写下去。总有一天你会发现，原来这个领域涉及的东西都被自己掌握得差不多了，那时你就可以考虑其他事了（引流啊、接广告啊什么的）。

4．内容传播

比如你是一位写育儿内容的宝妈，当你创造出优质内容时，就只等着在今日头条获取收益吗？这是效率非常低的做法，暂不说今日头条本就是娱乐内容的天下，单是有一点资讯、企鹅这两个对育儿非常有亲和力的平台存在，你就该去多平台多渠道地分发内容。这样做的好处就是能帮你全网布局，一个内容获取多个平台的收益，而且不管你是否想着去成为大咖，全网布局始终是你往那个方向发展的第一步。更重要的是，前期你需要用上你自己能想到的推广方式尽可能地让更多的朋友知道你，当知道你的朋友达到定数量，那么这些人也会帮你推广。当然，你的内容得有爆点，他们才会主动地转载，帮你传播。

5. 入圈

圈子的重要性呼之欲出，自媒体发展到现在，已经把兴趣相同、目的相同的人有意无意地放在了一堆。这样是好的，就比如做微信公众号一样，目的还不是把跟自己需求一样的人聚合在一起，以后做什么事都会好很多。并且还能把你的内容推送出去，和大家一起互推，有什么领域最新消息，你也能第一时间得到。这些好处是圈子里的人才会拥有的，毕竟现在是圈子经济时代。

6. 坚持就是胜利

前面的几点你都能做好之后，接下来你还需要有一种品质，那就是"持之以恒"。其实这四个字已经打败了绝大多数自媒体人，前面几天大家都兴致勃勃地写文章、做内容，可由于自己的懒惰，三天打鱼两天晒网，到后面存活下来的人却没几个。就像卢松松，人家坚持了几年才有今天的成就，你敢说你能做到吗？如果你敢，那你就适合做自媒体，我相信你会成功！

1.6 上班族如何抓住自媒体风口，获得第二份收入

如今自媒体正在嵌入各个领域，无论你是工人、农民，还是大学生、宝妈，或者是上班族、老板，都会或多或少地接触到自媒体。在涵盖面这么广的自媒体大环境下，做自媒体也就成了当下的潮流。

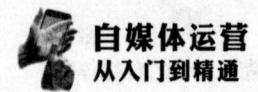

笔者带领的团队就是做自媒体的，大家除了为公司工作之外，还有自己的自媒体，两者并不矛盾，各在各的时间里面发展，这样员工不仅有了公司给予的工资，还有自己业余时间玩自媒体挣来的第二份收入，想想还是蛮充实的（当然这也与他们在自媒体公司里面学到的比其他上班族多有关）。

他们为什么要做自媒体呢，除了上面说到的公司主体就是自媒体而影响了他们之外，最吸引他们的就是能获得第二份收入吧。当然，如今上班族涉足自媒体已经成了一种趋势，他们加入自媒体里面的原因与宝妈、大学生差不多，简单来说就是可以充实业余时间、增加收入、提高社会竞争力和为以后的转型提供机会。

上班族虽然没有大学生那样有着大把的业余时间，但他们的业余时间会比大学生更空虚更无聊，想想每天三点一线式（寝室、饭馆、公司）的生活，有时确实显得很无奈。而做自媒体能给他们增添一些色彩，他们可以在自媒体中"舞文弄墨"，还可以和其他不认识的人在自己的文章评论区"酣畅论剑"，收入可能是次要的，主要的是至少把自己的时间挤出来做有意义的事了。

而如今这个社会正是各行各业转型的时候，那么能留下来的人肯定是综合竞争力强的人，如果你只是守着自己的那些知识吃一门饭的话，应该是吃不了很久的。再说了，谁愿意一辈子当上班族呢？谁不想自己当自己的老板？自媒体就是如今已知的最容易脱离你原有身份的平台，虽然想要跳出去还是很难，但至少你能站在边缘，随时都有可能成功。

在这个大家都说是自媒体风口正盛的时候，作为一个上班族的你，该怎样来获得第二份收入呢？

1. 从个人出发

时间规划

首先，你做自媒体，就不要干扰到你的主业，也就是你的工作，这样未免得不偿失。不过如果到了后期你的自媒体收入比你的主业高的话，那你可以考虑是否放弃你的主业而专职做自媒体。

其次，你最好规划一下怎么来创作内容，比如你是写文章的，那么你最好在周末就规划好你在接下来的一周将要发布什么内容,毕竟自媒体还没有随便到你仅花十分钟写出来的文章就能有好的收益,对于大多数自媒体人来说,一篇成稿的文章至少得需要两个小时。你可以周末定好思路,然后每晚写好内容,第二天中午的休息时间仔细修改一下,再统一一个时间发布出去。这样有头有序地做事总比随意做事好多了,毕竟自媒体平台是很看重一个自媒体人的持续输出能力的。

找到兴趣点

不是说你看到自媒体很火,你就草率地加入自媒体中,而是先要看看你对哪个领域感兴趣,然后再选择对应的领域,这是很重要的。笔者公司有个同事看到娱乐新闻火,于是就果断在注册时选择了娱乐领域,结果……他并没有那么八卦的心,因此总是抓不到第一时间的娱乐八卦,总是跟着别人去写文章,最后连今日头条的新手期都没过,号也相当于废了。

上班族做自媒体有个优势就是,能把自己工作的能力延伸到自媒体中去。笔者公司一个同事就很聪明,她是我们这儿的美工,她在注册头条号时选择了科技领域。一开始她的定位是分享自己掌握到的美工技巧,于是她每天就专写跟 PS 有关的基础知识,结果效果非常好,有很多人想要加她。慢慢地她又学会了去多平台分发,去建立自己的公众号。不得不说她做自媒体是成功的,因为她不仅是在自己的兴趣里做自媒体,还抓住了自媒体中的用户的特性——对用户有用的内容才能吸引到粉丝。

坚持

如果某个自媒体人在网上发布一篇专写自己怎样月入上万元的优质文章,下面的评论肯定会有许多带有诽谤的话语,反正就是不相信。其实把自媒体做好了,月入上万元真的不是什么难事,但为什么很多自媒体人就是不相信呢?笔者想是因为没有在自媒体中得到当初他们所想的结果吧。有时候也不能怨平台,如果你能坚持做下去,而不是三天打鱼两天晒网,那么月入上万元离你真的不远。不要一看到自己精心创作的内容却没有那么多人看就认为自媒体不行了,这时你要想想同领域的大神是怎么做的,然后再看看自己是怎么做的,对自己有个清楚的认知才是此时治好你迷茫的最好办法。

2. 于平台而言

平台选择

虽说每个平台都开设了相同的领域，但各有各的侧重点：今日头条侧重娱乐、社会，百度百家侧重科技，大鱼号侧重娱乐、历史，一点资讯侧重时尚……选择与自己最相近的平台对你吸引粉丝非常有好处。

内容变现还是引流

如果你是为了内容变现的话，像今日头条、百度百家等有收益回报的平台很适合你。而且为了把你的收益最大化，你还可以多平台分发内容。一份内容变现多个渠道是很不错的做法，不过你要确定哪个平台给你的收益最多，然后你就得首发那个平台，增加平台对你的支持度。

如今大平台对广告的打击力度很大，你想要引流的话，就最好选择其他小平台，如豆瓣、知乎、天涯、云同盟等。不过做引流讲究的是量而不是质，其中的力度你可以自己去拿捏。

还有借势营销、蹭热点什么的，这里就不一一赘述了，相信当你真要做自媒体的时候，你自己就会去往这些方面想了。

1.7 站在风口上，猪都能飞起来

有句话说得很好，"站在风口上，猪都能飞起来"。你抓住自媒体风口了吗？

第 1 章
打造适合你的自媒体

自 2015 年起,自媒体渐渐被越来越多的人所提及,以至于三年后的现在,俨然已经成了全民皆能自媒体的景象。这就代表着风口来临,你在适合的年纪遇到了正在茁壮成长的自媒体,能不飞起来吗?

而咪蒙、papi 酱、同道大叔这三个就是比较火的自媒体,不管他们的粉丝数还是自媒体的阅读量都非常高,单篇文章阅读量超过十万的比比皆是。而且他们也是在风口上顺利起飞的成功自媒体人,给那些整天说着自媒体不行了、自媒体就是坑的人打了一记狠狠的耳光。

不过你可能会说他们都与众不同,那笔者再来举两个例子。凤姐很丑是吧,而且丑出了名。你可能会说那是她丑到了新高处,因此有鹤立鸡群的感觉。可比她丑的还有更多人,为什么没有她出名?因为凤姐虽然丑,但她敢闯敢拼,写的文章还非常有见解,并以此成了专栏作者。比她丑的人能跟她比吗?奶茶妹妹章泽天漂亮吧,而且还是一照成名。你可能会说她出名是因为人家本来就漂亮,因此才有这个资本。可比她漂亮的还有很多吧,为什么就没有她出名?因为章泽天不仅美,而且还是清华的高才生,气质、外表、学历皆在,又有多少比她漂亮的人能与她比。

现实中太多的人只是缺少一个机会,当机会来临时,他们顺势抓住了,那么就会如获重生一般。因此某件事或者某个人是否能火跟他们是否在风口上有很大的关系。下面就把为什么自媒体风口能让你飞起来的原因给你详解一下。

虽说自媒体有很多领域,但最具影响力的还是娱乐领域。

娱乐八卦能火是有用户数据做支撑的。笔者经常去微博热搜、百度风云榜看一些数据,发现娱乐新闻还是目前自媒体的主流,毕竟每个人都有颗追逐八卦的心。不过这正是当下自媒体的特征,既然大家都喜欢看娱乐八卦,那么对这方面的内容是非常需要的,唐唐、papi 酱、关八日报就是在这样的大环境下赚到了第一桶金。

而且随着社会主力人群向着 80 后、90 后过渡,90 后人群尽管消费金额不高,但人数上却已经是绝对的消费主力。这些数据说明了在中国网络社会中,90 后已经成为主力,网络已经变成 90 后的主要阵地,所以说 90 后的爱好已经决定了网络上的哪些东西能火,哪些东西不能火。互联网肯定会越来越深入大家的日常生活中,人手一机将不会成为一种现象,而是一种习惯,也许以后还会为"低头族"准备一个过马路时的指示灯吧。你想想,大家把手机拿在手中不是玩游戏、看小说,就是刷新闻、聊八卦,其中刷新闻的又占大多数,而本着娱乐首推的各个App,肯定会急需娱乐八卦内容。这时自媒体人的优势就来了,内容需要自媒体人创造,多么难得的一个机会,这不是风口是什么。

此外,个性张扬成为现代人的主要特征,每个人都想找一个"舞台"来展现自己,无奈人太多,"舞台"不够用,也就造成许多人都在那儿感叹千里马没有遇到伯乐。那么自媒体就非常适合这类人。其实不难发现,凡是在自媒体中打出名声的自媒体人,要么是在某个领域钻研得很深,比如鬼脚七,要么就是其展现出来的一面非常有个性,比如papi酱、唐唐。而后者是占多数的,毕竟前者给人一种摸不着头脑之感,后者则显得非常"亲近",而且还能从中找到笑点,为孤寂的生活找到一丝乐趣。每个人都有自己独特的一面,如果你用心地迎合大众的态度,那么你就能在自媒体中走上成功之路。

还有横向创新,如今正是自媒体横向创新的高峰时期,papi酱是做视频的,但她的内容却主要是文字吐槽,结果她把文字变为视频,一下子就火了。为什么?因为还没有多少人这么做,内容也就显得不那么地同质化,这就是横向创新。同道大叔是做星座领域的,其实星座领域差不多都被写滥了,想要在里面发展起来非常困难,但他把这个文字变为了漫画,突击到另

第 1 章
打造适合你的自媒体

一个领域,也就显得非常有特色。咪蒙也是如此,不得不说她是一个非常厉害的研究群体心理学的大师,她能知道哪些痛点是我们非常不爽的,哪些又是我们想要的,句句诛到了我们的心,她想不火都难。

每个人心中都有那么一些新颖的想法,虽然很多都是瞎想,但不妨碍你在自媒体中遐想。在自媒体里,即使你是位流浪写手都会有人支持你,只要敢于横向创新,你就能得到你想要的。

当然还有国家对自媒体的支持,自媒体平台对自媒体人的扶持。反正在自媒体这个风口下,只要你想要在其中发展,再加上一些套路和章法的话,运营起来就不会很困难。而且自媒体还能给你带来如下的福利:

首先,自媒体是目前塑造个人品牌的最佳途径(成本低,效果显著)。互联网有个定律,不发声你就不存在,更别谈施展影响力。自媒体是个体打开互联网世界的一把精致钥匙,是培养互联网玩家意识的重要操练场。

其次,随着自媒体行业的发展,结合以往积淀的商业套路,自媒体行业变现板块取得突飞猛进的进展,自媒体成为强力的造富机器。自媒体造富能力主要体现在两个方面:一是低成本大流量的较低门槛获取;二是自媒体输出内容的过程本身就可以成为营销的一环,"内容 + 互动"搞定信任是除淘宝担保交易外的另一重要成交模式。

最后,平台日趋与自媒体共生共荣,真金白银支持自媒体的发展。只要具备内容输出能力,自媒体变现门槛会大大降低,从挣广告费的工作室大批涌现也可一窥端倪。

1.8 微商从业者如何抓住自媒体风口，日进300精准粉丝

在"人人都是自媒体"这句口号被喊出来之前，有另外一句口号非常出名——"人人都能做微商"。那时候微商可算是如日中天，虽说到了现在，微商已经凸显疲软之势，但不可否认的是，微商这个群体还是非常有实力的。

我们不谈如今微商为何不能再现那时的辉煌，过去的就过去了，只说说如今微商是个什么局面。能做出来的大公司几乎没有，摆门面的公司占多数，就更不用说那些个体微商了，基本上高级别的代理可能会有钱赚，小代理只会成为高级代理的另类"顾客"罢了。

为什么开始很被叫好的微商会成为如此的一个局面呢？其中流量是一个很大的问题。微商基于微信平台而起，而微信本身就是一个比较"封闭"的平台，结果微商都在上面找流量，就可能会造成用户重叠，那么用户的耐性就会被微商的狂轰滥炸给磨完，慢慢地积累下去，也就造成了用户看到微商就想屏蔽的结果。

微商基于微信而发展起来，本就是因为看到了微信广泛的受众面，加之家里各辈人的加入，给微信这个社交平台添加了更多的新奇。微商们看到了这一点，就在上面大量地拉用户、招代理，开始大家对自媒体还不是很懂，而又看到微商们天天在朋友圈晒豪车、晒出货，觉得原来这就是可以成为土

豪的方法呀。于是买产品的用户觉得你这么有钱，又是在国外买的，还比市场价便宜，买吧；成为代理的用户看到微商就在那儿发发广告、晒晒风景，就能月入上万元，多好呀，加入吧。殊不知在这个互联网如此发达的时代里，PS 可以把你呆坐家中的样子 P 为在巴厘岛享受日光浴，程序源码可以给你随意地生成发货记录，一台小小的打印机就能打印出你想要去的全世界任何地方的"机票"……唉，这就是套路，也是微商为何越做越不讨喜的原因之一，用户不是傻子，时间久了总会发现问题所在的。

而一谈到流量，自媒体肯定是绕不过去的。可以说如今各行各业的人都想来自媒体里面蹭一蹭，万一就火了呢，连没事瞎叫的小狗都能因一小段视频而大火，我们这么优雅的人肯定能大放光彩了。

在自媒体这个如海洋般的流量池塘中，只要你能有那么一点创意，你就能得到想要的流量。如今在自媒体中引流的微商也不在少数，基本上只要动点脑子，就能引到满意的流量。

那么微商该如何抓住这个自媒体风口呢？

下面就以专做减肥茶的微商为例。

首先，要做自媒体，就得有自媒体账号，还得是成套的。对于微商来说，可以给自媒体账号分为四类。

一是站内。如果你有自身的网站或者 App 的话，那么你完全可以凭着其他自媒体渠道宣传它们。用户在选择微商产品时肯定会对"高大上"的微商有意向，一个没有官网的微商和一个有官网的微商带来的影响真的是天差地别。

二是主流自媒体平台。像百度百家、今日头条号、网易、腾讯、一点资讯等，它们才是如今自媒体人的主战场，也是流量最大的地方。而且某些平台不仅流量高，还有收益，选择它们做自媒体，是每一个进入自媒体的人入门的捷径。

三是百度系列。包括百科、知道、贴吧、新闻源等，为了做排名，你想想，当别人在百度搜索"减肥"时，首页上冒出来的是你的导航页，你说说这个点击量是有多可怕。

四是"两微"。服务号当产品做,抓用户的产品需求;订阅号当传播做,抓用户的信息需求。微信和微博可以做矩阵;博客已经势微;社区难度极大,做成了效果很好。

从这四类自媒体账号就能看出来,自媒体引流简直就是一个低价高收的法子,而且也不需要多高的技术,只要文案做得不错就行。

当然你也可以看出,想要把流量最大化,就得多平台、多渠道地操作,这样才是最省心又省力的。

(提醒一点,这套账号的名字最好一样,为你的品牌打造铺路。)

其次,就是领域的选择。微商自媒体一定要选择与自己产品适合的领域,比如做化妆品的就选择时尚领域,做减肥茶的就选择养生(健康)领域。毕竟如今的平台大多都是依据机器来区分不同的用户,不同的领域基本就精准定位了用户,这样不仅可以增加你的流量,还能提升转化率。

而在选好领域之后,你也别着急铺局,先来看看同行是怎么做的,别担心,自媒体本就是在大家互相学习(模仿)中发展起来的,既然有好的方法引流,你也可以跟着用。如果你想成为这个领域的前沿者的话,给你个建议,从现在开始,最厉害的那个人写什么,你就稍微反着来写什么,只要坚持写下去,用不了一年时间,肯定会有很多用户关注你。

然后呢,那就是找"帮手"。这个相信微商们基本都懂,毕竟他们以前搞流量的方法之一就是你加我的人、我加你的人,你给我推人、我给你钱,如今在自媒体中同样适用。这是一个讲究协作共赢的社会,单打独斗已经成为过去。当然有能力有做气变现的自媒休人,自然不屑于抱团了,他们追求知识分子的独立自由，坚守底线。能做到这一点让人非常佩服，但因为大多数人是草根出生，所以很多人首先面临的是生存的压力。

抱团取暖本就没什么可贬低的，微商做自媒体的目的就是为了引流，如果发现某一个人的流量非常适合你，那么花一点代价直接从那儿去引流总比用户自己来加你强多了。再者，自媒体的形势也在发生变化，个人单打独斗的时代已经过去，组团打怪才是当今自媒体的主流，圈子就这样产生了，只要有什么最新的行业资讯，肯定是在圈子内部分享，资源对接也是如此。

最后呢，就是得做好你的公关了。你可能会说"我又不是什么大公司"，抱歉，我也没说你，我说的是在微商中稍微有名的人或者公司。互联网成就一个人很快，但摧毁一个人也是很简单的，其中很大的原因都与自媒体人的"推波助澜"有关。

可能以前只有大企业才想着如何去做好公关，而现在连自媒体人也越来越重视公关了。理由很简单，首先，跨界打劫、不按常理出牌的人大有人在，你不知道他们什么时候会扑过来，所以要安抚他们；其次，每个人都不可能 100% 做到令每一个人满意，尤其对于有点才华的傲娇的同行大牛来讲，那么该怎样去处理这种不满意呢？虽然你依旧不能让他对你满意，但是要做到让人不讨厌你，不在背后说你的坏话；最后，通过虚心请教，或以拜师学艺的名义向比你出色的人学习，这也算是一种自我营销。

微商日入 300+ 精准粉丝其实并不难，技巧是必需的，不过总体思路才是最重要的。

1.9 风口上的自媒体如何打造自我 IP

IP 是个很好的东西，因为某个东西有了独有的 IP，即使这个产品已经没有更新，但只要有人记住了，就会一直产生价值。游戏拳皇系列如此，电影侏罗纪系列如此，它们过去了那么久的时间，还能被人翻出来滋生那么大的价值。这就是 IP，一个只要想在自媒体中发展下去的自媒体人都会去追求的东西。

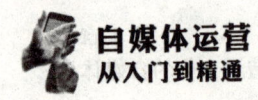

其实无论在自媒体还是在其他行业中,"自我IP"都是决定一个人是否能"白从黑出"的体现,就是一个人的价值是否能被内容化,而后展现出的是人们能够接受的一种综合形态。虽然有点拗口,但只要你有了"自我IP",那么给你带来的效益不仅仅是你目前所做的,还有你根本就没有涉及的领域都会被你影响。"个人IP"对于拥有者来说是一种能够更容易与周围的人产生链接、建立信任、带来溢价、产生增值的无形资产。

简单来说就是将一个人的特点放大,以此给看不见、摸不着你的人带来一种具象化的标签,然后你就可以通过某些方式来忽视空间的限制而把自己推销给别人,继而有了粉丝,继而就有了收益。

比如雷军。一提到雷军可能所有人的脑海里会出现一个个"标签",诸如"小米""雷布斯""Are you ok"等,这些"标签"已经在人们大脑里根深蒂固了。将这些标签反过来说,一提到"雷布斯"首先第一时间想起的人就是雷军,一提到"小米"就可能会联想到"小米6"→"雷布斯",然后又会联想到雷军。这个就是一个成功的"个人IP"。

那么如何打造"自我IP"呢?

"自我IP"的打造不是一蹴而就的,如果那些只靠一张照片或者一首歌而成名的人没有一个好的后续发展思路的话,很容易就会快速沉没下去。唯有计划一个合理的方案,然后一步步地执行下去,"自我IP"才能打造成功。

首先你得认清的是你拿什么能力来打造"自我IP",用另一种解释就是你有什么特性。你说你能喝水,这不算特性,能一口喝一缸水才是特性;你

第 1 章
打造适合你的自媒体

说你能打好游戏，这不算特性，能把一个游戏的所有 bug 给找出来才是特性。为什么自媒体中抄袭那么严重？因为特性还不够。我们从小就被教育着做同样的题，然后得到同样的答案，不一样的答案并不代表你聪明，而是你可能已经错了。放在自媒体中，你能写这个，我也能写这个，大家都能写这个，你说我是抄袭，那要不找个老师来看看谁的答案更标准？不过这当然是开玩笑的。

想要打造"自我 IP"，第一步就是要把自己的特性给发挥出来，在如今这个快到只要是个美女都能转瞬成为女神的年代，太普通的人可能让人不能第一时间记住，太特殊的人可能让人很难接触，最正确的做法就是必须要有让人觉得你就是他心中某一瞬间闪过去的那个联想画面中的人。

当然这儿有着一个非常重要的原则就是一致性。用户喜欢真实的人，不喜欢并不存在的人。如果你在包装的是一个子虚乌有、连思想都是嫁接过去的人，那么用户发现漏洞只是时间长短的问题。

其次就是你的自我提升。不难发现，能成功打造出"自我 IP"的人其本身气场就很强大。papi 酱本就是中戏出身，底子够硬，咪蒙之前可是当了十几年的专栏作家，就连凤姐能成为国内某些网站的签约自媒体人也完全是因为她体验的比大多数人多（如果全国的人都骂你丑，即使你是丑，但是谁又愿意别人说自己丑）。凡事都要讲究付出与回报对等，别看着他们一朝成名，其实他们背后的付出还是挺大的。

而且在这个用户至上的时代，不把自己以标签化的形式展现在用户的脑海中，那就根本产生不了用户"记住你"的这个过程。就如上面说的，小米创始人雷军能成功的原因之一就是把自己给标签化了，一提到小米，大家就会联想到他，当然阿里巴巴与马云也是这样的关系。不会标签化自己，就不能牢牢占据用户的一些记忆碎片。

然后就是公关。这么说吧，明星也是在打造"自我 IP"，只不过他们是以一个人的形式展现在大家面前，而自媒体人打造"自我 IP"则是让一个坐着的"键盘侠"变成飞起来的超人展现在大家面前。想要成为明星的人与想要打造"自我 IP"的自媒体人的价值观念大同小异，那么后者完全可以参照前者的一些方法来打造自己，因此攻关就显得非常重要了，所以有些人会用那么大的阵势去找上百万的"水军"为自己造势。当然我们做自媒体，就可以靠着自媒体这个大流量领域，多渠道、多平台地包装自己，可能一天两天见不着成效，但一个月两个月呢，一年两年呢？

熟悉"一万小时定律"的人都清楚，要成为某个领域的大咖，只要在这个领域专注五年就可以水到渠成了。当然对于一个还处于空白的行业来讲，你只需专注500天就足以成为行业的自媒体明星了。

最后就是社群与人脉。十八线明星想要出名，就会去蹭一线明星的IP，即使只是牵了一下手，都能被他们背后的团队做出最大的利益。而如果哪位十八线明星能认识一位一线明星的话，那能带来多么好的效果啊！这就是人脉的重要性。这是对自媒体人打造"自我IP"非常重要的，尤其在中国这个社会里，凡事都要讲究先看人再看事，那么你就离不开其他人的支持，现在互推、互粉已经成为常态了，也没什么好说道的。

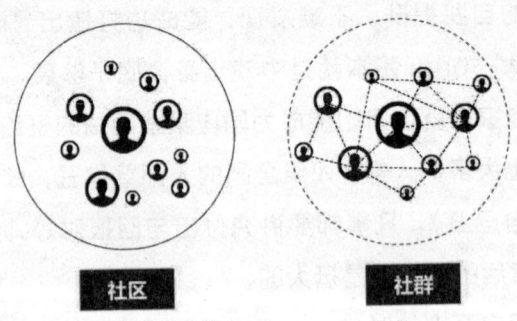

而构建社群的目的是什么？很多人一想到社群就想到经济，社群经济。一想到社群就想到赚钱，不管是卖会员还是卖货。

其实构建社群的唯一目的是为了传播。当自己打造出"自我IP"后，你需要的是铁杆社群成员帮助你进一步传播到更广阔的大众。这才是构建社群的真谛。

不管是招募，还是谈社群价值观，抑或借助社群力量玩微博红包游戏，跟自媒体直播讲评等，做得好的话就能让你的社群更加有用。

罗辑思维也是一样，CEO脱不花曾经说过，罗辑思维的铁杆粉丝们目发组织了上千个群，所以罗辑思维的活动会瞬间被粉丝们传播出去。

"个人IP"和构建社群类似双生婴儿，互为支撑，根基才能稳固。

1.10 有颜值的直播，无颜值的写文章、做视频也能秒变网红

自媒体的诞生给各行各业都带来了不同程度的冲击，一部分行业被冲击之后在往坏的方向发展，而更多的却是在往更好的方向发展，网红就是其中之一。

网红之所以为网红，那肯定有着与多数人不同的地方。颜值就是某些人能成为网红的特点之一，不论是丑到没谱的，还是美到没边的，只要颜值有特色，就能被用户记住，这是很长一段时间内我们对网红的认知。因此一提到网红，大部分人会想到那些妖娆美丽的小姐姐，她们确实是网红，而且还是网红界的主力军，但这并不代表唯有颜值特殊才能成为网红，如今许多的网红大咖都不是在靠颜值，而是在靠实力说话。

自从那句"我是papi酱，一个集美貌与才华于一身的女子"火遍网络之后，用户才发现——原来这样也能成为网红呀！

对，这样就能成为网红。"站在自媒体的风口上，连猪都能飞起来。"想要成为一名网红的你，有颜值就做直播，颜值不上线你就写文章、做视频也能成为网红。

2016年4月，papi酱的广告拍出了2 200万元天价。人们终于开始正视这个在视频里疯疯癫癫、语速极快的奇女子了，纷纷断言：要不了多久，她就不会红了，大家就是图个新鲜。

2016年年底，papi酱依旧很红，作品推陈出新，没有"如大家所料"很快便过气，相反，人气越来越高。

而现在，papi酱正在退居幕后，而她的网红IP却一直在吸引着更多的粉丝，这就是她以一名专用吐槽视频博得大家开心的中戏研究生该有的收获。

无独有偶，咪蒙、同道大叔、日食记等不走颜值线的网红都是靠着自媒

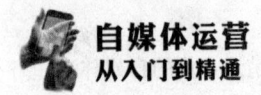

体走出了一条新的网红明星之路。

你可能会觉得写文章、做视频就能秒变网红是一个伪命题，那么你是对的。就拿上面提到过的那些网红来说，无不是在某一方面有着自己的独到见解，然后经过长期的铺垫之后才一文成名的。

咪蒙就是如此，虽然她说话挺带刺儿的，但其文字功底非常深厚。一般人写个排比句，会感觉词语堆砌，但是咪蒙写的文字却能给用户制造紧张感、兴奋感，简直就是一个故事，非常有细节。她的文章整篇下来，故事紧凑、结构性强、富有真实感。一个故事接着一个故事，一句话接着一句话，在话中又夹杂着金句、黄段子、粗话、排比句，让人欲罢不能，就会一下子看下去。看下去之后就会极认同作者的观点，然后产生两种结果——关注和转发。所以，咪蒙的粉丝群就越滚越大。

咪蒙的"洗脑"能力的确很强大，她会使你一句一句地读完整篇文章，又能将她的观点不知不觉地嵌在你的大脑中！

咪蒙的文章里要么是和女人互撕，要么是怒怼男同胞，反正就是怼天怼地怼身边看不惯的人和事。咪蒙不算很漂亮，但在她的"怒怼"之下，活脱脱给人一种放荡不羁爱自由的形象（其实她本来是会往一个传统作家的方向发展的，都是自媒体"害"了她），这种形象正是当下年轻人最想要去追求的。

说到这儿可能大家会觉得网红离自己还是有点远。为什么？因为颜值确实没上线，且才华也没上线，看起来还是不能成为网红。

这样吧，下面举几个例子。在国外有一个黑人小哥，每天都发一张自拍照，在坚持了一年之后，他的粉丝积累了十几万；国内有个博主，每天定时发同样的几个字"铛铛铛铛铛铛"，也积累了许多的粉丝；晒宠物的在微博上有很多，就说个最出名的吧——王可可——宠物界的富二代，"活得还不如狗"就是从大众看到王可可之后开始流行的。

举这些例子就是想告诉大家，别人坚持发自拍，坚持发几个字都能红起来，你天天写文章还能不火吗，只要坚持做下去就行。

还是拿咪蒙来说，她成为网红，除了固有的才华之外，其文章的切入点也非常独到,她跟随热点的方式是只用一点儿,主体还是自己的内容。并且她在开公众号之前,就已经搞定了公众号最难搞定的部分:粉丝和渠道。

首先,会讲故事是她的特点之一。

咪蒙操纵文字及人性的能力真的极其厉害,她的每一篇文章的故事性都非常强,可以给读者非常好的代入感。

其次,会取标题。

不得不承认,在这个眼球经济的时代,自媒体人一定要学会如何取标题。而咪蒙的文章的标题取得还真算有些品位且有故事性。

再次,足够勤奋。

作为自媒体网红,咪蒙每天花在写文章上的时间可以长达12个小时。如果你对于写文章不够热爱,每天12个小时的工作量可能是你最深的折磨。

最后,及时总结并改正错误。

咪蒙自己也承认,她常常犯错误,但是会及时学习、不断改正。

这里只是从写文章的角度来阐释网红的诞生,你需要学习的,还远不止上面这些。

作为能够在任何一个细分领域做到顶尖的人,成功都不是随便就来的。

第2章

常用的8个自媒体平台玩法

2.1 今日头条

今日头条由国内互联网创业者张一鸣先生于2012年3月创建,于2012年8月发布第一个版本,截至2016年2月,今日头条累计激活用户达4亿,日活跃用户超过4 000万,月活跃用户超过9 800万,单用户每日使用时长超过57分钟。与今日头条合作的各类媒体、政府、机构总计超过16 000家,签约合作的传统媒体机构超过2 000家。今日头条旨在为用户推荐有价值的、个性化的信息,提供精准的阅读内容,是国内移动互联网领域成长最快的产品服务商之一,目前拥有超过5.8亿的用户。

今日头条能够在极短的时间内,根据用户的兴趣、位置,通过用户分析多维度进行个性化推荐,内容丰富多样,除了日常新闻外,还包括音乐、电影、游戏、购物等资讯。2016年9月20日,今日头条宣布投资10亿元用于短视频创作,加入短视频竞争领域。微信、微博以及今日头条客户端形成的"两微一端"模式,成为当下媒体的主要发展模式,这也意味着今日头条将拥有更多的用户,有望成为日后的主流媒体。

2.1.1 今日头条号申请步骤

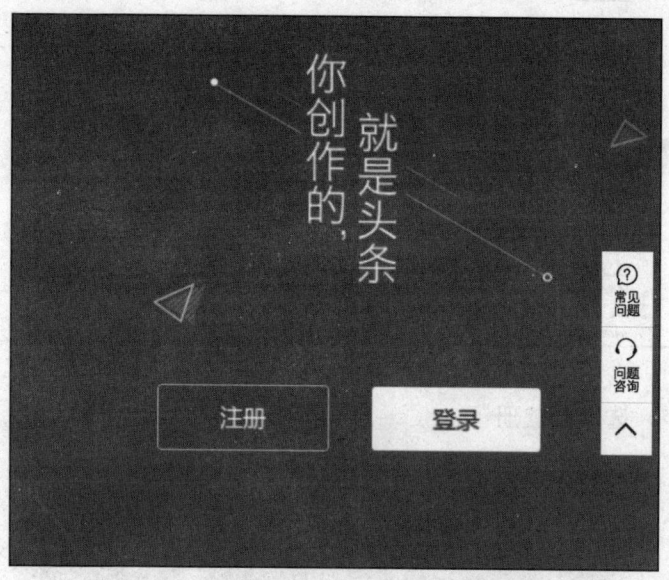

大家都知道,有人的地方就会有生意,互联网也是一样,流量大的网站,对于我们找到目标客户也是非常有益的。要怎么去找呢?在那么多人里面,为什么人家会找你呢?那就是要让人觉得你对他有价值,对他有用。也就是说你有一技之长,或者在某一个领域有一定的阅历和知识积累,而这些恰好是他所欠缺的,他可以从你这里学习到。

他希望得到你的帮助,所以他会去主动结交你。他和你素不相识,那怎样来建立这种关系呢?这时只有通过文字、视频、语音来沟通,达到相识相知的境界。所以你要想在今日头条上找到志同道合的他,你就得把自己的想法、自己的知识经验发布出来,让和你有一样的价值观和理念的人看到你、认同你,愿意结交你。因此你必须要去写文章,发视频。

而想要在今日头条上发文章,前提是得有一个自己的账号。没有怎么办?那就注册呗。怎么注册?按着下面的步骤来做即可。

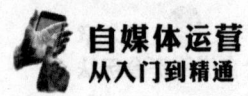

第一步，打开浏览器，搜索"头条号"。选择箭头所指的网页链接打开，进入网站。

第二步，选择"注册"。

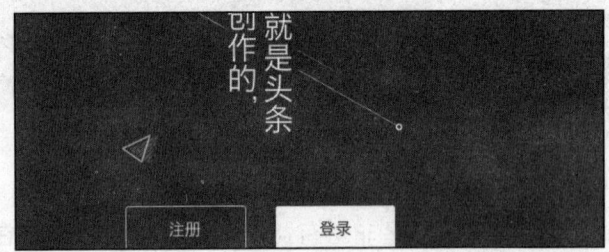

第三步，出现如下页面。

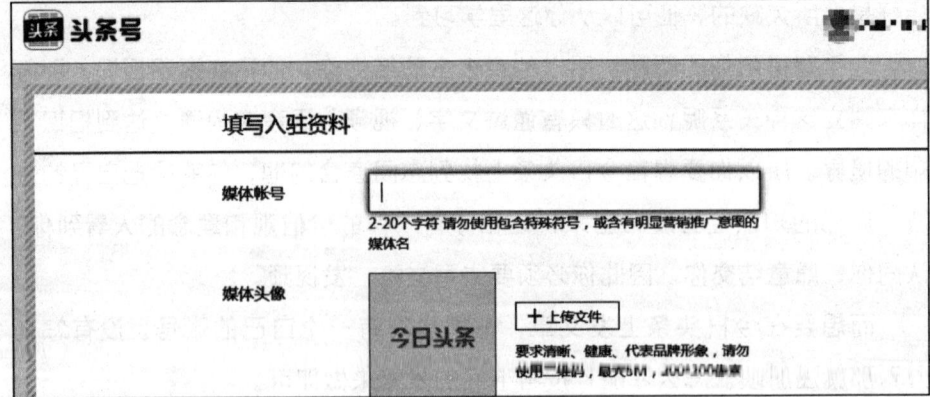

第四步，输入常用邮箱、密码，再次输入密码。点"注册"，进入以下页面。

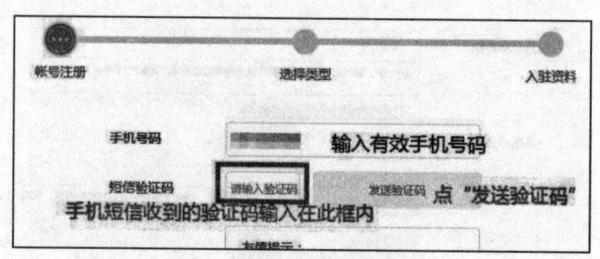

第五步，正确填写你的手机号码，点击"发送验证码"。查看你的手机短信，把收到的验证码输入"请输入验证码"框。点击"注册"。

第六步，成功激活账号后，需要选择类型，个人用户一般都是选择"个人"类型，然后点击"选择"。

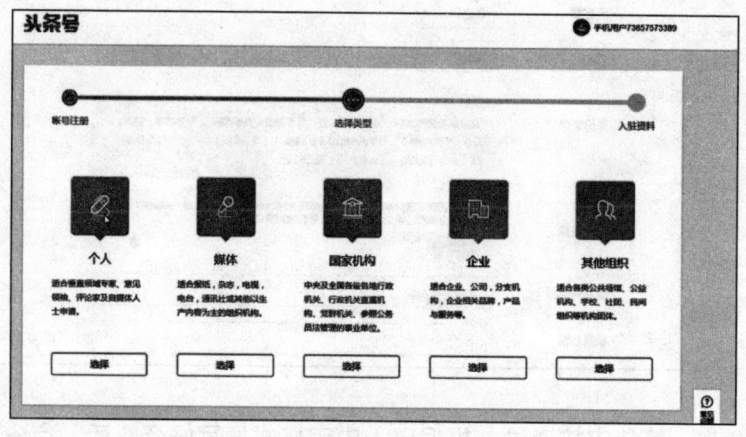

第七步，填写入驻资料。这个地方审核比较严格，也直接关系到我们的申请是否能够通过，所以需要特别注意3点：

①头条号名称和介绍不能含有博客字眼。

②头条号头像不能含有网址。

③辅助材料应该填写5篇及以上含有自己署名的文章名称及链接，可以是自己博客里面的文章，也可以是自己的微信公众号，文章中的作者或版权声明中要出现头条号名称。

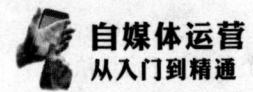

第八步，等待审核通过。根据以上内容格式填写好资料后，点击"提交"等待审核即可。这个审核时间一般是两天，如果收到审核不通过的邮件，需要及时根据审核不通过的原因进行修改，然后再次提交审核。如果能够把第七步中需要注意的3点内容搞定的话，一般都能够直接通过。

2.1.2 头条号发表内容操作流程

注册今日头条账号，申请自媒体平台通过后，即可在今日头条上发表文章了。

首先登录账号。

进入今日头条平台。

点击"发表"进入内容编辑界面。

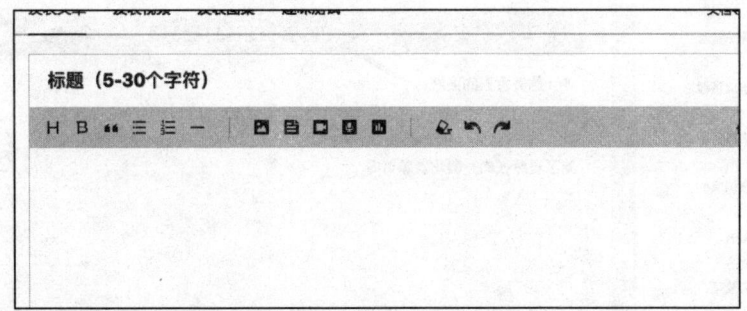

发表的内容可以是文章、视频、图集,也可以是趣味测试。以下逐一讲解。

1. 发表文章

输入文章的标题和正文文字。

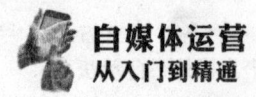

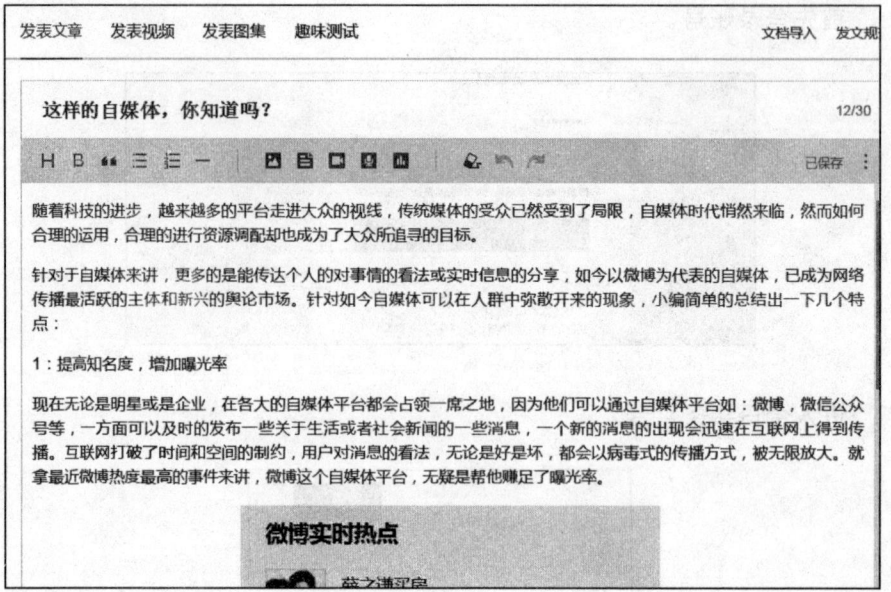

如果需要插入图片,点击下图箭头所示图标。

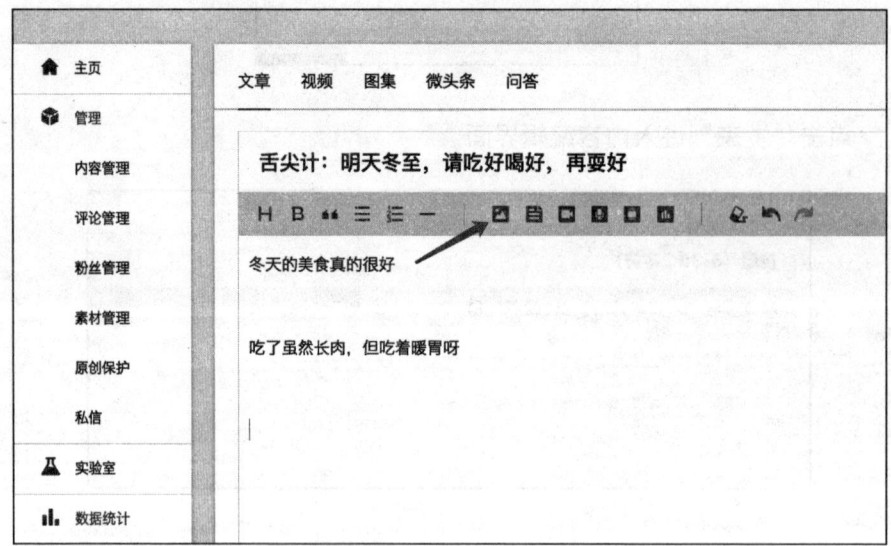

　　文字图片都有了,再进行排版即可。对于要过新手期的你来说,最好是一个字一个字打上去的,因为即使你先是通过其他方式存储的草稿,但只要是直接粘贴到头条后台的话,那么也会被系统认为有很大可能是抄袭的。

最后点击"发表"即可。一篇文章就这样生成了,然后就是等待平台审核这篇文章。

2. 发表视频

发表视频需要提供提前录制好的视频,调整好文件格式、大小即可上传。

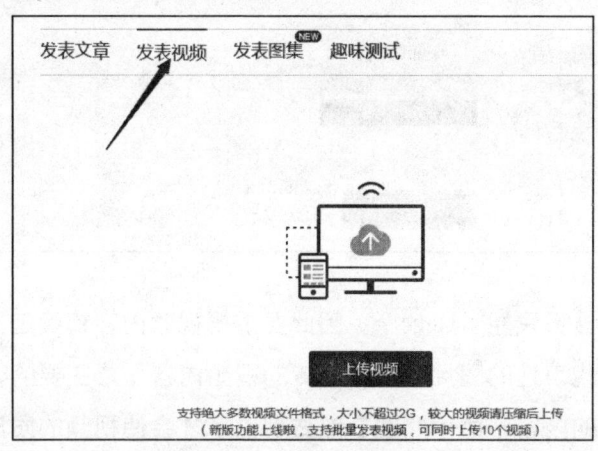

可以同时上传 10 个视频。视频上传完成后,进入下一个界面。

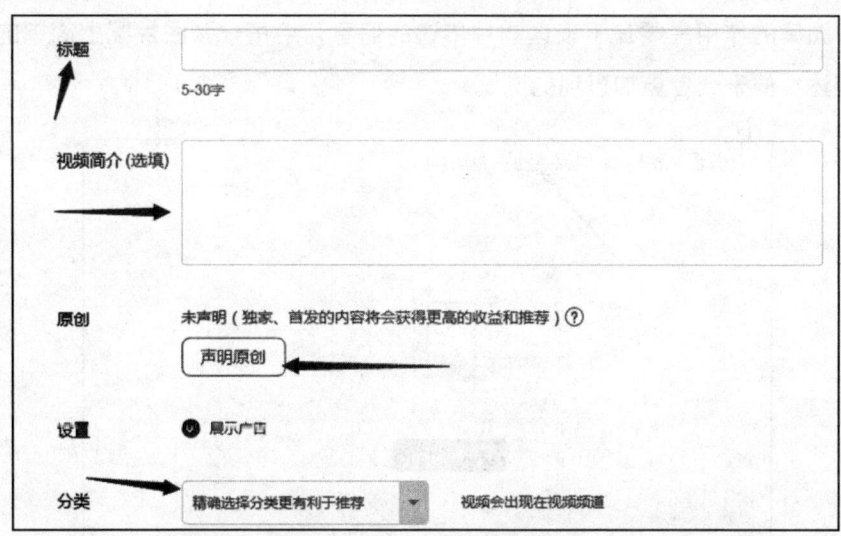

好的标题会激发观众的浏览兴趣,更容易把握内容和情感倾向;视频简介引导观众在短时间内了解大致内容,一定要突出特色和精华;精确分类会

让用户更容易从海量资讯中找到自身所需的信息，能够及时有效地获取需要的内容。

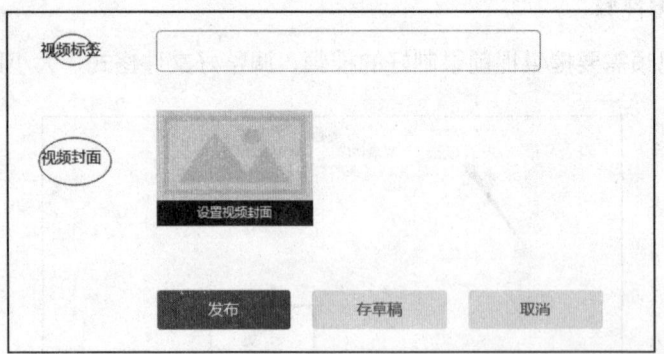

视频标签最多只能添加 5 个，因此要根据视频内容精确定义。视频封面应精心挑选有代表性的图片。虽然上传的视频内容是最主要的，但也不可以忽视必填选项的内容，每一处细节都做到位了才会使视频的质量得到全面提升，传播得更广。

3. 发表图集

图集的作用主要在于表达图片传递的信息，给每一张图片配上简单的文字描述，便于读者更加直观的浏览。

点击"上传图片"按钮,选择需要发表的图片。

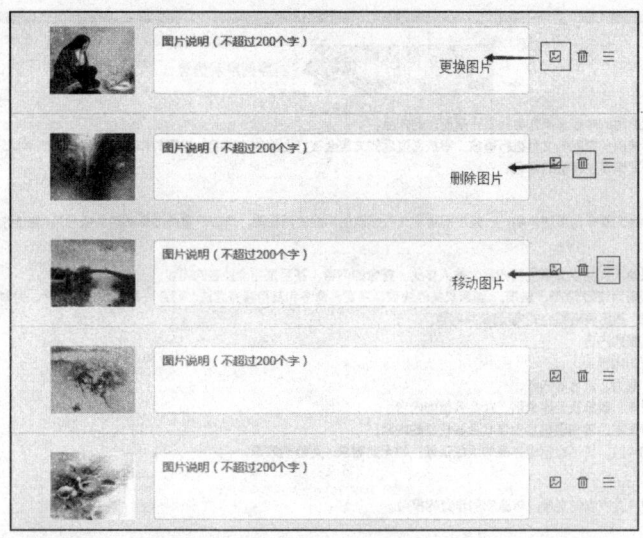

图片上传完毕后,填写每张图片的说明。"更换图片""删除图片""移动图片"这三个按钮方便及时调整图片。

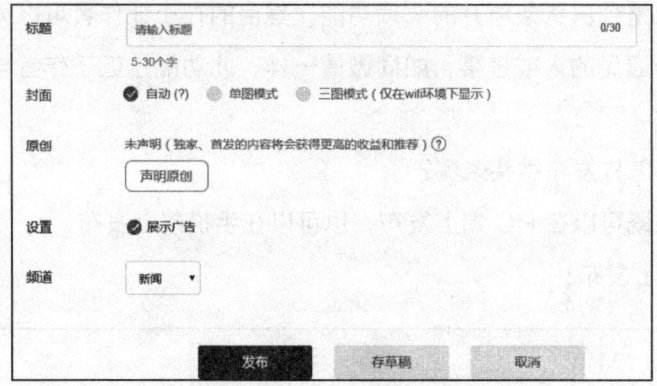

填写图集的标题并选择图集的频道,完成后即可发布,等待平台审核。

此外,还可以发表趣味测试,流程和发表文章、视频、图集大致相同,按照相应的提示操作就可以完成。

声明原创的作品可以得到相关的保护,是头条平台尊重原创、维护版权的体现,发表的原创内容还可以得到大力推荐,获得更高的点击量和收益。

头条号的新手要在一个月之后才有申请开通原创功能的权限。

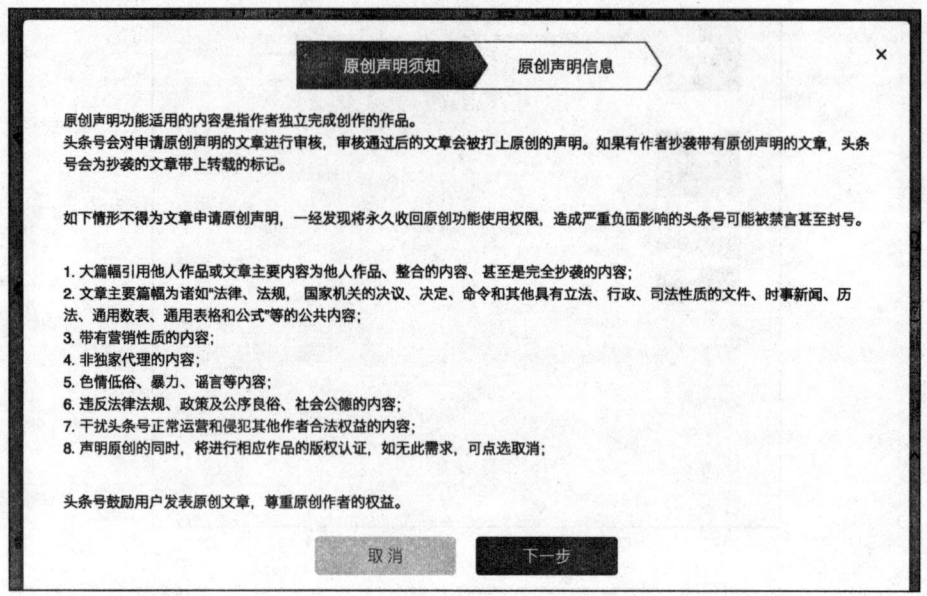

4．发表微头条

微头条是今日头条新开的一项功能，其目的在于让作者可以无时无刻地分享自己所遇见的人或者事，如同微博一样，此功能拉近了作者与用户之间的距离。

那么该怎样发布微头条呢？

微头条既可以在 PC 端上发布，也可以在手机端上发布。

PC 端上发布：

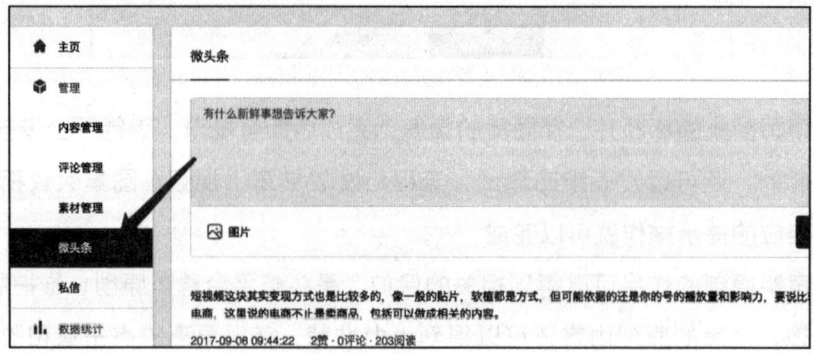

手机端上发布：

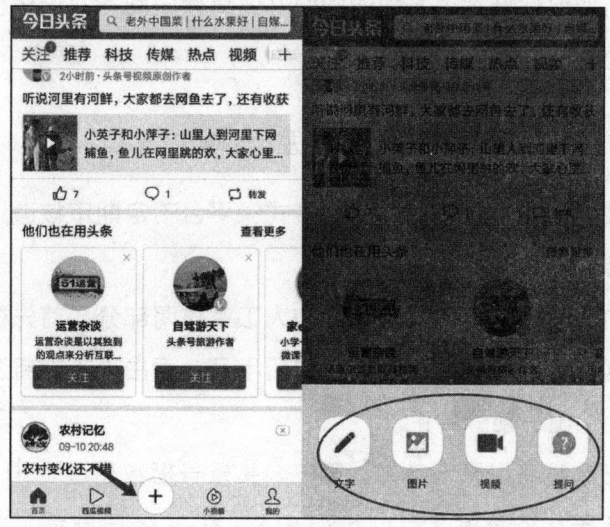

5. 悟空问答

悟空问答是今日头条推出的问答类社区。截至 2016 年 9 月，今日头条已拥有 5.8 亿用户，用户分层涵盖整个中文移动互联网。借助庞大的用户基数和强大的人工智能，今日头条已经具备让更多普通用户参与到内容生产中来的客观条件，真正实现所有人问所有人、所有人答所有人。

悟空问答的好处就在于能辅助你的加 V 认证，只要你持续不断地在上面作问答，那么你就有机会被头条官方认证为某一方面的"大 V"。

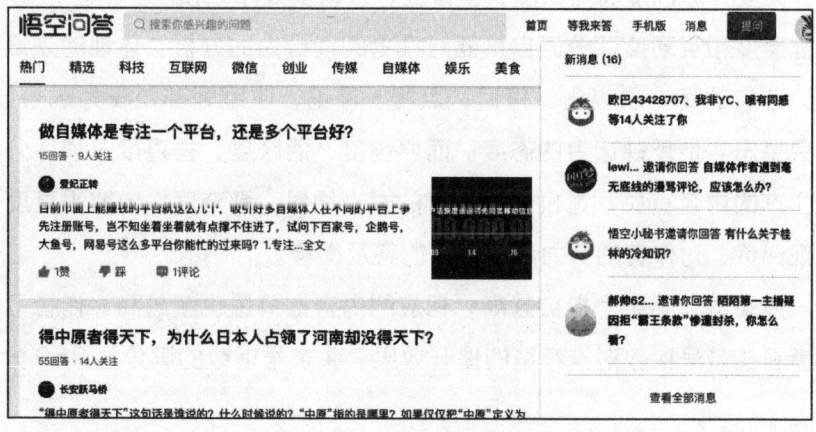

悟空问答有一个特点，如果你回答的问题专注于某个领域时，那么系统就会源源不断地给你推荐这方面的问题并邀请你去回答，这样也免去了你找垂直领域问题的麻烦。

2.1.3 今日头条新手号快速转正方法

今日头条规定新手号转正有两种方式：平台不定期审核通过和头条号指数达标自助转正。

新手期的审核机制包括机器筛选和人工审核两部分，首先机器会根据文章的各项数据，筛选出一批可能转正的新手号。再由人工判断发文质量，从这批新手号中选出一部分转正。

自助转正需要满足两个条件。第一，头条号指数超过 650 分（近 30 日内，至少有 1 天头条号指数超过 650 分）；第二，"已推荐"文章累计超过 10 篇。

运营头条号，最需要做的就是掌握今日头条平台的相关规则，如果连最基础的工作都做不好，则很难在平台上达到预期的目的。头条号指数对新手号转正非常重要，了解头条号指数对快速转正很有帮助。

1. 头条号指数定义

可以把头条号指数理解为文章内容值得被推荐的程度，这一指数是机器通过对作者创作的内容和读者阅读行为的记录及分析得出的账号价值评分，包括健康度、原创度、活跃度、垂直度、互动度 5 个维度。

健康度和互动度评分源自机器对读者阅读行为的分析，体现的是读者的意志。读者的每一次点击、停留、点赞、评论、收藏等都是在为账号加分，机器只是忠实地反映读者的态度。而原创度、活跃度、垂直度三项评分则与作者生产的内容有关，是机器对作者的发文质量、勤奋度、内容垂直度作出的客观评价，对作者的努力程度作出的客观衡量。

一般来讲，头条号指数越高，相应的内容推荐量也就越高。作者可以在后台查看头条号指数对推荐量的提升效果。头条号指数的满分为 950 分。

2. 头条号指数的作用

头条号指数越高，能获得的推荐权重就越大，即能够获得更多的推荐量。留心头条号指数的变化趋势，更易于了解读者的喜好。因为头条号指数反映的是读者的态度，指数增高，那就说明读者的喜好程度在提高；反之，读者的喜好程度则在降低。作者可观察头条号指数的变化趋势，及时总结经验，指数增高时再接再厉，指数走低时及时做出调整，使自己创作的内容更易受到读者的欢迎。

新手号通过观察头条号指数，会更有努力的方向。新手号初运营时，应该养成查看头条号指数的习惯，及时弥补5个维度中的短板。如原创度不够，就应该专注原创内容，不再摘抄、发布旧闻。只要头条号指数稳步提高，转正自然水到渠成。

3. 如何提升头条号指数

头条号指数由健康度、原创度、垂直度、活跃度以及互动度5个维度组成，所以提升头条号指数，需要从这5个维度着手。满足以下条件，有利于提高这5个维度的得分。

健康度

①配图美观合理，提升用户阅读体验。

②提升内容的易读性，延长用户在页面的停留时间。

③内容吸引力强，引导用户完成阅读。

④不做夸张标题，避免引起用户反感，招致举报或被机器识别而打压。

⑤不发布、传播旧闻。

原创度

①尽量保证内容是原创，减少摘抄、编辑、整理。

②在头条号首发。如果内容先在其他平台发表，机器在进行全网比对时，也能判断出这是同一作者的一稿多投，但原创度评分会有所降低。

③尽量手动发表，减少使用"微信同步"功能。因为微信平台接口经常临时调整，可能导致内容不能及时同步，甚至在原创者发布之前被其他头条号"转载"，从而对原创度产生负面影响。

活跃度

①非原创内容（系统认定，非账号原创标签）保持日更1篇，活跃度稳定在一个较高水平。

②原创内容（系统认定，非账号原创标签）保持周更2~3篇，活跃度稳定在一个较高水平。

③视频内容坚持周更1篇，活跃度稳定在一个较高水平。

垂直度

①作者可在多个领域（娱乐、健康、科技、旅游、养生）发表内容，但系统会根据读者的阅读行为数据（阅读量、播放量、评论量、点赞数、分享数等），选出其最受欢迎的内容，从而判断出作者的擅长领域（一个或多个，通常为一个）。

②作者擅长领域之外的内容，账号垂直度评分将会降低。

③有时对于一些交叉领域的话题，读者的反馈可能与作者的初衷有差异。比如一篇内容同时写到了"旅游"和"美食"的话题，根据不同读者群的反馈，极可能被系统认为是"旅游"领域的话题，也可能被认为是"美食"领域的话题。当这种情况发生时，可能会对垂直度产生作者意料之外的作用。不过不用担心，毕竟，读者的认同才是最重要的。

互动度

①优质的内容，本身可以激起读者的转发或讨论热情，这是提升"互动度"的根本。

②内容中可适度引导用户对内容进行评论或转发。

③挑选适量评论进行回复，与用户友好互动。

④作者与用户互动时发表无意义的评论，如"哦""啊""嗯""说得好"等，被机器或人工识别后，对互动度有负面影响。

掌握头条号指数的相关信息，新手号快速转正不再是难题。此外，还需要注意文章发布之前要再三检查是否有错别字、排版是否合理等问题。一经发布，不要多次修改，否则会被延迟推送，影响文章阅读量。也不要随便删除已发表的文章、视频、图集，否则会影响头条号指数。

发表文章时，在充分尊重读者的基础上充分发挥个人人格魅力，表达自己的观点，最好独特犀利，不人云亦云。作为创作的作者，一定要多考虑读者的感受，尊重读者、关心读者、体谅读者，有人情味的头条号更受欢迎。

2.1.4 头条号开通原创功能技巧

头条号转正之后可申请开通原创功能。所谓原创作品是指由创作者个人或团队自主创作的作品，并对该内容拥有合法版权；获得独家授权，有且只有头条号可以发布、享有信息网络传播及转授权的独立完成创作的作品。

今日头条官方规则对原创内容有明确的限定，包括以下内容的作品不能打上原创。

① 复制粘贴、在其他网站下载后重新上传的内容，属于抄袭行为。

② 汇编类作品。搜集材料进行汇总再编辑的文章，整合并二次创作程度低的视频。如：×× 作品集、×× 视频集锦等。

③ 未获授权使用他人作品。如：未授权对他人作品进行文字翻译，未获授权对外国视频加字幕、配音，未获授权录制的演唱会视频等。

④ 未获独家授权发布他人作品。

⑤ 公共内容。作品主要内容为法律、法规，国家机关的决议、决定、命令和其他具有立法、行政、司法性质的文件及其官方正式译文，以及时事新闻、历法、通用数表、通用表格和公式等内容。

⑥ 含有严重营销推广的内容。

原创内容加上原创标签后，可在后台查看疑似抄袭自己的文章，并举报删除这些文章；将获得优先推荐和"赞赏"功能，能够从读者处获得额外收益；还可以申请"原创保护"权限，在全网范围内对抄袭文章进行维权；并有机会入选"千人万元"和"百群万元"计划。

开通原创功能首先要满足开通头条号满 30 天，在发布内容中原创比例超过 70%，最近 30 天头条号后台显示获得系统推荐的文章超过 10 篇，无抄袭、发布不雅内容、违反国家有关政策法规等违规记录等硬性条件。提交申请后，平台在 5 个工作日内审核该账号资质和内容质量，并为符合优质原创账号标准的头条号开通原创功能。

想要快速开通原创功能还需要做到以下几个方面。

①注册时提供的辅助材料。个人博客、知名平台、专栏以及其他自媒体平台发过的署名文章等内容都会作为审核参考。

②提高头条号指数。头条号的5个维度最好都不要忽略，原创度对开通头条号原创功能至关重要，坚持原创，减少摘抄、编辑、整理，保证文章质量。

③加强内容更新频率。尽管今日头条官方要求纯原创文章一周2~3篇即可，想要快速开通头条号原创功能自然是多多益善。

④内容展现形式专一。头条号发表内容可以是文章、视频、图集和趣味测试，最好是专注于某一个形式加强创作，一心一意集中精力于一个领域会更容易达到目的。目前文章占主流，所以原创名额会占得多，竞争程度大。

⑤提高内容的硬性数据。已发表内容的推荐量、阅读量、转发量、收藏量对于开通原创功能很重要。

⑥加强推广力度。作为头条号的作者应该自行推广自己的作品，为自己点赞、收藏，分享到微博、微信等朋友圈，充分利用经常使用的自媒体平台如微信、QQ空间等帮助提高推荐量和阅读量。

⑦积极互动。尽可能地回复网友的评论，耐心回答他们提出来的疑问，尊重每一位读者，同时也为自己赢得尊重。文章中忽略或没想到的细节也可以通过评论留言予以补充说明。头条号作者要经常参与今日头条的相关活动，有疑问多咨询"客服联系"，加强和他们的沟通，也是让今日头条重视作者的有效途径。

⑧要有孜孜不倦的毅力。所谓"古之成大事者，不惟有超世之才，亦必有坚忍不拔之志"，但凡做事，如果有了懈怠之心定不会走很远，认认真真、踏踏实实的态度是成功的一半。持之以恒，用心创作文章、视频、图集，不灰心不赌气。用心创作的作品一定会得到读者的认可，他们会为你的创作态度和人文情怀感动。

⑨多向同行学习。不论在何种行业何种领域，只要你不是第一个吃螃蟹

的人，永远都有前辈、有同行，虚心求教、不耻下问会让你更快地进步，多倾听同行的意见和建议，多和他人交流沟通会带给你全新的视野和观点。

开通原创功能后，一定要严格遵守相关的规则，依规则行事。开通原创功能的头条号一旦有抄袭行为，将直接取消原创功能；给非原创内容打上原创标签，将会受到一次警告，警告无效将取消原创功能；被取消原创功能的头条号再无开通此功能的权限。

2.1.5 如何利用今日头条盈利

俗话说："天下熙熙皆为利来，天下攘攘皆为利往。"做自媒体也是一样，如果只是一味地靠着自媒体人的那份情怀，得不到物质上的收益，那么很多人在自媒体这条道路上都是走不远的。

自媒体行业最引诱人也最受外界诟病的就是其商业模式。现在自媒体的发展呈现出垂直化、专业化的趋势，细分领域的读者价值也是十分可观的。今日头条自媒体平台最常见的就是通过软文形式打广告引流，自营广告，头条广告，千人万元等模式。不论采取何种盈利模式，最重要的是能否让你的粉丝心甘情愿地为你输出的内容买单。

1. 个人利用今日头条盈利

作为经营头条号的个体，要想在今日头条平台上获得长足的发展，长远来看，如何把当下的账号经营好才是关键。每天文章如何写，短视频如何制作，要有自己的思路和模式，只要不断输出好作品，盈利自然是水到渠成的事。目前来说存在两个制约前进的障碍。

第一，内容的可持续性问题

源源不断地输出受用户欢迎的优质内容，需要做到专注、勤奋、极致。

（1）专注

专注才能专业。人的精力是有限的，一旦确定目标就要全神贯注地学习、钻研。这样，我们才能在某个领域发挥得更出色，这就如一个人不能同时吹两个喇叭一样。未来的发展，专家就是赢家，一定要在自己的细分领域好好耕耘。利用好每次的发文机会，不要浪费，尽量保证你的内容和你的行

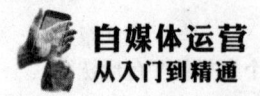

业领域密切相关。不要朝三暮四，须专注于一个领域，在你所擅长的领域深挖下去，坚持不放弃，一直到挖出"黄金"来。

（2）勤奋

现在是一个快消的时代，一切都在追求速度和效率，生活节奏非常快，看资讯也是同样。因此自媒体创作者也要跟随时代的发展步伐，加快更新速度和频率，勤动手，克服懒惰和懈怠。充分利用一切闲暇时间，利用等车、吃饭的间隙以及碎片化的思维抓住片刻空余时间创作。读者的注意力是高度分散的，文章应当短小精悍、观点犀利、寓意深刻。

（3）极致

作为自媒体平台的创作者，长远发展必须要保证作品的质量，不论是写的文章还是制作的视频，对用户来说都是有价值的，不是简单的二次整合或剪辑。如果作品质量不高，没人会喜欢，因而追求精益求精的极致思维至关重要。

第二，流量的变现问题

今日头条平台可以通过自营广告、头条广告、软文合作、千人万元等模式获取收益。

（1）自营广告

今日头条账号创建时间大于10天，审核通过的文章篇数大于10篇，最近1个月内无违禁和处罚的记录就可以申请自营广告。添加的广告需要审核，广告内容除健康、医疗、财经、彩票、保健、两性、教育之类外，其余都可以。

广告需要自己和广告商洽谈，可以选用文本的形式，也可以选用图文的方式打广告。自营广告最好是先包装产品，通过今日头条平台，自己做广告商，在自己的文章中加入自营广告，既轻松又获益。

（2）官方广告

官方广告也就是今日头条自己的广告。这类广告和广告联盟相似，主要看文章的点击量。用户点击阅读你的文章，点击了文章页面中的广告，或者是根据视频的播放量，就可以产生收益。

（3）软文合作

找到合作的项目，通过撰写软文的方式引流到个人微信号、微信公众号、QQ群等为合作方带来精准的粉丝，引导粉丝购买产品，最终和项目合作方进行收益分红。不过目前今日头条官方对软文打击力度很强，软文没有以前那样容易捆绑广告了。

（4）千人万元

今日头条大力扶植原创作品，宣称让作者有尊严的创作，给优质内容以对等回报，宣布扶持一千个头条号个体创作者，让每人每个月至少获得一万元的保底收入。这对于原创作者来说是很好的福利。

今日头条的引流效果非常强大，通过平台可以引流到微信、微博、QQ群，不过流量不精准，日后可以慢慢分类筛选；也可以给博客引入流量，等到博客流量稳定后，开通博客分成计划，可以自动获得一笔收入。

今日头条流量是若干类精准流量的混合体，利用文章引流到一个平台，日后通过更新的文章完全可以达到分类的目的，将这些混合的流量分类后，得到优质流量，继而得到收益。

2. 企业利用今日头条盈利

作为企业，无论是做任何产品还是服务，尤其是初创公司，都需要通过互联网的方式让大家快速地了解你、知道你并找到你。自媒体平台的快速兴起，其实给企业带来很大的机遇，有了传播的媒介和载体，就必须要有内容。

事实证明，在现在这个流量越来越贵的时代，内容可能是唯一可以低成本获益的方式，大量资本开始涌入内容创业领域。品牌需要做内容是因为购买是低频的，内容是高频的，这时就需要靠频次来吸引用户、建立品牌。

内容不仅可以为公司现有的产品带来流量，内容本身也可以变成一个为公司带来盈利的独立产品。把内容当成产品来运营，甚至每一篇文章都应该当成一个独立的产品，需要用产品的角度思考这篇内容满足了用户的什么需求、解决了用户的什么痛点、用户体验好不好、可以帮助达到什么目的等。

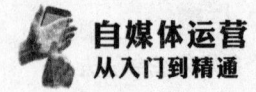

在如今这个流量巨贵的时代，内容急需被提到战略高度。

企业通过今日头条自媒体方式做营销突围，想低成本、快速度地获得品牌在行业内的知名度，需要在以下要素上下功夫。

（1）打造极致产品

其实一个好的产品自它被生产出来就自带属性，不用太多的宣传，它的故事感和传播性很容易被挖掘出来，它一次传播出去之后会形成二次传播、三次传播。很多人认为自媒体营销是泛媒体的营销方式，在于它的传播会延伸，会有更多的爆发点。但是如果产品出现瑕疵或者生产产品时不了解用户需求，就会发现无论怎么使出浑身解数玩自媒体，产品的转化率还是不高。因此企业对产品的要求和定位要相当高，物有所值的东西总能打动消费者。

（2）做精准的用户画像

想把账号做好，首先要把用户画像做精准。了解用户的年龄段、需求，对价格的敏感度，喜欢看什么类的新闻，手机里有哪些常用软件，经常去哪些地方消费，消费习惯是什么，资金收入，价值观趋向，以及通过何种方式可以联系到用户等，如果没有这些调研，账号是经营不好的。

（3）完善的传播策略

通过今日头条自媒体平台，企业希望做的宣传和推广能够让更多的人知道，如何把产品传播得更吸引人，这是和推广的产品分不开的。本身做产品的时候就已经知道用户的需求是什么了，并不是产品做出来后再去找传播策略，而是根据用户的痛点，做出有市场需求的产品。

（4）保证优质内容的创作

一般都会通过写文章、拍视频、制作精美图片等形式进行内容的创作，这些都需要学习。就拿写文章来说，毕竟互联网的语言和传统媒体的作者常用的语言有了明显不同，不再是纯书面化的正式语言。随着网络时代的到来，更受欢迎的是接地气的内容，贴近普通大众日常生活的创作更有市场。

（5）构建多种社群

在今日头条中成功引流后，需要去建立多种渠道的社群，微信群、QQ

群、微博等都属于可选的社群。也就是所谓的产品型社群，经常在群里给用户分享一些有价值的内容，保持良好的沟通。既可以做较大的群体，也可以做较小的群体，大群互动率不高，最好是一百人左右的社群。

（6）拉近与粉丝的距离

很多企业的自媒体账号基本上都是高大上，都是企业领导人出席了什么活动，受到何种接待，赢得了什么奖项，参加了什么评选……这样的文章太过冷冰冰，不会有什么转发。真正需要做的是如何取悦粉丝，就比如很多互联网 CEO 或创始人与粉丝见面都是身着 T 恤牛仔裤。传统行业的老板什么时候见客户穿着的不再是西装革履，可能就明白什么是粉丝概念了。

（7）组织线下活动

对自媒体普遍存在的误区就是做自媒体不需要线下活动，其实恰恰相反，自媒体特别需要与大家一起玩，特别需要互动的运作方式，需要与外部建立更多的联系。需要注意的是线下活动成本高，不可能经常组织此类活动，企业做线下活动最重要的是第二天的媒体呈现，从一开始就应该设计好活动的媒体传播属性，在网络上呈现更高的留存度。

组织活动不能只顾自己玩，应该整合更多资源一起玩。给参与者创造更多的惊喜，活动中关注特殊的人群，营造和谐融洽的氛围，传递更多的正能量，让参与者真切感受到活动完全是为他们而组织的。

传统营销手段正在日渐衰亡，自媒体正在成为企业营销的主战场，越来越多的大品牌都把从传统媒体上的投放量转移到了自媒体上，抓住新的发展趋势，才会走得更远。互联网时代选择比努力更重要，一旦选择的方向错误，再怎么努力都收不到预期的效果。企业的战略方向对了，团队相互鼓励，共同努力总会登上成功之岸。

2.1.6 今日头条自营广告怎么使用

自营广告是今日头条特有的一种开放自由的推广方式，由头条号作者自主上传推广素材，在文章的末尾进行展示，在读者阅读的同时，获得推广曝光。

新手号申请自营广告在"设置—账号设置"栏中完成,基本条件包括以下几点:①需要满足注册类型是"个人"或"群媒体";②入驻时间大于30天;③累计已推荐文章数量超过15篇;④无违禁惩罚记录。

1. 基本要求

头条后台为了加强管理自营广告的内容,营造健康、良好的创作环境,对自营广告做出如下要求。

(1) 行业限制

禁止投放健康、医疗、保健、彩票、财经、金融、法律、两性、教育、广告招商、微商、二类电商内容。

(2) 素材要求

落地页必须在移动端适配,大小不超过1M;

不能进行二次跳转;

不能含有自动播放的音频或视频;

不能为第三方媒体平台页面;

应用下载广告:iOS系统必须使用itunes原始链接;

文案图片不得出现违法、虚假欺诈、低俗、敏感色情类信息;

不得涉及第三方的负面信息;

不得出现无授权名人形象;

不能有吸烟、饮酒形象;

社交软件、内衣类广告图片不能使用真人形象;

不能出现"日赚×××元"兼职招聘类信息;

广告中出现微信账号或微信公众账号的,不能出现明显售卖倾向的描述。

(3) 二类电商说明

今日头条对不符合要求的电商广告特点做了总结,凡是符合下列特点的电商广告将归入"二类电商"类别,2015年6月15日之后严禁投放:

ICP备案不可查找或ICP备案不一致(如ICP备案为个人,而广告主本身是某商贸公司);

页面无版权归属(如页面内没有"关于我们"或"关于我们"中没有完

整的公司介绍）；

产品售卖方式单一（如仅支持货到付款或电话订购）；

用户无法查询自身的购买记录；

售后电话打不通；

网站页面为统一模板制作（非知名电商）；

商品产地、质量与实际不相符；

仿冒知名品牌；

页面中伪造各类认证标志；

谎称有专利技术或夸大厂家自身技术实力。

2．自营广告违规处罚规则

（1）违法类

涉及包含但不仅限于黄赌毒、邪教、种族歧视、性别歧视、反党反政府、非法传销、处方药、买卖发票等违法行为的广告；

涉及枪支弹药、管制刀具、仿真枪的广告；

涉及利用国家重大灾难及恶性热点事件为噱头的或以盈利为目的的广告宣传。

一经发现上述违法类广告，永久封停自营广告权限，情节严重者禁言7天。

（2）虚假劣质类

擅自改变食品、药品、农药等特殊商品的《广告审批表》批准宣传的内容，进行虚假、夸大宣传，欺骗、误导消费者；

利用虚假广告招生办学、培训技术；

发布虚假的"致富信息、实用技术"广告骗取钱财；

无商品可供或以次充好，以邮购为名骗取购物款，非法牟利；

谎称自己取得生产许可证、商品注册证，谎称产品质量已达到规定标准、认证合格并获得专利等，谎称产品获奖、获得优质产品称号等；

假冒他人注册商标、科技成果以及假冒他人名义为自己的企业或产品做广告宣传。

一经发现以上虚假劣质广告，永久封停自营广告权限。

（3）欺诈类

在广告上线后私自修改落地页面，修改的广告内容包含违规内容；

广告中落地页链接仿冒知名网站。

一经发现以上欺诈类广告，立即封停自营广告权限1~5天，二次违反则永久封停自营广告权限。

（4）不当操作类

无视拒绝理由，在1天内反复提交相同素材的违规广告达3次者，封停自营广告权限1天。明确今日头条自营广告的规则，是有效利用自营广告获取收益的前提。

可以通过以下三种形式自营头条广告：

第一种，头条号作者可以自己做出产品，搭建相关的网站或是博客、空间等，在自己的文章中添加自营广告。先包装自己的产品，自己做广告商，通过发布的文章、视频、图集等展示自营广告，根据广告的展示量赚取收益。

第二种，如果自己没有产品，则可以充分利用今日头条与广告商洽谈，在自己的作品中展示和广告商协作的广告。找广告时可以在网上发广告，利用一些论坛，或者在QQ空间征集；有一些人入驻今日头条是因为自己有博客或者是其他的媒体渠道，可以找以前合作过的资源；淘宝也是可以加入广告的，可以到淘宝里寻找，也可以找一些淘宝客；团购网也会有广告，和商家沟通，进入团购后，也会达到一个很好的效果；有一些个人也想让自己的自媒体更出名，可以相互建立一个交换链接，如果你的作品阅读量高，加他就可以有收益；也可以加入今日头条的管群，那里时时有寻找合作伙伴的人，也会找到一些合适的广告源。

第三种，2016年8月今日头条规定自营广告可以推广头条号，自推或推广他人头条号都可以，并且无须通过审核就可以直接通过。对于头条号创作者来说这无疑是一种福利。

2.2 搜狐公众平台

1. 平台介绍

搜狐公众平台是在搜狐门户改革背景下全新打造的分类内容的入驻、发布和分发全平台，是集中搜狐网、手机搜狐网以及搜狐新闻客户端三端资源大力推广媒体和自媒体优质内容的平台。各个行业的优质内容供给者（媒体、个人、机构）均可以免费申请入驻，为搜狐公众平台提供内容；利用搜狐三端平台强大的媒体影响力，入驻用户可获取可观的阅读量，提升自己的行业影响力。

2. 搜狐公众平台的特点

（1）三端全力推广

集中搜狐三端的优质流量大力推广自媒体，快速获取阅读量。文章只需要发布一次，搜狐三端同步显示。

（2）自动化推荐上头条

打破原有编辑推荐机制，根据文章本身质量及流量表现进行自动化推荐，内容优质就有机会上头条。

（3）关系链传播

订阅、评论、分享，利用关系链传播获取更多流量。

（4）百科式内容分类

根据垂直频道的属性，建立百科式内容分类，如财经、时尚、旅游、健康、母婴、教育、美食、汽车、科技、体育、养生、美容、文化等。

3. 搜狐公众平台的优势

（1）流量优势

搜狐集中三端的流量全力推广自媒体内容，提供门户的广场传播和关系链传播两个途径，自媒体用户认真耕耘就可以快速获取阅读量。

（2）精准推送

通过机器算法与人工审核双重把关，为用户精准推送所需的优质内容。

（3）媒体公信力高

搜狐长久积累的媒体属性使得专业规范的优质自媒体内容更容易获得用户信任。

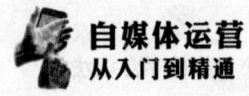

2.2.1 申请搜狐号步骤

搜狐公众平台入驻流程共分五步：登录或注册账号→选择媒体类型→填写资料→等待审核→入驻成功。

1．注册搜狐号

进入搜狐公众平台界面，点击右上角"立即注册"。

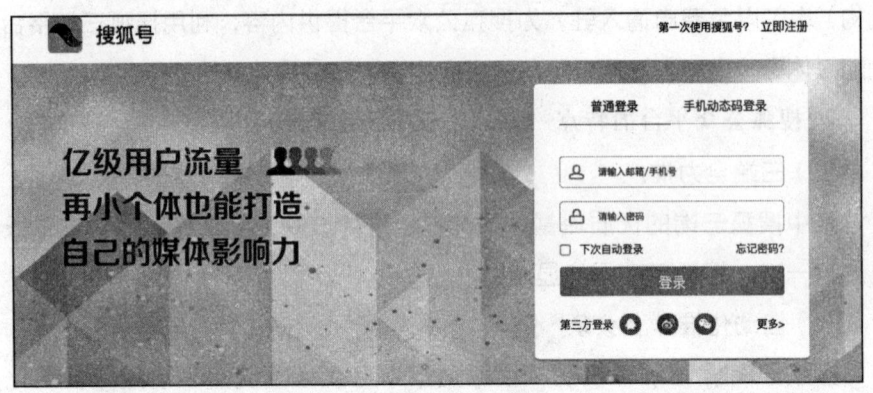

需要注意的是，搜狐公众平台一旦入驻成功，登录方式是无法更改的，因此强烈建议，公共维护的平台账号，不要使用私人邮箱、手机号等进行注册，也绝不可使用私人QQ、微信、微博等第三方账号授权登录搜狐，避免人员流动时对账号的归属造成困扰。

登录成功后，用户需要选择自己的账号类型。

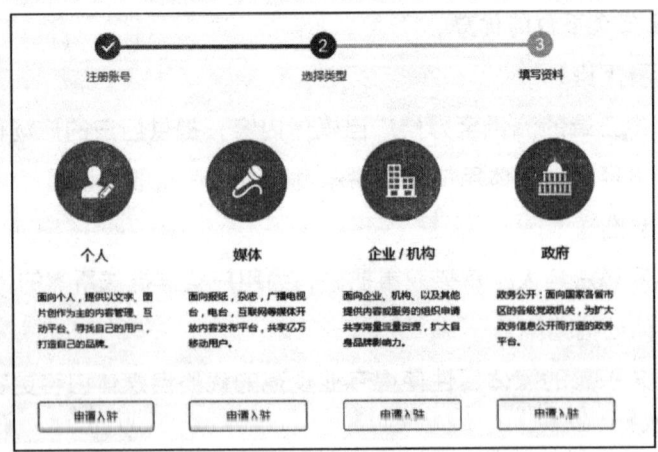

第2章
常用的8个自媒体平台玩法

2. 信息登记

- 个人自媒体需提供真实身份证件信息、辅助材料信息。
- 媒体需要组织机构代码证、运营人身份证件信息和媒体入驻授权书（授权书在注册页面下载）。
- 企业需营业执照、运营人身份证件信息和企业机构入驻授权书（授权书在注册页面下载）。
- 政府需组织机构代码证、运营人身份证件信息和政府入驻授权书（授权书在注册页面下载）。

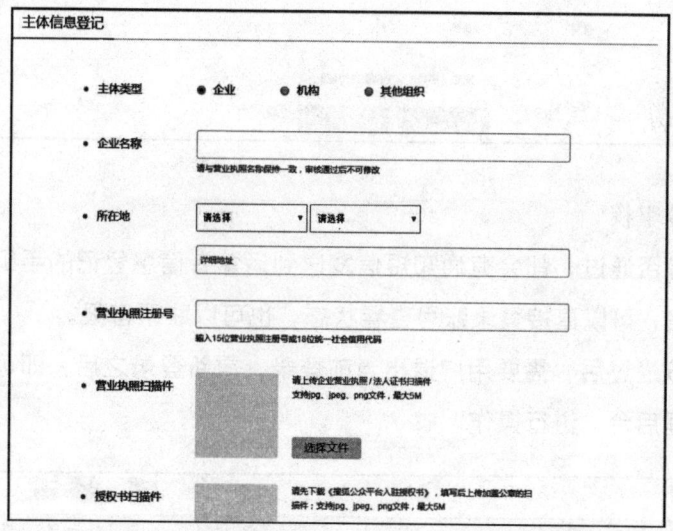

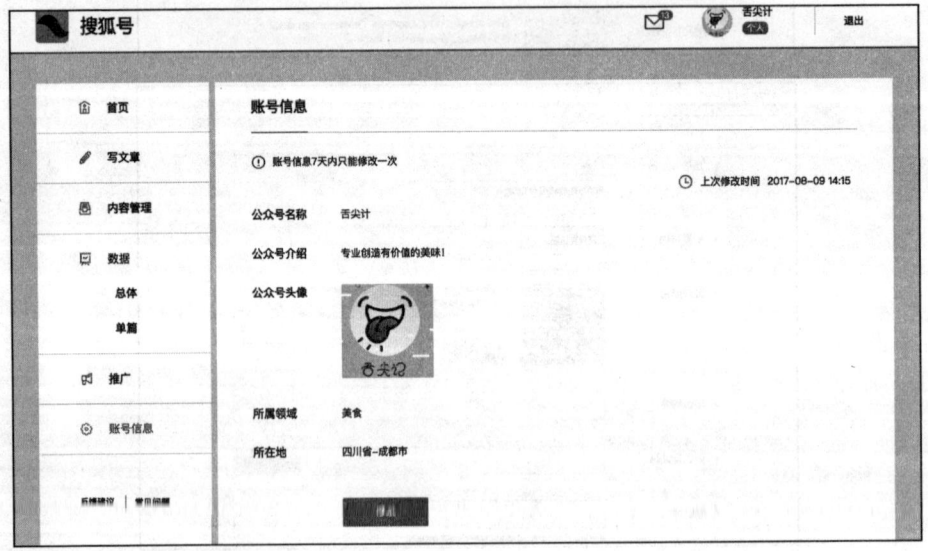

3. 账号审核

审核是否通过，都会有通知短信发送到运营者信息登记的手机号上，如未收到短信，可以直接登录账号查看状态，也可以联系客服。

- 审核通过后，需要用户退出当前登录，重新登录之后，即可直接进入管理后台，进行操作。

- 审核未通过，会在注册页提示未通过的原因，请申请人按照提示重新修改资料，再次提交。

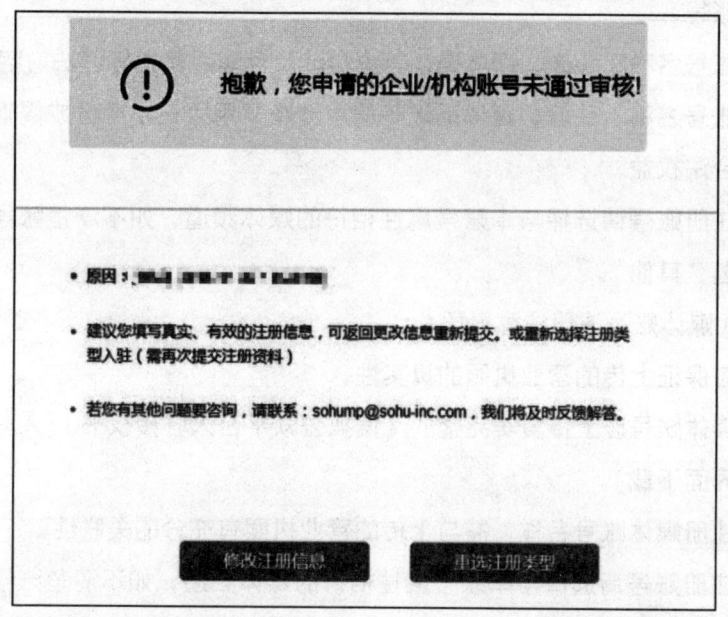

点击"修改注册信息"，会返回账号资料填写页面，用户可以选择修改账号运营人信息（身份证件、手机号等）和账号的媒体信息（账号昵称、简介、头像、领域、辅助材料）。

点击"重选注册类型"，会将账号注册时填写的全部资料信息清空，退回到初始注册界面。用户可以选择适合自己的账号属性分类重新申请注册。

4. 搜狐公众平台账号注册注意事项

搜狐公众平台共有四大账号属性分类：个人自媒体、媒体、企业/机构、政府。申请入驻公众平台的用户，应首先明确自己申请媒体账号的属性，并了解以下几点注意事项，然后选择相应分类选择入驻。

（1）个人自媒体账号注册注意事项

①上传证件照必须与注册信息填写一致，且证件照应真实完整可辨认。

②含有以下内容之一的将不能注册：

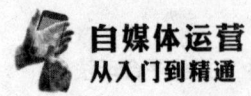

- 上传媒体头像，含有二维码、外链或者媒体企业机构 logo。
- 个人申请时政类、机构类、媒体类、历史类、社会新闻类自媒体账号。
- 账号名称、头像、媒体描述等资料涉及色情、暴力等违法内容。
- 账号名称、头像、媒体描述等信息涉嫌冒用第三方身份或侵犯第三方合法权益。

③注册账号请选择与本账号属性相符的媒体频道，如不清楚账号频道属性，可选"其他"。

（2）媒体账号注册注意事项

①应保证上传的营业执照的真实性。

②媒体账号应上传真实完整的《搜狐公众平台入驻授权书》（入驻授权书在注册界面下载）。

③注册媒体账号名称，需与上传的营业执照有充分的关联性。

④注册账号请选择与本账号属性相符的媒体频道，如不清楚账号频道属性，可选"其他"。

（3）企业账号注册注意事项

①企业应保证上传的营业执照的真实性。

②企业注册账号名称，需与上传的营业执照有充分的关联性。

③企业账号申请人需上传清晰真实的本人身份证件照片。

④注册账号请选择与本账号属性相符的媒体频道，如不清楚账号频道属性，可选"其他"。

（4）组织机构类账号注册注意事项

①机构类账号应保证上传的机构代码证的真实性。

②其他组织账号，应该填写完整的《授权运营书》（授权书在注册界面下载）。

③注册账号请选择与本账号属性相符的媒体频道，如不清楚账号频道属性，可选"其他"。

（5）政府账号入驻采取邀请制，普通个人或媒体、企业机构等不得申请

2.2.2 搜狐号发表内容操作流程

搜狐号既可以发表文章，也可以发表视频。

1．发表文章

在搜狐公众平台上发表内容，首先需要打开搜狐公众平台登录界面，如下图所示。

根据申请的账号，可以自主选择普通登录、手机动态码登录、第三方登录这三种登录方式。输入用户名、密码，点击"登录"，进入主页。

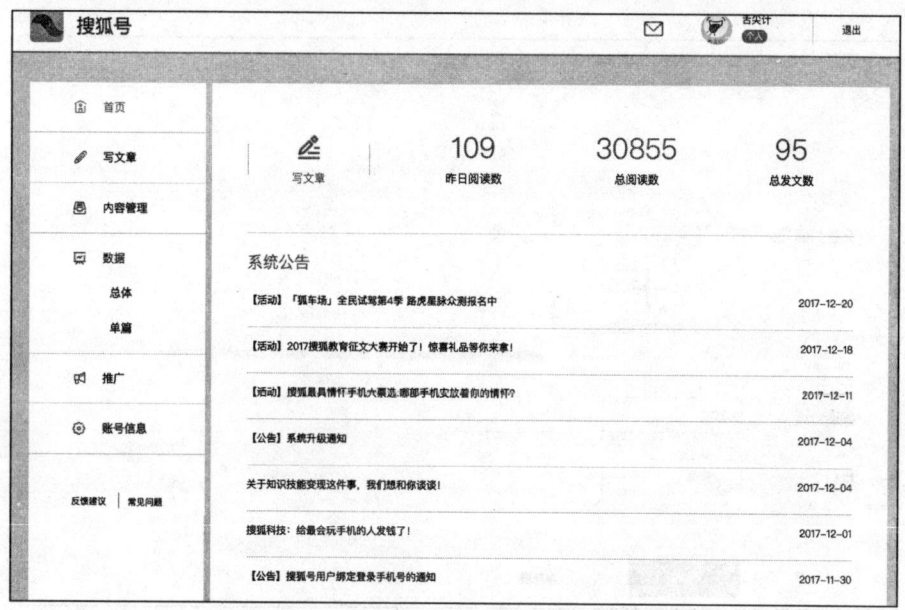

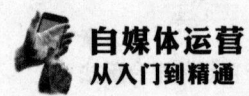

点击"写文章",即可自行编辑文章内容。

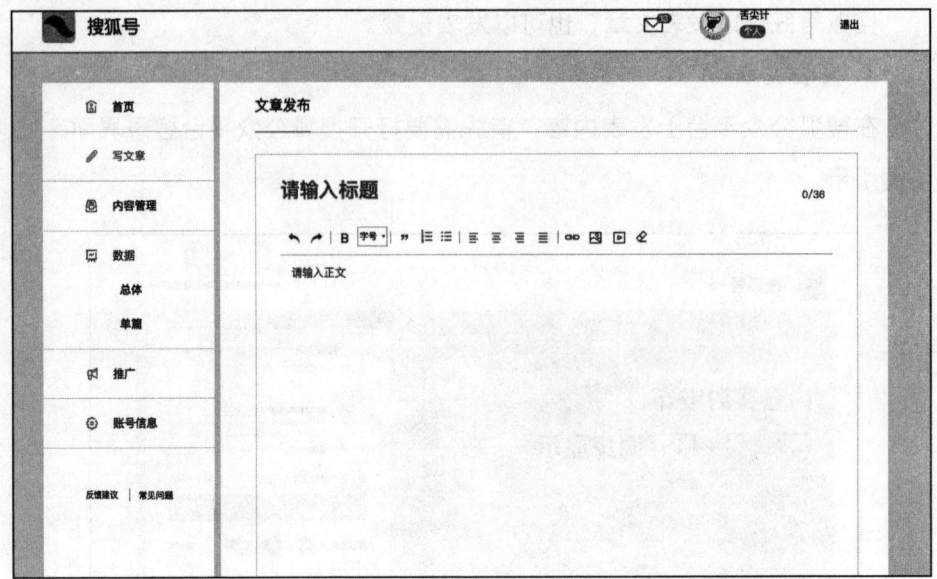

在文章发布界面输入标题、正文,可以运用工具栏修饰正文字体、大小和颜色,是否加粗、是否添加下划线、字体是否倾斜、是否引用、文字对齐方式等,还可以进行选择图片、插入链接、自动排版、添加视频等操作。

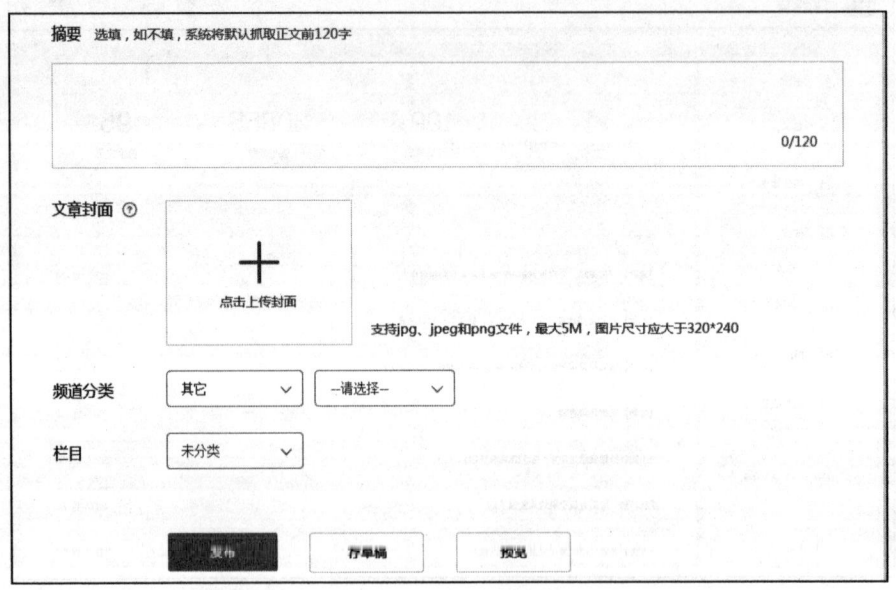

文章编辑完成后，可以选填文章摘要，最好是认真填写摘要，这样有助于读者快速了解文章内容；上传图片，为文章添加封面；选择撰写文章的分类；发布文章前建议先预览文章，再次检查以发现文章中的错误之处。

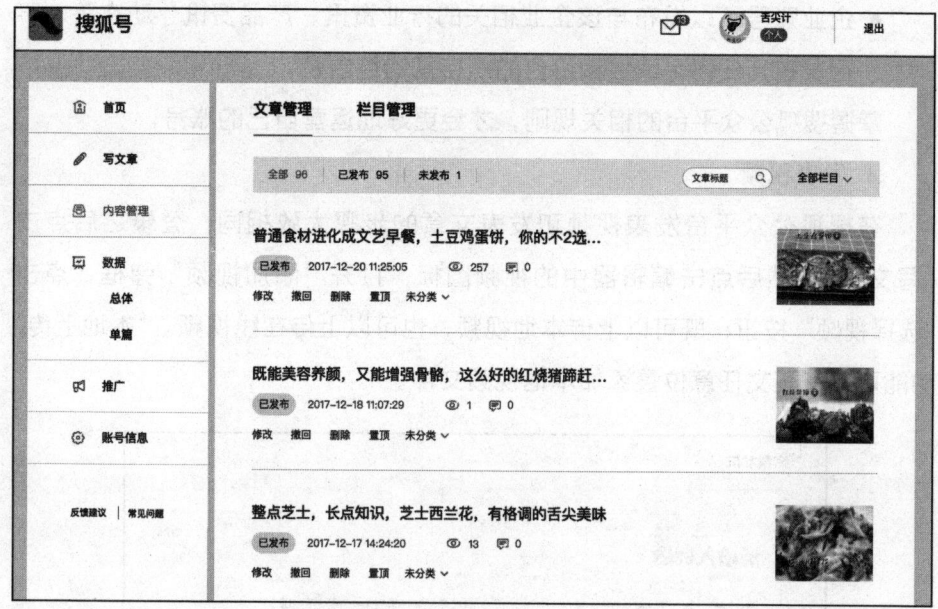

文章发布之后会有一个审核的过程，可能几分钟、十几分钟甚至一天。审核中的文章，作者可以通过内容管理来查看，需要耐心等待。

注意事项：如果是新用户，一定要读一下搜狐的文章内容规范，以免被封号！主要包括以下几点要求：

- 搜狐公众平台鼓励原创内容，尊重版权，所有账号内容未经许可不得转载或大幅抄写他人内容（包括文章、视频、图片等）。
- 不得发布广告、软文和营销行为的内容，文章中不得含有大量广告链接。
- 不得发布虚假、欺诈或是恶意诋毁第三方的内容。
- 文章无内容或内容不全者，审核不予通过。
- 文章内容质量低下，毫无意义，可读性不高则不予通过。
- 个人不得发布涉及时政、敏感性话题的历史类内容。
- 文章标题、图片、内容含有色情、惊悚、两性等不良信息，审核不予通过。

- 新闻单位、新闻网站开设的媒体账号可以转载、发布时政类新闻，取得互联网新闻信息服务资质的非新闻单位开设的媒体账号可以转载时政类新闻。其他无新闻资质的账号未经批准不得发布、转载时政类新闻。
- 企业账号可以发布与该企业相关的行业资讯、产品资讯、动态等，不得发布无任何可读性和价值的广告营销性内容。

掌握搜狐公众平台的相关规则，才会更好地运营自己的账号。

2. 发表视频

在搜狐公众平台发表视频和发表文章的步骤大致相同，登录之后点击"写文章"，然后点击编辑器中的视频图标，打开"添加视频"弹框，点击"选择视频"按钮，既可以上传本地视频，也可以上传在线视频。"本地上传"功能可以在正文任意位置添加本地视频文件。

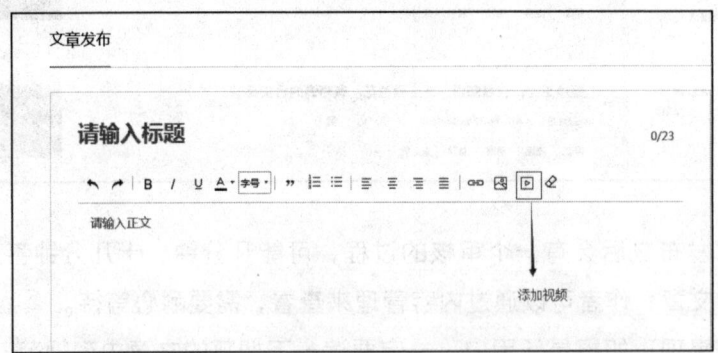

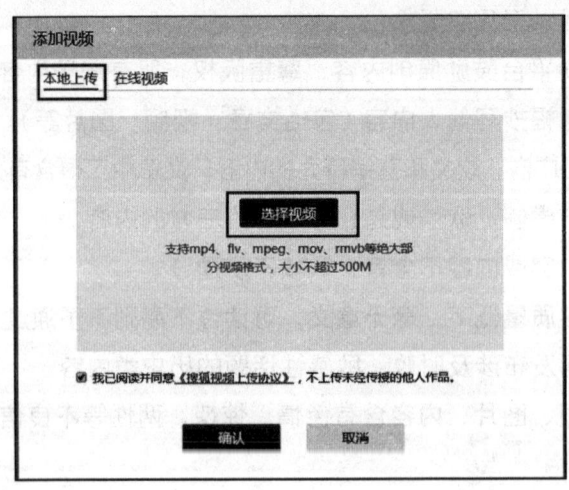

视频上传过程中，会显示视频信息及上传进度信息。

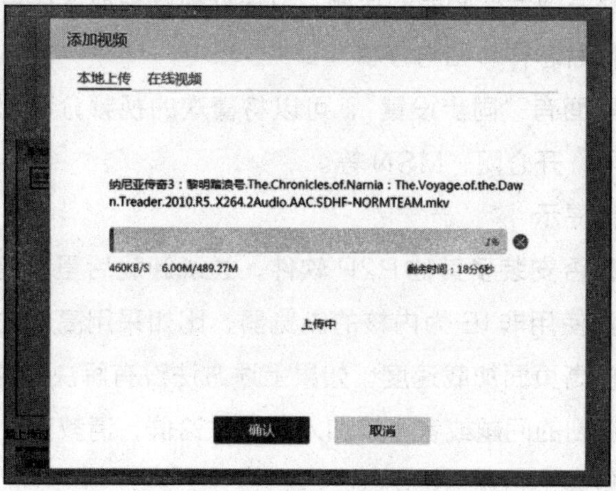

视频上传完毕后将进入转码审核阶段，该阶段不影响作者对文章的编辑与发布。

需要注意的是，如果上传的视频内容正在审核当中，则文章页面视频内容区显示"视频正在审核中，请稍后再试"字样，需要耐心等待。

如果上传的视频未通过审核，则文章页面无法正常播放视频；视频审核通过后，会在 PC 端、搜狐新闻客户端、手机搜狐网三端同步展示。

视频上传经常遇到的问题及解决方案如下所述。

- 容量过大的视频怎样变成合适大小的视频

如果视频文件较大，建议使用软件进行分割。比如 Splitter，它是一款可以帮助你快速分离、切割、修整大型的 AVI、MPEG、ASF 或者 WMV 文件的视频转换工具。

- 上传视频时出错或转码失败

如果上传时断网，有 72 小时的断点续传；如果其他文件都可以正常上传，但某一个文件上传总是出现转码失败，可能该视频在切割时造成部分码段丢失出错，建议将文件头尾切割掉几秒，或转换一下文件格式重新上传。

- 视频不清晰

网络视频是否清晰，除了跟视频本身的格式有关外，还跟视频源的码流有关，建议上传 AVI 格式且码流较高的视频。这种用于网上播放和分享的视频，系统通常都会做一些必要的压缩，以保证视频播放速度更加流畅。

- 视频上传后怎样转帖与分享

视频空间里面有"同步设置"，可以将喜欢的视频分享到 QQ 空间、新浪微博、人人网、开心网、MSN 等。

- 视频上传提示

应该检查是否安装了其他 P2P 软件，尝试卸载后重启电脑；如果网络没有问题，尝试使用非 IE 为内核的浏览器，比如采用高速内核的搜狗浏览器，能大幅度提高页面加载速度；如果上述方法没有解决问题，可在"留言反馈"中填入遇到的问题或者直接加入技术讨论群，请教专业人士。

- 视频上传大小和规格说明

普通上传可上传最大 500MB 的视频，2GB 以下可使用"超级上传"，超过 2GB 可将视频压缩或进行截断、分割。上传视频的数量是无限制的。搜狐播客支持的视频文件格式共 27 种。其中，微软：wmv、asf、asx、avi；Real Player：rm、rmvb、ram；MPEG：mpg、mpeg、mpe；手机：3gp、3g2；Apple：mov；Sony：mp4、m4v；DV：dvix、dv；其他：mkv、flv、vob、qt、cpk、fli、flc、dat、ram、mod。

- 上传视频一直审核不通过

此时应检查上传视频的大小和格式是否违反视频内容发布协议。

搜狐公众平台视频内容发布协议如下所述。

条款的确认和接受

用户确认同时接受《搜狐网络使用协议》的规定。

对用户发布视频内容的管理

用户在搜狐发布视频时，必须遵守国家有关法律规定，并承担一切因自己发布信息不当导致的民事、行政或刑事法律责任。用户在搜狐所发布的内容，不得含有以下内容：

违反宪法确定的基本原则的；

危害国家安全，泄露国家秘密，颠覆国家政权，破坏国家统一的；

损害国家荣誉和利益，攻击党和政府的；

煽动民族仇恨和民族歧视，破坏民族团结的；

破坏国家、地区之间的友好关系的；

违背中华民族传统美德、社会公德、伦理道德以及社会主义精神文明；

破坏国家宗教政策，宣扬邪教和封建迷信的；

散布谣言或不实消息，扰乱社会秩序，破坏社会稳定的；

煽动、组织、教唆恐怖活动、非法集会、结社、游行、示威、聚众扰乱社会秩序的；

散布淫秽、色情、赌博、暴力、恐怖或者教唆犯罪的；

侮辱或诽谤他人，侵害他人合法权益的；

侵犯他人肖像权、姓名权、名誉权、隐私权或其他人身权利的；

使用漫骂、辱骂、中伤、恐吓、诅咒等不文明语言的；

以非法民间组织名义活动的；

含有法律、行政法规禁止的其他内容的。

如果用户在搜狐发布视频时，不能履行和遵守协议中的规定，为维护本网站的形象、信誉、安全，本网站有权删除用户发布的视频。并对违反协议的网民做出封闭 ID，暂时、永久禁止在本网站发布视频的处理。同时保留依法追究当事人法律责任的权利。

用户需独立对自己在网上的行为承担法律责任。若用户的行为不符合上述服务条款，搜狐有权做出独立判断立即取消用户服务账号，用户若在搜狐网上散布和传播反动、色情或其他违反国家法律的信息，搜狐的系统记录有可能作为用户违反法律的证据。

内容的所有权

搜狐网定义的网络服务内容包括：搜狐网提供的文字、软件、声音、图片、录像、视频、图表、广告中的全部内容，电子邮件的全部内容以及搜狐网为用户提供的其他信息。所有这些内容受版权、商标和 / 或其他财产所有权法律的保护。所以，用户只能在搜狐网和相关权利人授权下才能使用这些内容，而不能擅自复制、发布、转载、播放、改编、汇编或以其他方式使用这些内容或将该等内容用于其他任何商业目的。

用户在搜狐上传视频数据前，须确定对该视频拥有绝对版权，或经版权

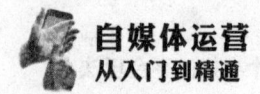

方允许发布。

用户一经在搜狐上传视频数据,即视为其同意授予搜狐在全世界范围内永久性的、不可撤销的、免费的、非独家的和再许可的权利和许可,搜狐可以使用、复制、修改、改编、出版、翻译、据以创作衍生作品、传播、表演和展示该等内容的全部或部分,和/或将此等内容的全部或部分编入其他任何形式的作品、媒体或技术中。

用户一经在搜狐上传视频数据,即视为其完全授权搜狐及/或其合作运营商(包括但不限于中国移动、中国联通、中国电信等)通过有线或无线网络向用户的计算机终端、移动通信终端(包括但不限于便携式通信设备如手机和智能平板电脑等)、手持数字影音播放设备、电视接收设备(模拟信号接收设备、数字信号接收设备、数字电视、IPTV、带互联网接入功能的播放设备等)等提供该视频数据的下载、点播、数据传输、移动视频业务(包括但不限于SMS、MMS、WAP、IVR、Streaming、3G、手机视频等无线服务)及其相关的宣传和推广等服务。

用户一经在搜狐上传视频数据,即视为同意授权搜狐及其关联公司拥有视频数据在全球范围内永久的新媒体发行权,新媒体发行所得的收益永久归搜狐及其关联公司所有,不再参与任何形式的分配。新媒体发行权是指通过新媒体进行发行的权利,新媒体是指通过传统媒体以外的新技术支撑体系下出现的媒体形态,包括但不限于数字杂志、数字报纸、数字广播、手机短信、网络、桌面视窗、数字电视、数字电影、触摸媒体等,本协议项下的新媒体包括现在及将来出现的任何形式通过任何载体的新媒体形态。

用户一经在搜狐上传视频数据,即视为同意授权搜狐及其关联公司拥有视频数据在全球范围内永久的电视发行权、音像制品发行权及院线发行权,同时,发行所得的收益归搜狐及其关联公司所有,不再参与任何分配。

电视发行权:专指通过电视播映渠道,以无线或有线方式直接公开传播该剧集,接收终端为付费有线电视、普通有线电视、卫星电视、免费电视,为避免歧义,该电视发行权不含本协议约定的信息网络传播权及新媒体发行权。

音像制品发行权:指通过录音录像制品(包括但不限于录像带、DVD、VCD、蓝光碟、镭射、光学等一切载体形式的影碟)直接公开传播该剧集。

院线发行权：全球范围内通过各院线公司、影院等发行放映单位公开放映该剧集，包括 35mm、16mm 的影院、剧场、数字影剧院放映及其他公开放映权，城市社区、总政、武警部队、二级市场和农村地区数字放映等商业性发行。为避免歧义，该院线发行权不含信息网络传播权及新媒体发行权。

用户一经在搜狐上传视频数据，即视为同意授权搜狐及其关联公司拥有视频数据在航空、船舶、汽车、火车等交通工具上及机场、车站（公交、地铁）、酒店等场所进行传播的著作权，播放终端包括但不限于车站电视、机场电视、数码刷屏、车载电视、机载电视、手持设备、点播设备、机上局域网等。收益永久归搜狐及其关联公司所有，不再参与任何形式的分配。上述全部权利为可转让、转授权的权利。

独播、首播违规惩罚

独播：为搜狐视频提供原创高质量视频内容的个人、机构、企业、团体、工作室或其他单位，同意独家授权搜狐视频网为其唯一指定播放的视频平台，即独播。

首播：为搜狐视频提供原创高质量视频内容的个人、机构、企业、团体、工作室或其他单位，同意独家授权搜狐视频网为其 24 小时内第一次播放平台，即首播。

独播、首播违规惩罚：授权独播、首播者上传的视频一经发现不属于搜狐视频独播、首播，搜狐视频将保留取消用户分享伙伴资质及冻结分成金额的权利。如因用户的行为给搜狐视频或其他第三人造成损失的，用户同意承担全部赔偿责任。

损害赔偿责任

搜狐反对用户上传自身不享有相关权利或含有侵害第三方权利的内容的视频。对此产生的任何版权纠纷，由该用户直接与权利人沟通解决，搜狐作为第三方，不负任何法律责任，若因此给搜狐造成损失的，该用户应承担全部赔偿责任。

用户同意保障和维护搜狐及第三方用户的利益，如因用户违反有关法律、法规或本协议的任何条款给搜狐或任何其他第三人造成损失的，用户同意承担由此造成的全部损害赔偿责任。

搜狐对用户使用网络服务所产生的任何直接、间接、偶然、特殊及继起的损害不负责任，这些损害可能来自：不正当使用网络服务、在网上购买商品或进行同类型服务、在网上进行交易、非法使用网络服务或用户传送的信息有所变动。

其他规定

本协议中未尽条款按照《搜狐网络服务使用协议》的约定执行。若本协议内容与《搜狐网络服务使用协议》约定不一致的，以本协议内容为准。

2.2.3 搜狐公众号自带广告位使用方法

搜狐公众平台具有很大的流量，可以利用自营广告达到引流的目的。搜狐公众平台自营广告投放功能是保证平台用户在提供优质内容的同时，获得收益的重要方式之一。目前，所有成功入驻搜狐公众平台的用户，均可设置投放自营广告。

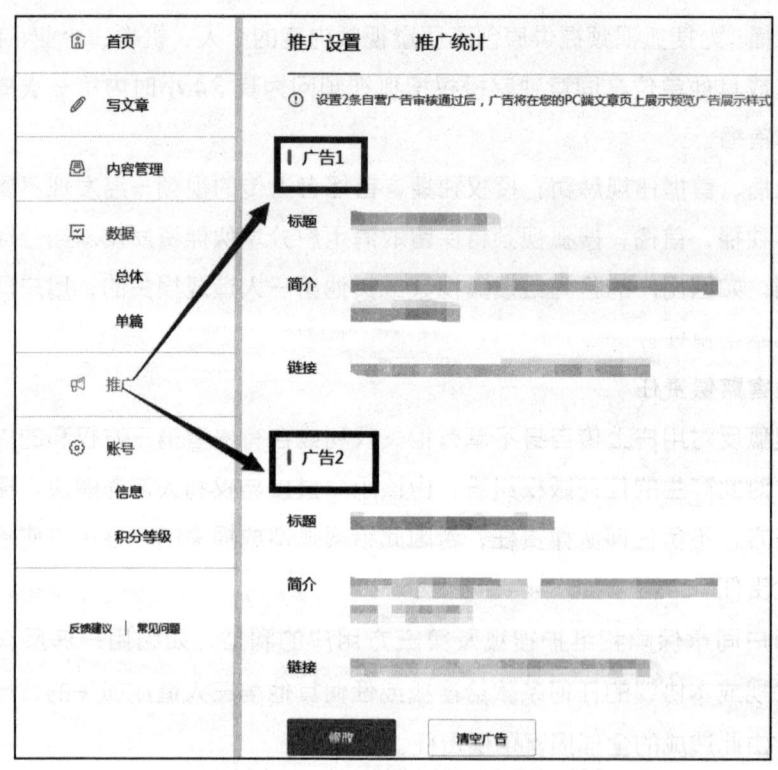

第 2 章 常用的 8 个自媒体平台玩法

广告内容可以是外链或其他文章，可自行推广新媒体网站、微博、微信、优秀博文、热门文章等。PC 端是两条，移动端是一条。设置的链接通过审核后，对该媒体用户发表的所有文章均生效。

正确的使用方式：

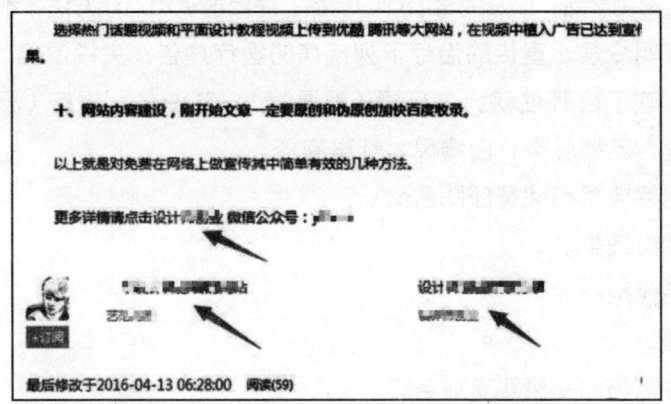

错误的使用方式：

建议利用此推广位来设置外链，而不是在正文中填写。

填写完毕之后提交审核。审核通过之后，广告内容会在发布的文章末尾展示。为了保证效果，建议清理浏览器缓存之后再进行查看。

搜狐公众平台是包容的，接收一切符合平台规范的文章，接受一切符合用户利益的广告，从不排斥自媒体商业化。但自媒体人也不应该被商业化绑架，应该按照平台的规则行事，对于影响平台健康发展的违规内容会加强清查力度。下面列示搜狐公众平台广告内容规范的具体内容。

1. 行业限制

在搜狐公众平台投放的广告不得涉及以下几种行业类型：

（1）医疗类

- 麻醉药品、精神药品、医疗用毒性药品、放射性药品等特殊药品，药品类易制毒化学品，以及戒毒治疗的药品、医疗器械和治疗方法，不得作广告。
- 国家明令禁止宣传的治疗下列疾病的医疗广告：尖锐湿疣、梅毒、淋病、软下疳等性病；牛皮癣（银屑病）；艾滋病；癌症（恶性肿瘤）；癫痫；乙型肝炎；白癜风；红斑狼疮。
- 使用解放军和武警部队名义。
- 两性疾病类。
- 药品代购行业。
- 代孕。
- 处方药药品交易买卖业务。
- 其他国家明令禁止的医疗行为或药品交易行为。
- 投放的医疗药品器械广告，其销售主体必须为取得国家《医疗器械经营企业许可证》等合法资质证件的企业。

（2）金融理财、保险类别

- 理财产品交易买卖业务。
- 银行卡、信用卡等开户业务。
- 证券开户业务。
- 保险业务。

（3）彩票

比如在线彩票售卖等。

（4）两性

比如两性用品等。

（5）其他

其他不符合公众平台产品定位的行业推广，比如教授营销软文写作等。

2. 内容规范

（1）基本要求

广告不得有下列情形：

- 使用或者变相使用中华人民共和国的国旗、国歌、国徽,军旗、军歌、军徽。
- 使用或者变相使用国家机关、国家机关工作人员的名义或者形象。
- 使用"国家级""最高级""最佳"等用语。
- 损害国家的尊严或者利益,泄露国家秘密。
- 妨碍社会安定,损害社会公共利益。
- 危害人身、财产安全,泄露个人隐私。
- 妨碍社会公共秩序或者违背社会良好风尚。
- 含有淫秽、色情、赌博、迷信、恐怖、暴力的内容。
- 含有民族、种族、宗教、性别歧视的内容。
- 妨碍环境、自然资源或者文化遗产保护。
- 法律、行政法规规定禁止的其他情形。

(2)低俗、诱惑性信息
- 广告标题、介绍含有低俗、诱惑性词语的,不予通过。
- 链接的网站中包含有低俗和诱惑性信息的,不予通过。
- 链接本身为低俗、诱惑性链接的,不予通过。

(3)营销推广类信息
- 标题和链接推广的内容含有过分夸大并保证收益率的内容,不予通过。
- 标题和链接推广的内容为售卖彩票等已经被禁止的内容的,不予通过。
- 广告中涉及专利产品或专利方法的,未标明专利号和专利种类的,不予通过。(http://cpquery.sipo.gov.cn 专利号查询地址)
- 标题和链接推广的内容含有虚假、欺诈的信息,涉嫌欺骗和误导消费者的,不予通过。

(4)特殊行业推广类信息

医疗、药品、医疗器械、食品广告推广必须是获得食品药品监督管理部门的批准并有批准文号;化妆品广告推广必须是获得国家商检部门检验化妆品合格的产品。具体要求,请查看文末附录(特殊行业规范详细说明)。

(5)网站推广类信息

链接的网站必须已经获得 ICP 经营许可证或已经进行过 ICP 备案的网站。

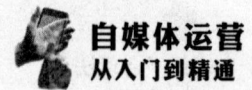

(6) 微信、微博号等推广信息

推广的微信号和微博号必须为有效可查询的,且微信号和微博号内容不得有违法违规内容。

(7) 时政和政治有害的信息推广

- 标题和链接推广的内容中含有政治有害或政府命令禁止传播的内容的,不予通过。
- 不得使用国家领导人或国家机关的名义和形象进行宣传推广。

(8) 在线购物类网站

- 网站应该有 IPC 备案,且备案企业具有从事电商业务的资质。
- 如为使用第三方平台创建的移动站点,需要能够查看产品售卖方的详细信息,比如联系方式、完整介绍等。

(9) 以下情形不予通过

- 链接不能正常打开的。
- 标题或文本过于简短或表意不明的。
- 提供的链接打开提示为危险或有害网站的。
- 移动端素材填写的地址,无法在手机端正常适配展示的。
- 移动端素材中,只填写了文本内容,未填写移动端链接的。
- 素材内容明显已过期的,不予通过。如素材内容介绍组织的活动是 2014 年的,但目前已经是 2015 年了,内容已过期。
- 其他会影响到用户正常阅读体验,或者违背社会公德共识、搜狐公众平台企业形象的内容。

附录一:特殊行业规范详细说明

1. 医疗广告的表现形式不得含有以下情形

- 涉及医疗技术、诊疗方法、疾病名称、药物的。
- 保证治愈或者隐含保证治愈的。
- 宣传治愈率、有效率等诊疗效果的。
- 淫秽、迷信、荒诞的。
- 贬低他人的。
- 利用患者、卫生技术人员、医学教育科研机构及人员以及其他社团、组织的名义、形象作证明的。
- 使用解放军和武警部队名义的。
- 法律、行政法规规定禁止的其他情形。
- 发布国家明令禁止宣传的治疗下列疾病的医疗广告：尖锐湿疣、梅毒、淋病、软下疳等性病；牛皮癣（银屑病）；艾滋病；癌症（恶性肿瘤）；癫痫；乙型肝炎；白癜风；红斑狼疮。

2. 药品广告不得含有下列内容和表现形式
- 有淫秽、迷信、荒诞语言、文字、画面的。
- 贬低同类产品或与其他药品进行功效和安全性对比评价的。
- 违反科学规律，表明或暗示包治百病的。
- 有"疗效最佳""药到病除""根治""安全预防""完全无副作用"等断言或隐含保证的。
- 有"最高技术""最高科学""最进步制法""药之王"等断言的。
- 说明治愈率或有效率的。
- 利用医药科技单位、学术机构、医院或儿童、医生、患者的名义和形象作为广告内容的。
- 专用于治疗性功能障碍的。
- 标明获奖内容的。

3. 医疗器械广告中有关适用范围和功效等内容的宣传应当科学准确，不得出现下列情形
- 含有表示功效的断言或者保证的。
- 说明有效率和治愈率的。
- 与其他医疗器械产品、药品或其他治疗方法的功效和安全性对比。
- 在向个人推荐使用的医疗器械广告中，利用消费者缺乏医疗器械专业、技术知识和经验的弱点，使用超出产品注册证明文件以外的专业化术语或不科学的用语描述该产品的特征或作用机理。
- 含有无法证实其科学性的所谓"研究发现""实验或数据证明"等方面的内容。
- 违反科学规律，明示或暗示包治百病、适应所有症状的。

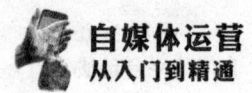

- 含有"安全""无毒副作用""无效退款""无依赖""保险公司承保"等承诺性用语，含有"唯一""精确""最新技术""最先进科学""国家级产品""填补国内空白"等绝对化或排他性的用语。
- 声称或暗示该医疗器械为正常生活或治疗病症所必须等内容的。
- 含有明示或暗示该医疗器械能应付现代紧张生活或升学、考试的需要，能帮助改善或提高成绩，能使精力旺盛、增强竞争力、能增高、能益智等内容。

4. 化妆品广告禁止出现下列内容

- 化妆品名称、制法、成分、效用或者性能有虚假夸大的。
- 使用他人名义保证或者以暗示方法使人误解其效用的。
- 宣传医疗作用或者使用医疗术语的。
- 有贬低同类产品内容的。
- 使用最新创造、最新发明、纯天然制品、无副作用等绝对化语言的。
- 有涉及化妆品性能或者功能、销量等方面的数据的。
- 违反其他法律、法规规定的。

5. 食品广告禁止出现下列内容

- 食品广告明示或暗示可以替代母乳，使用哺乳妇女和婴儿的形象。
- 食品广告使用医疗机构、医生的名义或者形象，涉及特定功效的，利用专家、消费者的名义或者形象做证明。尤其是社会公众人物在保健食品广告中以消费者、专家的身份，向受众推荐商品服务或者介绍商品服务的优点、特点、性能、效果等。
- 普通食品、新资源食品、特殊营养食品广告宣传保健功能，借助宣传某些成分的作用明示或暗示其保健作用。
- 保健食品广告没有明显的保健食品标志。
- 保健食品广告未标明保健食品产品名称、保健食品批准文号、保健食品广告批准文号、保健食品标识、保健食品不适宜人群。
- 食品广告含有"最新科学""最新技术""最先进加工工艺"等绝对化的语言或者表示。

6. 保健食品广告不得含有下列内容

- 表示功效、安全性的断言或者保证。
- 涉及疾病预防、治疗功能。
- 声称或者暗示广告商品为保障健康所必需。
- 与药品、其他保健食品进行比较。
- 利用广告代言人作推荐、证明。
- 法律、行政法规规定禁止的其他内容。

7. 教育、培训广告不得含有下列内容

- 对升学、通过考试、获得学位学历或者合格证书,或者对教育、培训的效果作出明示或者暗示的保证性承诺。
- 明示或者暗示有相关考试机构或者其工作人员、考试命题人员参与教育、培训。
- 利用科研单位、学术机构、教育机构、行业协会、专业人士、受益者的名义或者形象作推荐、证明。

8. 招商等有投资回报预期的商品或者服务广告,应当对可能存在的风险以及风险责任承担有合理提示或者警示,并不得含有下列内容

- 对未来效果、收益或者与其相关的情况作出保证性承诺,明示或者暗示保本、无风险或者保收益等。国家另有规定的除外。
- 利用学术机构、行业协会、专业人士、受益者的名义或者形象作推荐、证明。

附录二:常见虚假用语举例

- "中国消费者协会指定用品"
- "中国保护消费者协会认证合格产品"
- "唯一通过国家食品药品监督管理局批准的国际产品"
- "世界卫生组织唯一指定××××年特供新药"
- "最轻松减肥法——**贴贴瘦全身赘肉,一贴就瘦;100%安全有效;10~30天排除肥根不反弹""一周减4斤,绝不反弹,100%有效""安全率100%,1天见效"

- "唯一通过国家食品药品监督管理局批准的国家中药保护阳痿早泄专用药品"
- "阴茎增大20%，增长2~3厘米"
- "天天涨停板，20个交易日内120%利润的短线黑马"
- "一天赚1万""日赚100"等
- "1折电话卡"

2.2.4 运用搜狐公众平台引流的方式

搜狐公众平台是所有自媒体平台中权重最高、排名最好的自媒体平台，非常适合公司品牌宣传或者个人品牌宣传。搜狐自媒体属于百度新闻源A类网站。搜狐自媒体注册难度小，申请简单，容易通过，后台简洁，发布内容方便。在搜狐公众平台上想要得到大量的流量，需要掌握一些方法和技巧。

1．尊重平台规则

无论在哪个平台上引流推广，首先必须得了解平台规则，每个平台的规则大致相同，如禁止软文广告、禁止抄袭等。尽量在做到尊重规范的同时，有道德地推广，不要触碰搜狐公众平台的底线，避免经常被人举报或封号的风险。

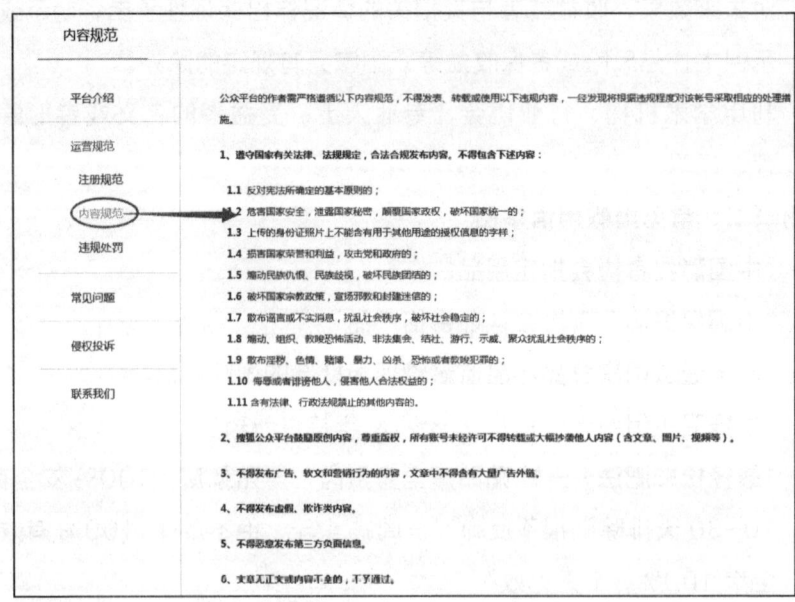

2. 需要略懂一些搜索引擎优化（SEO）知识

搜狐自媒体是百度的新闻源，如果文章标题符合用户搜索习惯，那么就可以借助新闻源带来一些流量。而且搜狐自媒体本身权重就比较高，排名也很不错。

比如随便在百度搜索一下"自媒体"这个关键词，搜狐自媒体平台的文章通常都会在首页出现。当然，这是自然排名。这足以说明搜狐自媒体平台的权重非常高。

关于 SEO，不应该只看自己的网站，搜索引擎优化是全网营销，现在社交媒体碎片化，多渠道一起发力会更好。

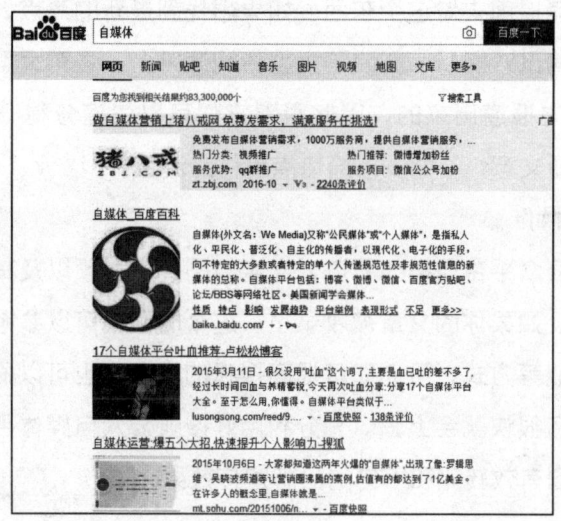

作为搜狐自媒体公众平台的运营者，要结合网站流量来源的关键词，补充相应的内容，对站点流量关键词要敏感，做到心中有数。不仅仅是网站本身 SEO 的需要，其他平台的推广也需要同步跟进，对一些长尾词及流量关键词进行内容编辑，这样不仅借助其他平台的搜索权重提高曝光度，同时内容设置有效关键词链接，也能带来一定的访问转化。

3. 需要保证优质的内容

在这个阅读的年代，没有内容始终会让人无法理解作者表达的信息，不论是文字、视频或图片。目前大多数作品都是以文字为主，因为文字的成本是最低的。当然也可以是视频和图片，但是成本相对比较高。

优质的内容需要有新颖独特、足够吸引人的标题,那些精准的关键词一定要加以优化才能够达标。此外,文章的布局也同样重要,如何撰写文章开头、文章结尾都需要掌握写作要领。搜狐自媒体对刷品牌很有用,精准营销需要大量原创,要想取得良好效果,应当用心原创高质量的内容。

4. 借助行业热门事件

抓住热门新闻,可以利用热门新闻事件带来大量的阅读量。关于热点事件,可能当你知道某个热点时,该热点已经不再是热点。热点事件这个东西也不能计算出来,所以当热点出来以后可能当时没有注意,但热点爆发后,就觉得后悔没有提前去做这个东西。如果想找到最新的热点,就需要关注新闻网站,比如腾讯、网易、新浪等大型新闻源平台,通常大型新闻热点信息都是由它们最先报道出来的,因此跟着它们可以快速分得一杯羹。很多时候,发十篇普通文章,不如发一篇热点事件的流量。

5. 多样化操作

利用搜狐公众平台自媒体引流,文字、图片、视频以及其他外在操作都是必不可少的。如果你的文章被收录了,这个时候就可以参考百度排名点击规则及流量截取等方式,手动即可提高搜狐的排名。也可以刷点评论,和读者多互动,排名很快就会上去。充分利用好搜狐公众自媒体平台,总能带来流量,从而达到有效转化和不错的品牌宣传效果。

2.2.5 搜狐公众平台广告营销技巧总结

搜狐自媒体平台最大的特点就是发布的内容均被列入新闻源,对于推广产品非常重要,并且搜狐自媒体申请门槛低,性价比较高,在搜狐公众平台做推广是不错的选择。

1. 在文章末尾直接留下个人微信号或者微信公众号

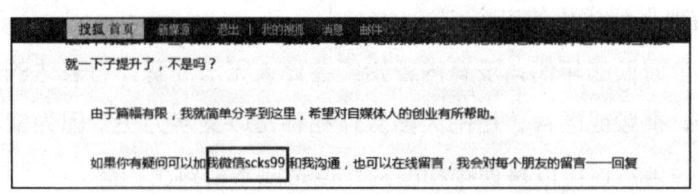

读者通过阅读该作品，如果对内容感兴趣，就有可能会主动添加并和作者建立联系，最终把流量引入微信平台。这就需要保证作品的质量，如果质量不高，无法吸引读者将文章内容浏览完毕，也就看不到文末的信息。另外，作品上传封面和摘要虽然为选填项，但规范的文章总是更受欢迎。

研究表明，图文并茂的文章结构更容易被推荐上首页或搜狐新闻客户端，搜狐自媒体每天有3篇申请推荐资格。尽管运营规则明确禁止发与账号类型不一致的内容，但经过测试，实际上并没有那么严格。遇到热点事件，即使和自身产品搭不上边，但偶尔发一些非分类范围的文章，提高曝光率也是可以的。

2. 搜狐公众自媒体平台自带广告位

旧版本是在"广告管理"栏进行操作，升级版本在"推广设置"栏可以自行添加两条广告。

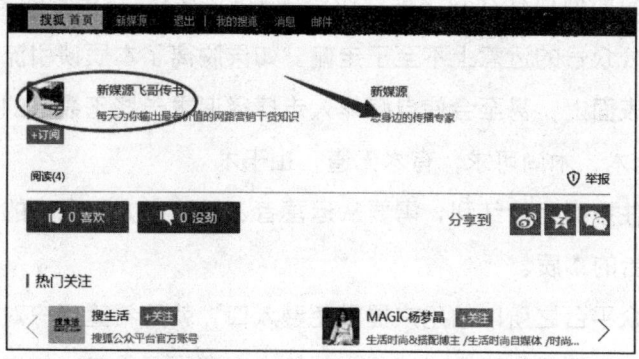

自营广告也是非常不错的宣传推广模式，用户通过相应的链接自动跳转到广告页面，能够有效扩大产品的推广范围，快速有效地提高产品的知名度和影响力。

但是设置搜狐自媒体平台的自营广告需要掌握相关规范，不能任意进行推广。

2.2.6 抓住搜狐号红利的举措

人们常说早期的微博、微信红利，是指平台用户数在高速发展，而早期进入的运营者更容易成长起来，得到很多粉丝的关注。在互联网时代，第一个吃螃蟹的人总是能够获得意想不到的收获。

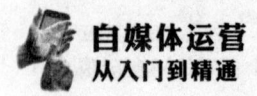

尽管目前自媒体平台用户数增长的同时入局的运营者越来越多,能够分到每个公众号的用户注意力越来越稀缺,做好公众号越来越难,但是现在的互联网环境中存在很多因素,反而更适合依托自媒体公众号的内容创业,比如移动用户基数多、原创保护意识与机制加强、移动支付体系完备、用户付费意愿强、内容变现渠道增多等,都是有利于内容创业者投入其中的有利因素。因此说,好内容永远不怕迟,自媒体的红利一直都有。

如今在这个信息逐渐透明的时代,要想通过网络获得一些别人不知道的方法,迅速增加粉丝量,大量引流根本很难做到。因为那些简单有效的方法,你看得到,其他竞争对手也都看得到,一定会在圈内很快进行传播和复制。一旦传播和复制开来就会被泛滥,一旦泛滥用户就会产生疲劳并且开始抵制,那么这个方法的效果就会变得很差。

在搞清楚如何抓住红利之前,应当先要明白公众号运营的本质和逻辑,这样才会在公众号的运营上不至于走偏。如果脱离了本质谈引流增粉,大多只会停留在表面上,甚至会使自媒体人走捷径追求一些不靠谱的方法。正所谓:"有道无术,术尚可求;有术无道,止于术。"

要想抓住搜狐号的红利,需要从运营者、搜狐官方、用户的角度理解搜狐自媒体平台的本质。

搜狐公众平台之所以给用户提供免费入口,就是希望用户对搜狐平台能够创造价值。主要是为了完成搜狐内部的内容和服务生态,使得搜狐公众平台的用户在搜狐应用内部就能够完成信息、资讯、消费、娱乐、社交等各方面的需求,而这些是搜狐自己一家公司没有精力完成的。

搜狐提供这样的平台,就是让运营者可以通过提供好内容或好服务,吸引到一些搜狐的活跃用户,进一步实现自己的商业价值。所以做好搜狐号的重点就是运营者提供好内容或好服务,如果保证不了优质的内容和服务,赢得红利是不可能的事。

作为运营者,需要获取的是用户。运营好一个公众号的基础和前提在于公众号有什么值得用户关注的地方,公众号能给用户带来什么样的价值。很多人在寻找增加粉丝方法时完全忽略了这个简单的原则,只想着有什么快速增加粉丝的方法，却没有仔细思考自己的公众号到底给用户提供了什么。一个好的增粉方法是和公众号的定位、价值紧密相关的。用户的时间和注意力是稀缺的，关注一个公众号往往都需要一个理由。如果连运营者自己都不清楚提供的价值所在，又如何能够得到用户的关注呢！

应当满足用户需求。要搞清楚用户到底喜欢什么样的内容，运营者必须要亲自深入地了解用户。很多做得很成功的自媒体，运营者本身就是那个领域的钻研者或爱好者，这种对于写作领域本身的熟知与热爱，促使他们把账号运营得更好。如果输出的内容不是运营者熟知的领域，就不得不花时间深入研究用户的喜好，这是他人无法代替的工作。

目前公众号越来越多，但是优质的原创内容却非常少，对原创内容的保护使得他人不能随意转载和抄袭，优质原创内容可以短时间内在全网拥有几万几十万的阅读量，从而促使用户获得更快速的增长，这就是很好的红利。

对那些踏实地提升自己的能力、踏实地深入了解用户、踏实地帮助用户解决需求的运营者来说，搜狐自媒体的红利一直都有。只要平台存在，就有他们能够赚取的红利。好内容永远都不嫌迟，而那些一直想走捷径的人和公司，路只会越走越偏、越走越窄。

2.3 企鹅媒体平台

通过企鹅媒体平台发布的文章会在天天快报、腾讯新闻客户端、微信新闻插件、手机 QQ 新闻插件、手机腾讯网、QQ 浏览器等平台渠道进行一键分发，实现优质内容的更多、更准确曝光。

企鹅媒体平台注册用户同时也将获得一个 QQ 公众号，在企鹅号发布的内容将会同步在 QQ 公众号发布。该平台后续启动了扶持计划，帮助优质自媒体快速成长，做好做强。对于坚守原创、深耕优质内容的媒体和自媒体给予全年 2 亿元的补贴，作者将得到其文章页面上的所有广告收入。

"好的声音不论大小，都该被世界听到。"在自媒体链接世界的道路上，企鹅媒体平台也是自媒体人不该错过的选择。

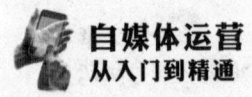

2.3.1 申请企鹅媒体平台账号步骤

第一步，登录企鹅媒体平台（http://om.qq.com）。

第二步，点击"立即注册"，进入注册界面。用常用的邮箱注册，填写完毕后登录邮箱点击链接。

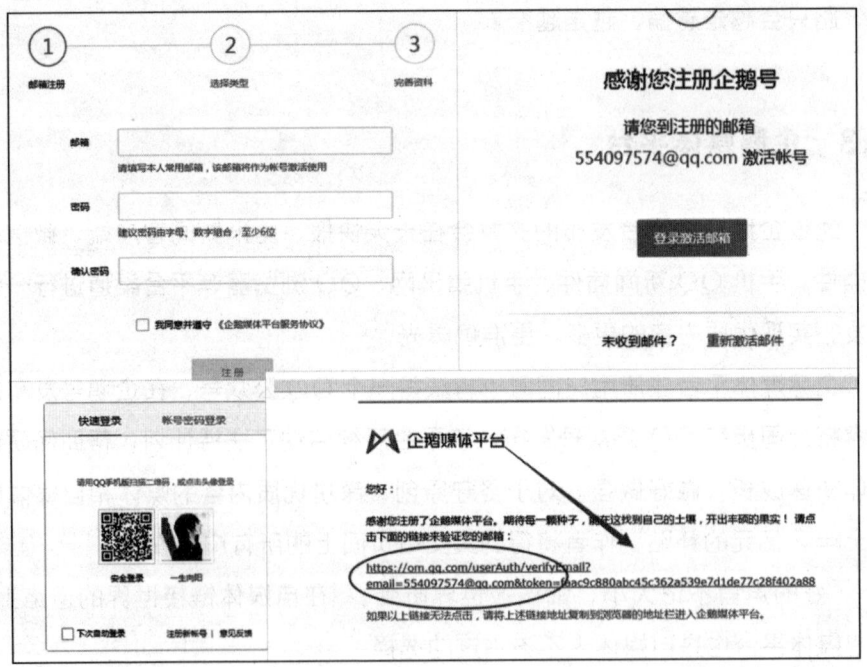

第 2 章
常用的 8 个自媒体平台玩法

第三步，进入"选择主体类型"，根据自己的需要进行选择。

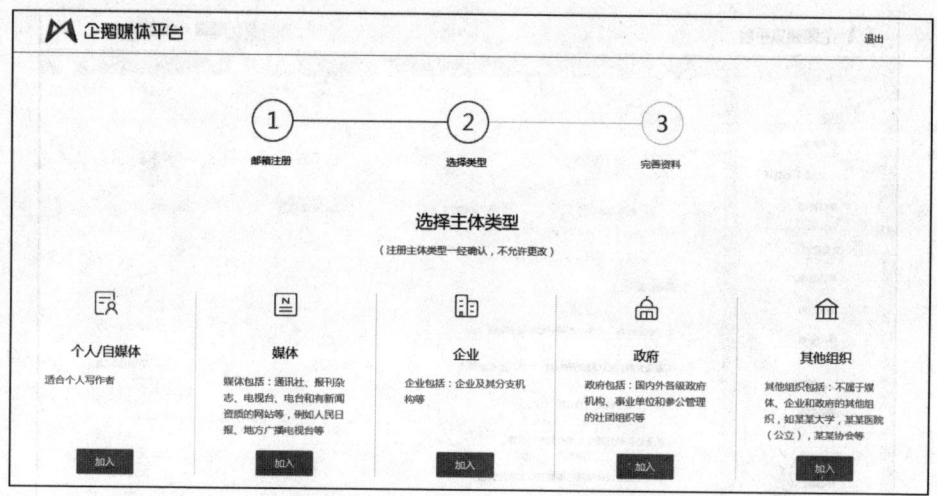

第四步，按照"完善资料"提示步骤，认真填写资料。同一个主体，只允许注册 3 个账号，如果有本人的专栏、博客、微信公众号的 ID 或链接，以及其他出版情况、资质证明等材料更佳。

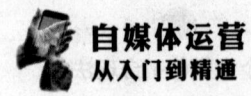

第五步，注册成功，进入试运营阶段。

在试运营期间，可以发布文章，可以在相应客户端的订阅里搜索到该媒体。但是文章不能被系统推荐，也不能使用微信源接入功能。工作人员根据发文频率和文章质量情况，对媒体的试运营情况进行审核。审核若通过会得到邮件通知和站内消息提醒，未能通过审核的媒体需继续试运营。可以在后台右上方看到相应状态（包括试运营、运营两种账号状态，以及是否认证）。目前暂不支持媒体认证。

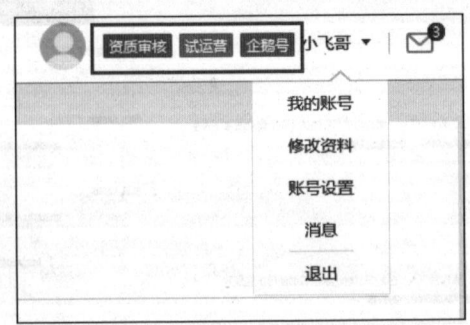

登录之后在编辑后台的"账号设置"处,可以修改账号介绍、账号头像等信息,每个月只能修改一次。可以在登录页面点击"忘记密码",到绑定邮箱收取确认邮件,根据提示确认新密码。

如果之前使用的是QQ号注册登录,可以通过QQ号登录后重新使用邮箱注册和设置登录密码。

2.3.2 企鹅媒体平台发内容操作流程

企鹅媒体平台可以进行文章发布、组图发布、视频发布的操作。

1. 发表文章

在企鹅媒体平台发表文章按照以下步骤进行。

第一步,进入企鹅媒体平台的个人界面。

第二步,点击"内容发布",进入文章发布界面,输入标题、正文。可以插入图片、视频、超链接、音乐、投票,还可以进行对字体加粗、段落检查、粘贴、剪切、复制、清除格式、撤销、重做等操作。在企鹅媒体平台发表文章的相关操作非常便捷。

文章标题最好在10字以内、26字以下,无@#￥等不规范符号。

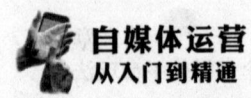

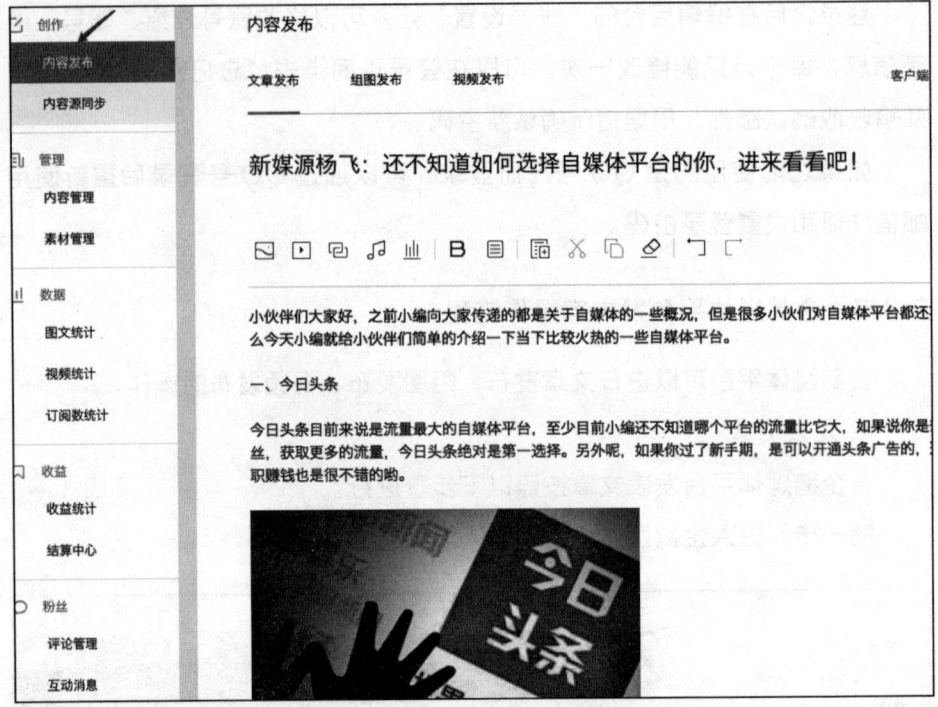

第三步，文章内容正文字数最好大于2 000字，多图，含有视频或GIF，并且内容切合热点。

文章内容输入完成后，选择封面图片，"单图""三图""自动"模式都可以，封面需从正文中选择，符合要求格式即可。根据文章内容选择分类。

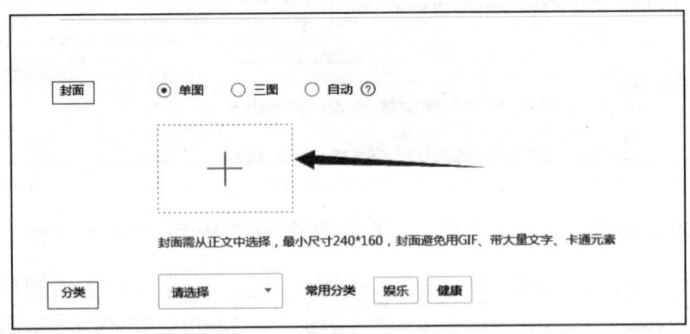

第四步，完成"封面"和"分类"后就可以点击"发布"。确定发布之前预览文章很关键，检查有无错别字、语句是否通顺、表达是否合理等，提

升发文数量和质量。

发布文章时最好选择手动发布,这样会提高文章的推荐量和阅读量。

第五步,发布之后等待审核。

审核通过之后,在"文章管理"的"手动发文管理"和"微信文章管理"中查看文章。点击文章标题,所打开文章的 URL 就是此文章的链接,可以复制粘贴分享给他人。另外,可以在腾讯新闻客户端和天天快报上看到所发文章和媒体。在腾讯新闻客户端的关心页卡中,点击"订阅"之后,选择"发现更多",就可到相应位置搜索。同样,在天天快报的订阅中,也可以进行类似操作。作者发布的文章会进入作者的媒体主页。也可以通过客户端的文章搜索,获取已发表文章。

2. 发表视频

在企鹅媒体平台发表视频分为以下流程。

第一步,登录企鹅媒体平台管理界面,点击"文章发布",进入"视频发布"页面,有两种方式发布视频。

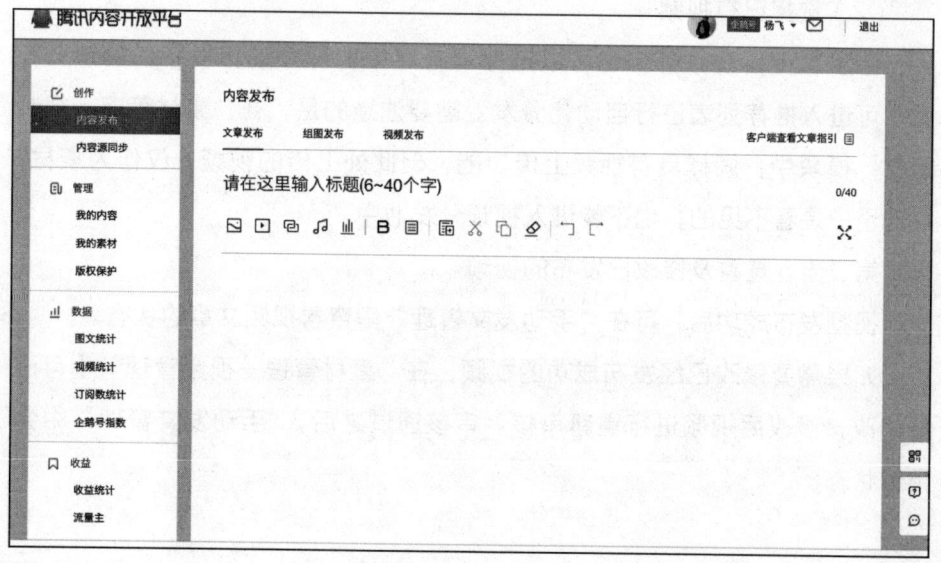

(1)上传新视频

选择"上传新视频",进入视频上传页面,上传视频并选择视频分类,填写标题、标签、封面图、简介等信息后,点击"发布"。待视频审核完成后,视频文章即可进入推荐列表进行自动化分发。

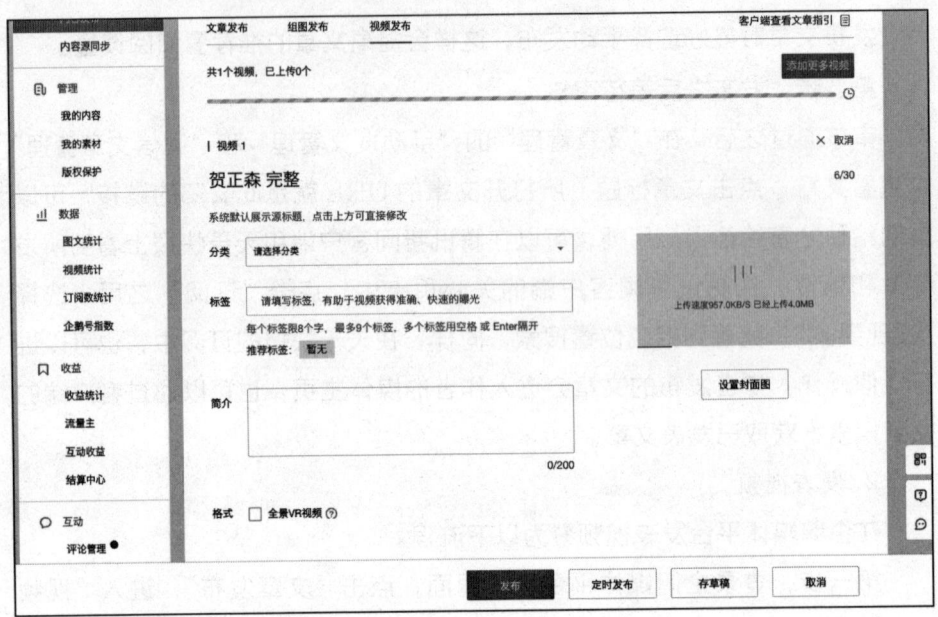

(2)选择已有视频

除了上传新视频外,也可以选择素材库中的视频进行发布。视频发布后,可进入推荐列表进行自动化分发。需要注意的是,在"素材管理—视频素材"模块中,同样具有视频上传功能,但此处上传的视频,仅作为素材,其他用户是看不见的,也不能进入视频分发池中。

第二步,查看及修改已发布的视频。

视频发布成功后,可在"手动发文管理"里查看视频文章的状态。

如果需要修改已经发布成功的视频,在"素材管理—视频管理"中可进行修改,修改后视频进行重新审核。审核通过之后,"手动发文管理"中会更新状态。

第 2 章
常用的 8 个自媒体平台玩法

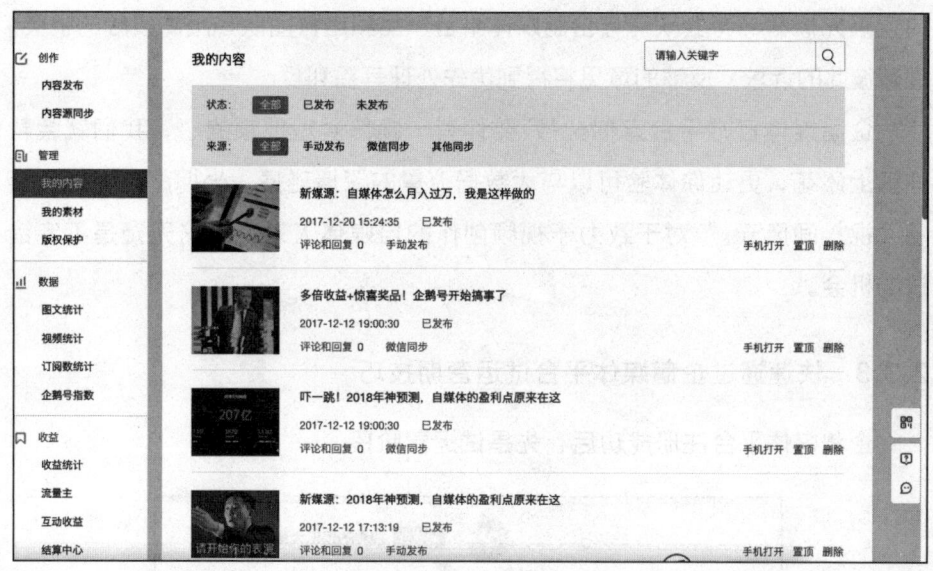

2016 年 9 月 30 日开始，企鹅媒体平台为了优化用户体验，建立企鹅号视频运营人员和用户间的良好交流环境，招募视频企鹅号首席体验人员。他们拥有优先体验企鹅媒体平台新功能和全新的视频推荐系统；发布的优质视频都会在天天快报、腾讯新闻、腾讯视频等平台获得优先推荐，大幅提升

内容曝光概率；将会获得与企鹅媒体平台产品和运营团队零距离接触的机会，理解彼此的诉求；反馈的意见将得到优先处理等福利。

企鹅媒体官方平台宣称："只要你有一颗热爱短视频的心，我们就会帮你锦上添花，更让你体验可以与大数据流量的深情碰撞。坐拥超高流量，笑看'视'间风云。"对于致力于视频创作的自媒体人来说，这无疑是不容错过的机会。

2.3.3 快速通过企鹅媒体平台试运营期技巧

企鹅媒体平台注册成功后，先是试运营阶段。

试运营期的企鹅账号，因为没有推荐，所以很少有人阅读。试运营期间是机器在审核，着重审查文章质量和数量，以及申请领域和文章的定位是否一致。

快速通过企鹅媒体平台试运营阶段需要掌握以下方法。

1. 提高文章质量

在人人都为知识付费的时代，内容永远都是王道！尽管生活中到处都是海量信息，但是人们真正需要的优质的内容却供不应求，只要文章内容优质、见解独到、观点犀利并且是原创，就一定会受到读者的欢迎。

2. 保证内容的垂直度

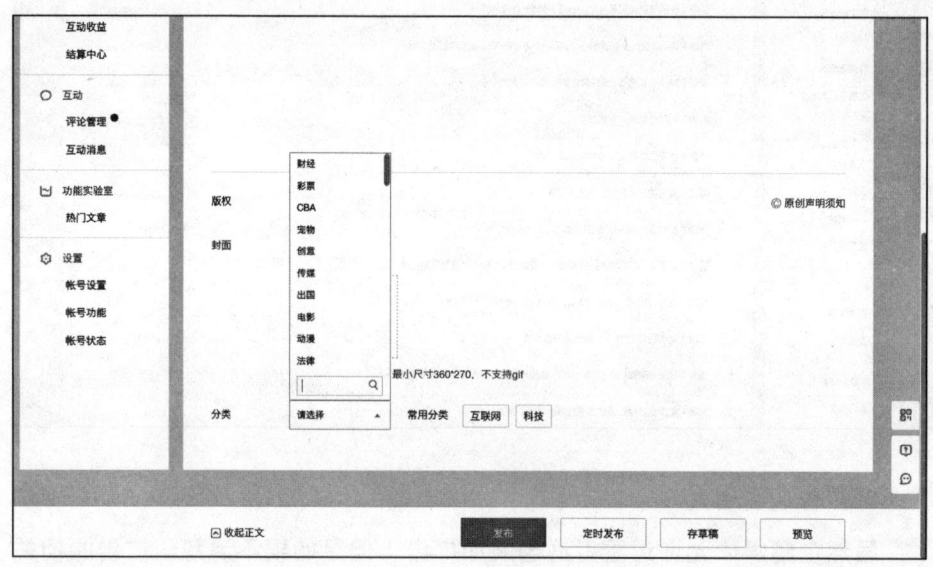

很多运营者迟迟没有通过试运营，很大一部分原因是其忽视了文章的垂直度。注册时所选的领域应当和发文领域一致，比如注册时选择文学类，那么发布的内容也必须是有关文学的内容。如果朝秦暮楚，时时更换发文领域，则很难通过试运营。

3. 时时更新并首发

发布文章的频率也是很重要的一个指标。保持发文的活跃度，不论是一天一篇或是一周几篇，严格按照自己的发文规律，时时更新，不要懒惰懈怠。如果运营者同时拥有好几个自媒体平台的账号，创作的文章首先发布在企鹅媒体平台，会同步到其他平台。

4. 坚持原创

不论哪一个自媒体平台都喜欢原创的内容，企鹅媒体平台亦不例外。不

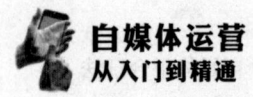

做搬运工,不做伪原创,要成为制作自己内容的生产者。禁止抄袭不仅是对作者的尊重,也是对文字工作者的保护。原创内容会得到额外的福利。

5. 广告适当切入

虽然企鹅媒体允许运营者适当添加广告,但是如果不清楚留广告的相关技巧,那么试运营期的账号在发表文章时留广告一定要慎重,否则在不知情的情况下触犯平台规则被封号,就会得不偿失。

6. 持之以恒

做任何一件事不能坚持到底,又怎么能够走向成功呢!任何事要想做好都不是轻而易举就能完成的,如果中途放弃,之前的努力就都付之东流了,又要一门心思地走下去,一定会挖出"宝"来。

7. 多渠道学习

多向他人请教,虚心学习,不耻下问才会进步得更快。可以加入企鹅媒体的交流群,多向别人取经。

一般运营审核日在周一，很多通过试运营的账号都是在周一的下午审核通过的。平时也会有审核，但周一可能批量审核更多，因此周一更需要好好发文。

此外，还需要运营者自己善于总结、发现规律、不断改进。

2.3.4　开通企鹅媒体平台流量主的方法

企鹅媒体平台的"芒种计划"包括两部分，一部分是"广告分成（流量主）"，另一部分是"原创补贴"。开通企鹅媒体平台流量主就会获得不错的收益，根据平台展示的广告进行分成。开通企鹅媒体平台流量主需要满足以下条件：

- 入驻满30天，必须要通过试运营期，是转正的账号（后台右上角状态是"企鹅号"）。
- 发文被推荐满20篇（文章推荐量大于零）。
- 文章质量优，发文与媒体定位一致。
- 无违规记录。

企鹅媒体平台开通流量主没有名额限制，符合条件就可以开通。要想尽快达到开通流量主的条件，需要掌握以下方法。

1. 了解平台规则

企鹅媒体平台力求提升用户的阅读体验，致力于建设健康的创作生态。对于发布不良信息的行为，平台予以严厉打击和禁止。

文章含有大量令人不适的惊悚、血腥、虐杀动物、畸形胎儿的图片，同时兼有"标题党"嫌疑或者利用言过其实、煽动性的标题骗取用户点击的内容都不予审核通过。"标题党"包含但不限于恶意诽谤、中伤明星的标题，两性情感等内容中低俗、涉黄的标题，汽车、收藏等内容中耸人听闻、夸张的标题，猎奇、奇闻逸事等内容中虚假、惊悚的标题。营销内容包含但不限于美容、丰胸类，两性健康类，股票、金融产品类，收藏、珠宝、古玩类。因此，遵守平台规则是前提。

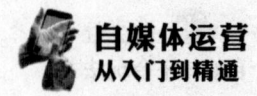

2. 保证文章质量

优质的内容肯定会得到读者的青睐，就像金子到哪里都能发光，不会害怕被黑暗埋没。一篇文章如果内容优质，读者就会收藏、转发，自发地在自己的朋友圈里传播，分享给更多的群体。从而提高文章的阅读量，获得更多的关注。

3. 发文与媒体定位一致

注重文章的垂直度，一旦确定好发文的领域就一直坚持写该领域的内容。比如如果定位是娱乐类的文章，就一直写娱乐，切莫今天娱乐、明天健康、后天教育，文章的垂直度提不上去，平台审核是无法通过的。

4. 转正账号

媒体账号必须是转正后的企鹅账号。

2.3.5 企鹅媒体平台盈利门径

入驻企鹅媒体平台，不论是何种身份，只要遵守平台规则，认真踏实地工作，将会享受诸多福利。

1. 开通广告分成

企鹅账号满足相关条件（前面章节已说明）后开通流量主，可以根据平台自主投放在作品中的广告展示量进行分成。如果文章的内容优质，就会有更多的读者点击阅读，广告展示量越大，广告分成越多。

初次开通流量主的用户需要提交银行账户等信息，一个主体不论拥有几个企鹅号，都只能使用一个账号。流量主（视频收入）要求视频必须发布成视频文章。如果没有发布成视频文章，只在普通文章中插入的视频所产生的播放量不计入分成。视频的有效播放量是指视频文章在天天快报和腾讯新闻客户端产生的、来自真实用户的观看次数。系统会对播放行为进行时时监测，一旦发现舞弊行为将取消流量主资格并没收全部收入。收益可以在"流量主"—"视频收入"按天、按单视频进行查看。

提现时视频收入会累积到总收入中，在"结算中心"—"账务管理"栏可看到总收入金额和可提现金额，点击"详情"弹窗可显示收入明细。每月1~3日可申请提现，具体事宜可参考平台相关说明。

第 2 章
常用的 8 个自媒体平台玩法

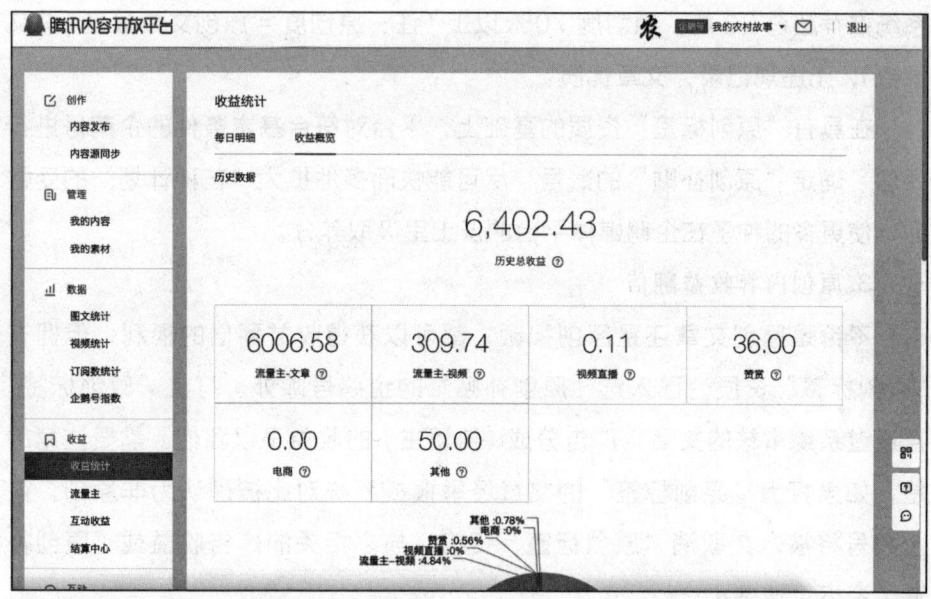

2. 原创补贴

在企鹅媒体平台每个月至少发布 10 篇原创文章（以在企鹅媒体平台发布的带有"原创"标签的文章为准），取得原创标签资质并且已开通流量主，符合平台扶持方向就可以获得原创补贴。

原创标签申请需要满足以下条件：入驻企鹅媒体平台满 30 天；发文被

系统推荐超过 20 篇；原创度 70% 以上（注：原创度 = 原创文章数量 / 总文章数）；无违规记录；文章优质。

在具有"原创标签"资质的基础上，平台对符合基本条件的企鹅号进行评估，确定"原创补贴"的账号。尽可能快而多地扩大"芒种计划"的受益面，使更多的种子在企鹅媒体平台的沃土里汲取养分。

3. 原创内容收益翻倍

不论是原创文章还是原创视频，都可以获得收益翻倍的福利；但拥有"原创标签"资质，已入选"原创补贴"的企鹅号除外。打上"原创标签"且通过系统审核的文章，广告分成（流量主）的收益予以翻倍。需要注意的是，如果打上"原创标签"的文章经举报或系统对比被确认为非原创，该企鹅号将被永久取消"原创标签"资格，与之相关的广告收益或"原创补贴"资格将被停止。

4. 赞赏功能

企鹅媒体平台支持赞赏功能，要求企鹅号具备"原创标签"资格或者"图文直播"功能且已经开通广告分成功能，使用条件是打上"原创标签"且通过系统审核的文章或发起的图文直播页面。在"设置"—"账号功能"栏，点击"开通"即可打开赞赏功能。

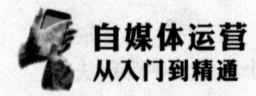

在"互动管理"—"互动消息"的"赞赏"一栏中,可以看到所有打赏的用户记录。

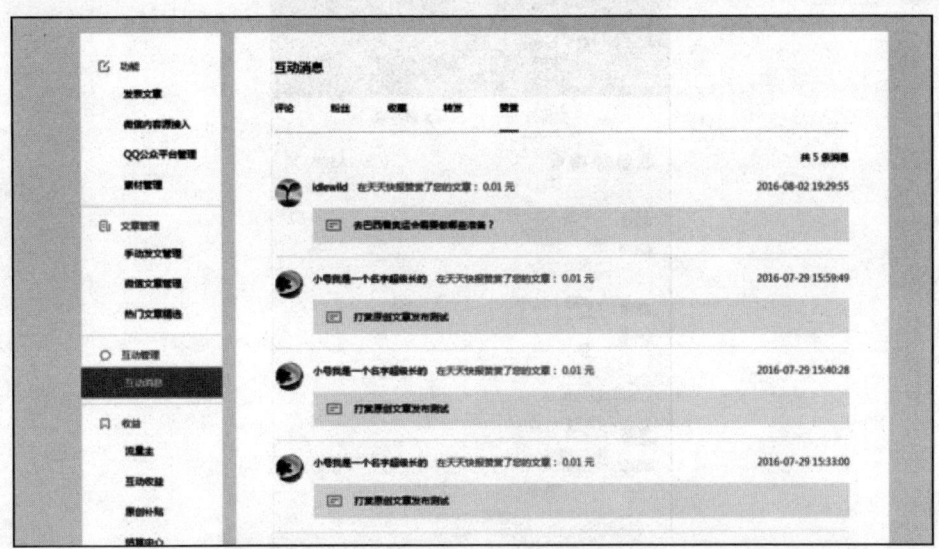

在"收益"模块的"互动收益"里可以看到赞赏的总收益。

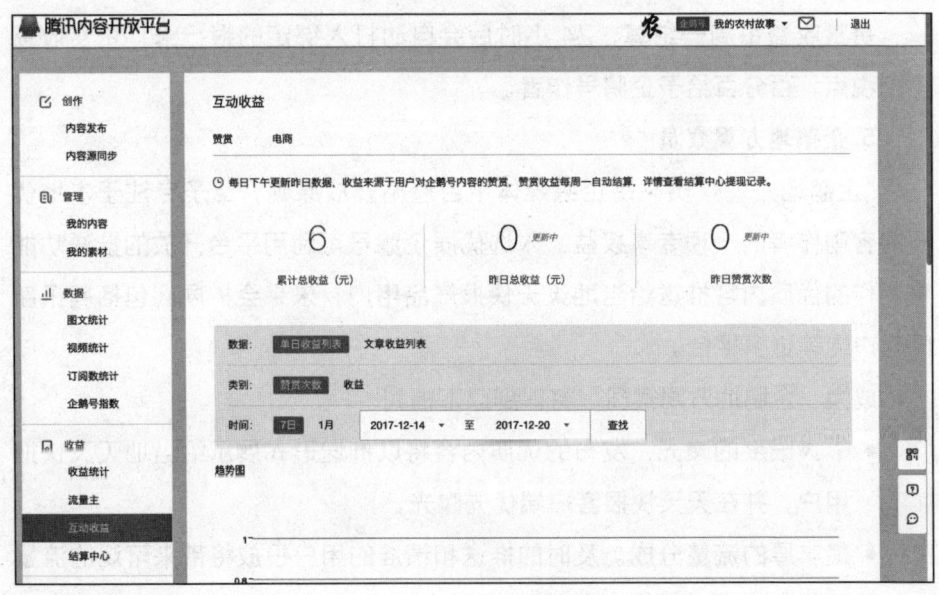

图文直播赞赏示意图如下所示:

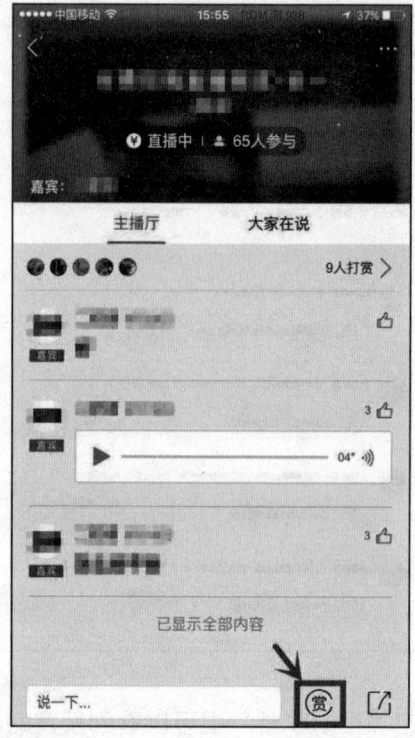

赞赏收益每周一结算，24小时后会自动打入绑定的银行卡；赞赏收益不扣税点，百分百给予企鹅号作者。

5. 企鹅地方观察员

"企鹅地方观察员"是企鹅媒体平台遵循开放原则，给予专注于本地优质内容创作者的一项专享权益。入选优质企鹅号可利用平台开放的推送功能将创作的优质内容推送给当地天天快报产品用户，未来会扩展到包括腾讯新闻客户端等更多平台。

成为"企鹅地方观察员"将得到以下福利：

- 最大限度的曝光。发布的优质内容将以推送形式展示给当地天天快报用户，并在天天快报客户端优先曝光。
- 最丰厚的流量分成。及时的推送和精准的用户投放将带来可观的流量分成，未来对于能稳定提供优质地方内容的企鹅号，平台优先考虑给予内容补贴。

- 最完善的激励机制。对于"企鹅观察员"账号,平台会设置不同阶段的荣誉激励,颁发证书、公布榜单,文章启用单独标签等方式作为激励。
- "企鹅地方观察员"账号运营者需要在企鹅号中发布优质文章,内容涉及但不限于本地热点事件,吃喝玩乐、风土人情都可以提供给平台。

6. 设置高清大图为图文封面

新功能"设置高清大图为图文封面",将极大地有利于文章的曝光,且便于企鹅号树立个人品牌。此外,还可以享受广告分成(流量主)翻倍。

高清大图封面较之单图模式、三图模式更为醒目。

在文章编辑页面底部,上传封面时勾选"高清大图",保证上传的封面图不小于 660×370 像素。平台建议将清晰、精美、生动、赏心悦目的图片设置为封面,避免在图片上压字的情况,并保持文中图片的清晰丰富。

但是如果发布的文章经举报被确认为抄袭,或者将模糊、压字、有营销情节的图片设置为封面图,平台将取消账户该资格。目前每天可发布 1 篇高清大图封面的文章,组图则不设上限。

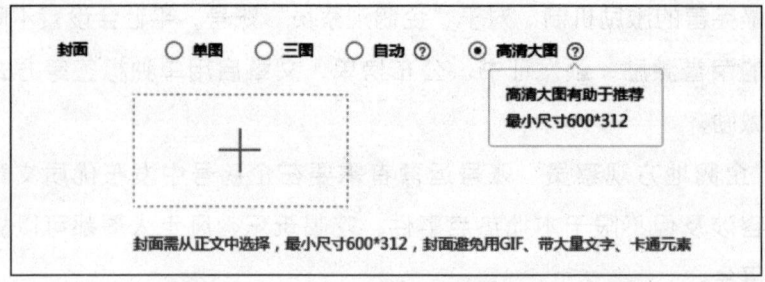

7. 伯乐计划

具备原创能力的作者可向平台推荐优质账号，推荐成功可获得一定奖金，并且拥有优先体验新功能、参与平台决策等权利。具备原创生成能力、已获得"原创标签"的企鹅号作者即可成为"企鹅号伯乐"。入选对象是尚未入驻企鹅媒体平台、拥有原创微信订阅号或原创头条号的自媒体，暂不支持邀请股评、军事领域自媒体。

推荐流程按以下步骤操作：

- "企鹅号伯乐"准确填写被邀请人主体名称（姓名或机构名称）、原创微信号或原创头条号名称，生成邀约链接。
- 一个邀约链接只能邀请一人，48小时内有效。
- 被邀请人使用邀约链接注册企鹅号，注册信息与"企鹅号伯乐"填写信息完全一致。
- 被邀请企鹅号正式运营后发文两篇，即推荐成功。

2.4 一点资讯

一点资讯是北京一点网聚科技有限公司推出的一款为兴趣而生、有机融合搜索和个性化推荐技术的兴趣引擎，团队致力于基于兴趣为用户提供私人定制的精准资讯，并成长为移动互联网时代知名内容分发平台。

该平台主要有时政新闻、财经资讯、社会热点、军事报道、家装设计、育儿常识、星座命理、出游旅行、野史探秘、太空探索、未解之谜、前沿科技资讯、探索未知新世界等内容。

2.4.1 一点资讯申请步骤

第一步，进入一点号首页界面，点击"普通入驻"进行账号注册。

第二步，在登录界面，填写信息。为了注册方便起见，最好使用常用的邮箱账号。

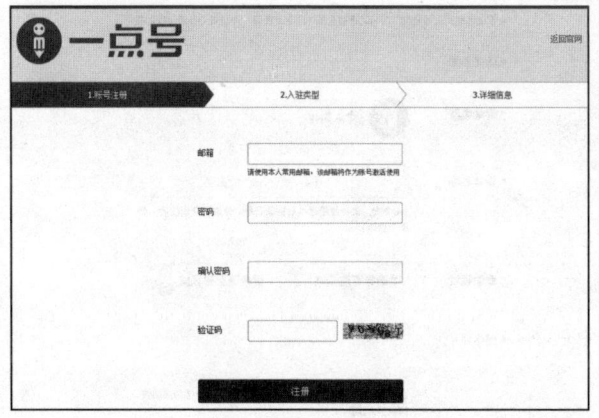

第三步，注册成功后直接进入"入驻类型"界面。在此窗口中选择需要入驻的类型，完成后再点击下方的"下一步"按钮。

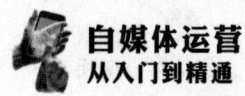

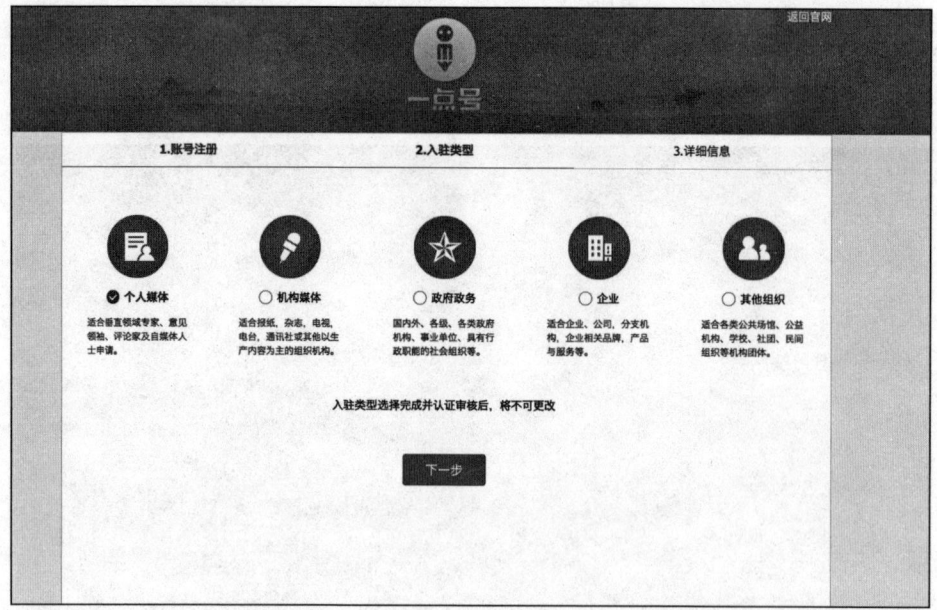

　　第四步，选择完入驻类型后，进入"详细信息"界面。在此窗口中按照提示输入信息、上传相关资料。填写的信息要确保真实，这样在审核时才容易快速通过。

第五步，拉动窗口向下，可以看到如下图所示补充资料项，按照提示输入相关信息，以方便后续的审核速度。申请者手持照片的图片，建议拍摄清晰后再上传。完成后再点击下方的"提交"按钮。

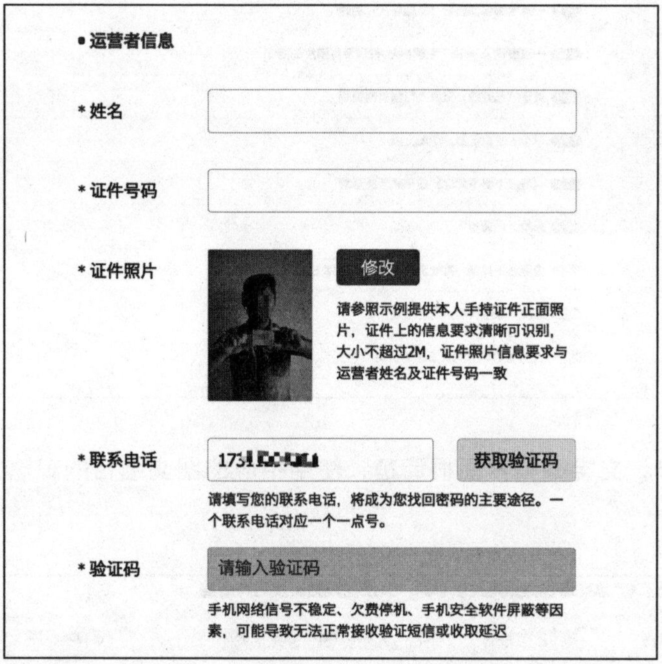

第六步，点击"提交"按钮后会弹出一个小窗口，如果没有疑问可以点击"确定"按钮继续进行提交操作；如果不放心，可以点击窗口中的"取消"按钮进行查看或修改操作。

2.4.2 一点资讯发表内容操作流程

在一点资讯媒体平台上，既可以发表文章，也可以发表视频。在这个平台上聚集的主要是女性用户，如果你的内容偏向于女性用户一些的话，那么这个平台是你不错的选择。

1. 发表文章

第一步，一点号的审核流程相对而言是比较宽松的，在一点号的首页直接点击"我要发文"。

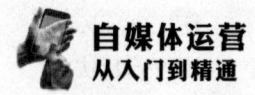

第二步,文字编辑界面很清楚,使用相应的图文结合的表达方式,用户体验会更好。

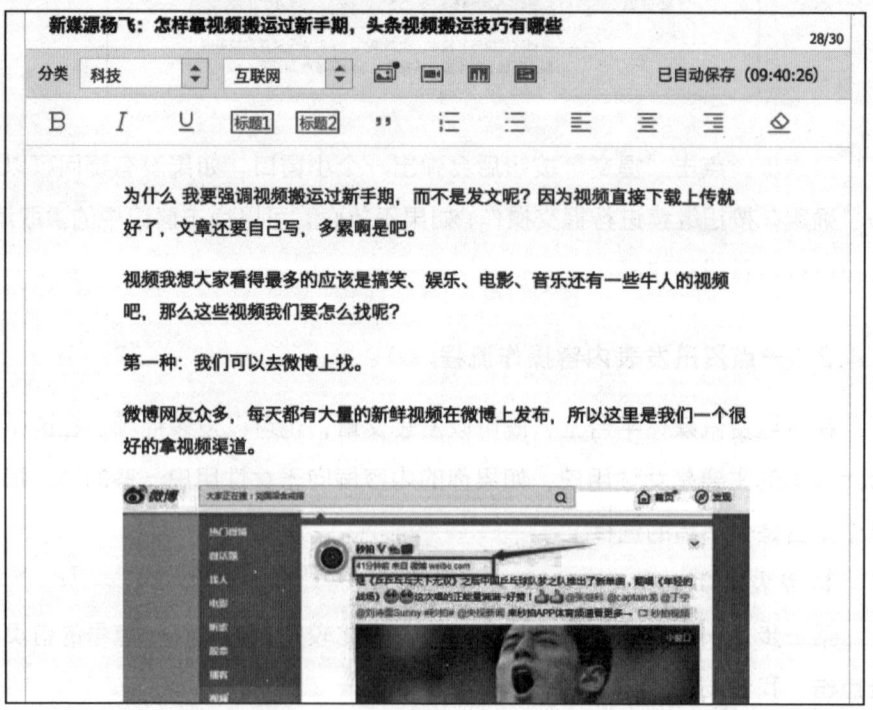

第三步，在编辑文章的过程中，一定要养成一个好习惯，那就是随时保存草稿。所有内容编辑完成以后，就可以点击"发布"选项了。

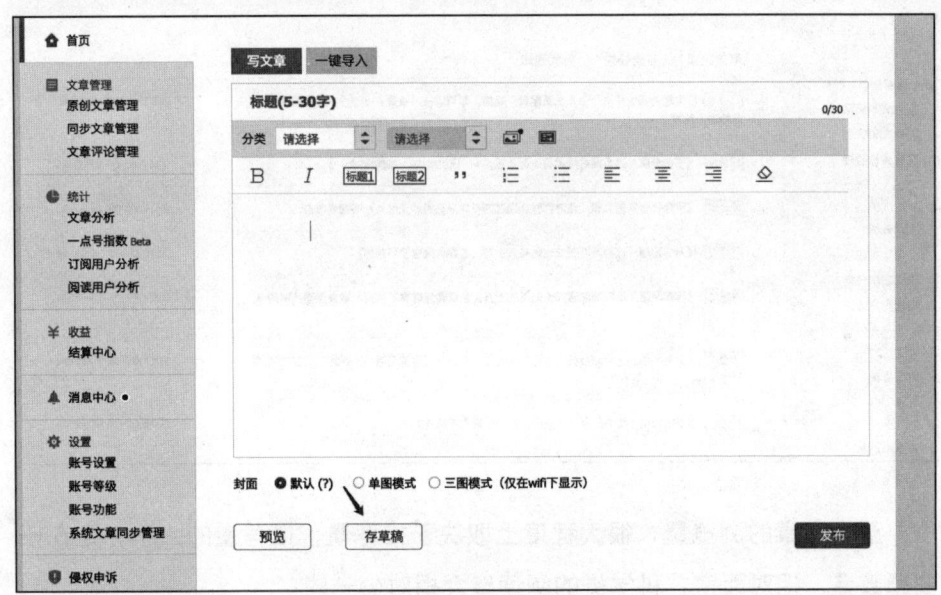

第四步，发布之后，需要一定的审核时间。这也是自媒体平台的正常流程。一般当天是可以审核通过的。

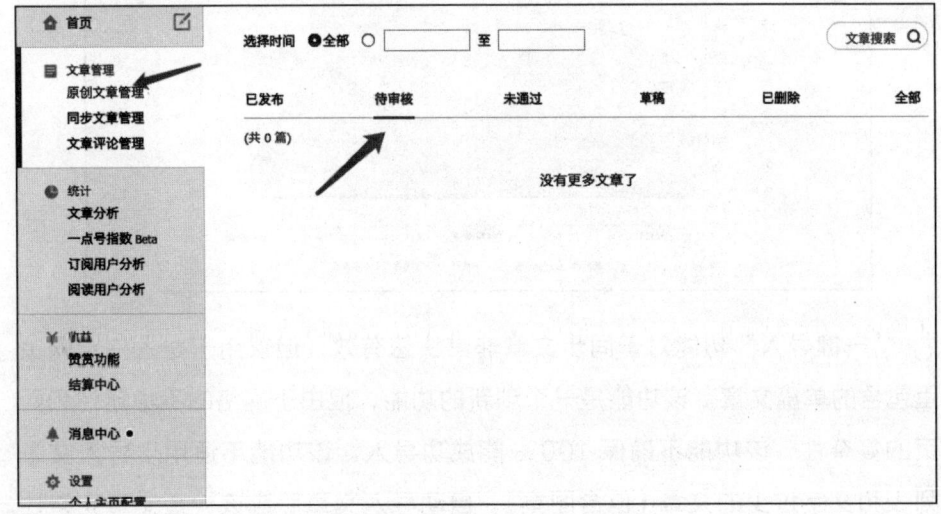

第五步，审核通过以后，在左侧的菜单选项中，可以看到"消息中心"，在这里就能看到你的文章的审核时间。

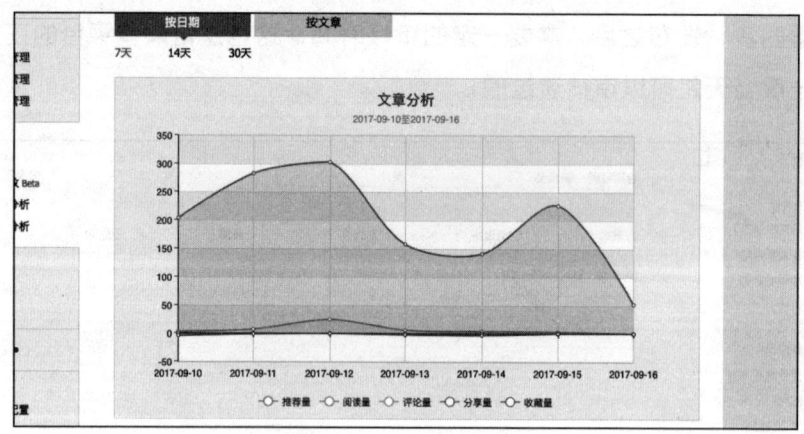

至于文章的浏览量，很大程度上取决于推荐量；推荐量的大小，则在于主题数量。相对而言，科学类的阅读量会相对少一些。

"一键导入"功能对于同步文章非常快速有效，但仅用于导入指定网页里包含的单篇文章。该功能是一个创新的功能，但由于网络的不稳定性和网页的复杂性，该功能不确保100%能成功导入。该功能不适用于导入文章列表和文字过少的文章（包含图集）。自动导入文章后应该检查文章完整性及排版，并去除不合规范的推广。

2. 发表视频

第一步，点击"上传视频"等待传送。发表视频需要上传提前录制好的视频。

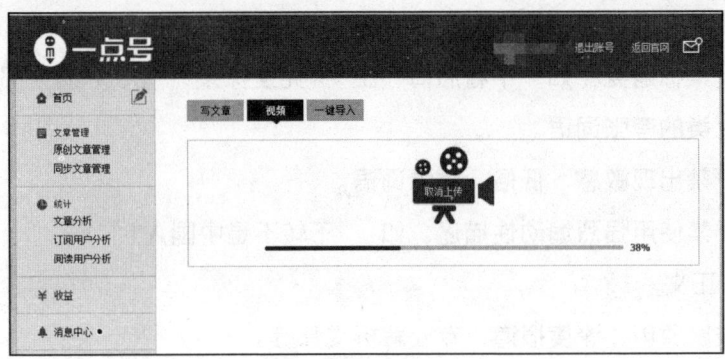

第二步，上传成功后，填写标题、封面、分类、标签、简介。按照要求填写完后就可以点击"发布"。

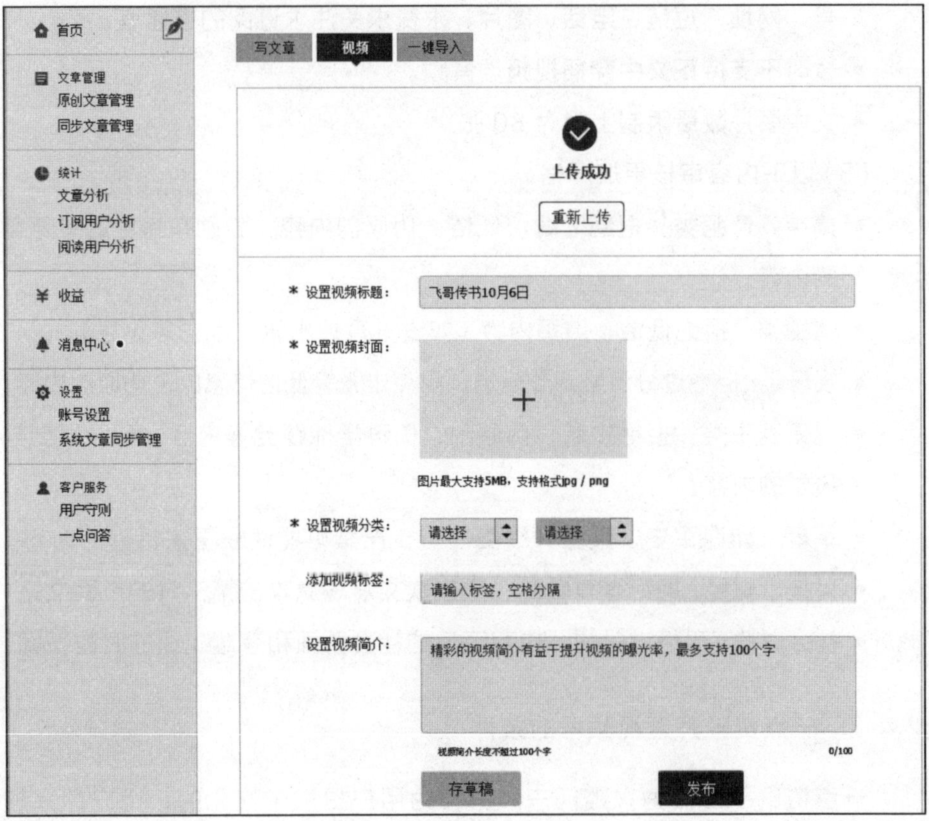

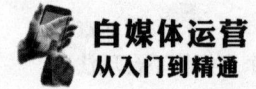

3. 不论是发表文章还是视频，都需要严格遵守发文规范

（1）标题

- 严禁部分标点：^【】{}@#$￥*，以及非标点符号的字符、表情。
- 严禁标题党。如"不看后悔一生""完全惊呆""99%的人都不知道"之类的夸张词语。
- 严禁出现敏感、低俗、色情词语。
- 严禁使用强烈煽动性描述。如："不转不是中国人！"

（2）正文

- 鼓励原创、深度报道、专业解析文章等。
- 不排斥一稿多投，但更欢迎独家首发。
- 严禁在正文中发布低俗、色情、敏感等不健康信息。
- 严禁在文章前或者文章中间插入推广信息，包括但不限于微信公众号、网址、短链、电话、图片、求赞求关注求订阅的描述等。
- 暂时不支持正文中穿插视频、音频。
- 文中图片数量限制上限为80张。

（3）以下内容审核更加严格

- 搞笑、奇葩类：拒绝汇编、低俗、伪原创内容，鼓励有特色的、原创的内容。
- 情感类：拒绝低俗、涉黄内容（如过分宣扬出轨、乱伦等信息）。
- 娱乐类：拒绝过分渲染八卦信息、露点走光等低俗信息以及伪原创内容。
- 健康养生类：拒绝抄袭、伪原创、伪科学标题党等内容，鼓励原创与科学的内容。
- 军事：允许军史、兵器介绍类内容，严禁可能泄露国家机密的内容。
- 科技、财经：拒绝重复转载，广告软文及恶意攻击第三方的负面文章。
- 社会时政：谢绝过时的、内容泛泛的社会新闻和夸耀政绩的时政新闻。

2.4.3 一点资讯开通视频号的条件

一点资讯平台作为兴趣门户，旨在为用户提供个性化的、用户感兴趣

第 2 章
常用的 8 个自媒体平台玩法

的内容。很多自媒体人入驻之后发现无法上传视频,原因是视频功能正在内测当中。可是那些入驻较早的人能够发表视频,技巧就在于"有问题找客服"。

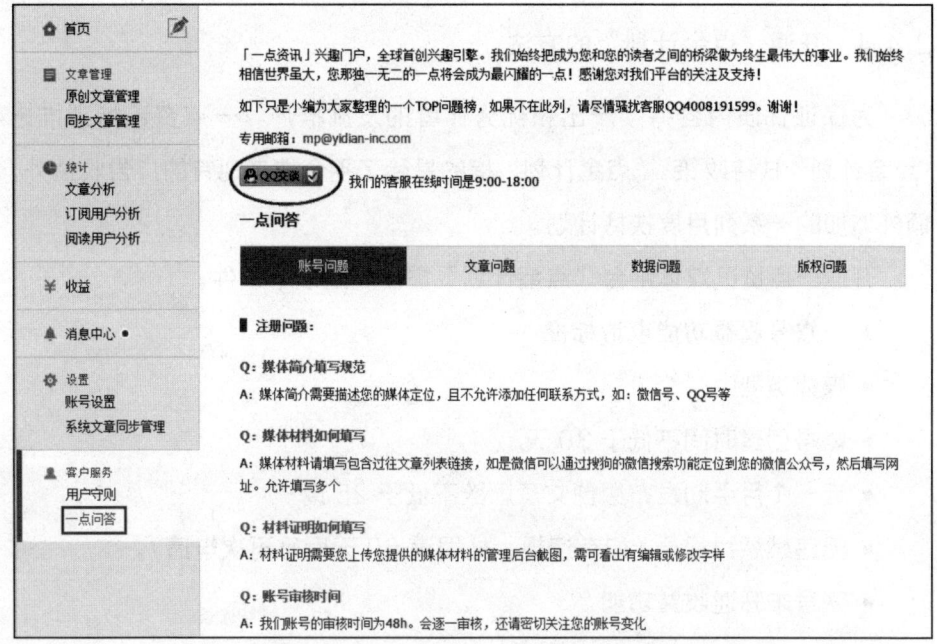

登录个人 QQ 就可以咨询客服人员。

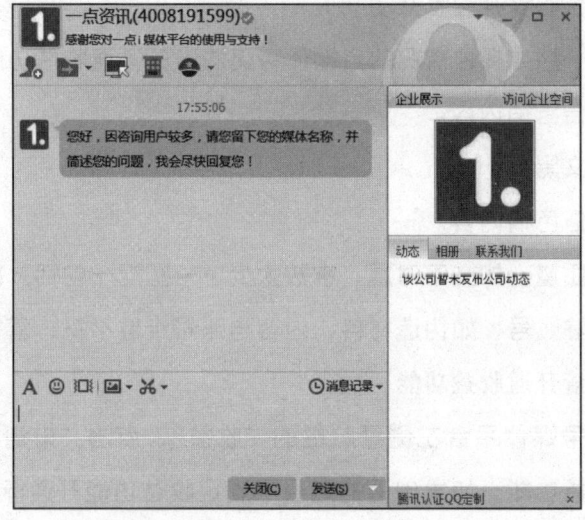

客服人员会帮你开通一点号的视频上传功能，前提是你要有原创视频的链接，最好是有在其他自媒体发布成功的视频的地址。

归根到底，就是鼓励制作优质的原创视频。

2.4.4 开通"点金计划"的方法

为保证优质内容持续产出和优秀作者的发掘推广，一点资讯特别推出"点金计划"扶持政策。"点金计划"指的是除了平台作者现有的广告收益外，额外增加的一系列月度扶持计划。

开通一点资讯媒体平台"点金计划"需要满足以下条件。

1. 一点号收益功能申请标准

- 媒体类型为"个人"。
- 账号创建时间不低于 30 天。
- 近一个月手动发布原创文章篇数不低于 25 篇。
- 无违禁惩罚记录（如有违规，处罚满 60 天后可再次申请）。
- 账号未开通收益功能。
- 最近 30 天内无申请开通收益功能记录。

提交申请后，平台将根据申请账号的内容质量、运营状况进行综合评估，以判断是否能够开通收益功能。

包含下列一种或多种情况的自媒体将无法申请开通收益功能：

- 发布广告营销内容。
- 发布软文黑稿。
- 含有低俗色情内容。
- 内容低质量，如文不对题、字数太少、一图配一句话、内容空洞等。
- 恶意入驻账号，如伪造材料、内容与账号定位不符、营销账号等。

2. 如何申请开通收益功能

进入一点号媒体平台左侧导航栏的"收益"，点击"申请"加入"点金计划"开通收益功能，如果申请的账号不满足收益功能开通标准，那么"申请"按钮将不可用。

3. 注意事项

- 收益功能开通权限一个月只能申请一次，一点号不受理一个月内的重复申请。
- 开通收益功能后的账号，将以月为周期计算收益，若某月账号不满足收益功能开通标准，将被暂时取消收益，当满足开通标准后收益将被恢复。
- 收益功能申请开通事宜的最终解释权归一点号所有。如果出现违禁行为，一点号有权关闭收益功能。

2.4.5 利用一点资讯盈利要领

利用好一点资讯自媒体平台，掌握方法，辛勤耕耘，总能获得想要的收益。

1. 发表文章引流

在一点号媒体上发布内容，通过软文的方式，在文章中植入行动目标，引流到个人微信号或者微信公众平台，就可以向粉丝推荐你的产品，宣传品牌，提高知名度并扩大影响力，最终引导他们购买你的产品，实现盈利的目的。前提是发布的文章必须要有优质的内容，好的文章读者才会选择阅读，才能达到效果。

2. 发表视频赚取收益

在一点资讯平台开通视频号之后，就可以上传优质视频。制作的视频完全可以进行品牌包装，通过一点资讯平台传播与品牌有关的业务，吸引更多用户关注。等感兴趣的用户找到你之后，向用户推荐你的产品和服务，也是一个快速曝光的好办法，可以节省很多的广告费，并能带来精准粉丝。

视频要想达到很好的效果，应当做好定位，选择擅长又热门的类型。如果是作者擅长的领域，就能很快找到最新的素材源。

从品牌做起，为自媒体取个"拉风"的名字。所取的名字尽量和内容相符，这样用户才会知道你的行业领域，喜欢的用户才会快速找到你并关注你。取名字时还要注意名字不要太长，最好是特别而又叫着顺口好记的名字。不要故意取一个和别人相似的名字，因为刚开始可能会引来流量，但这样做永远做不出自己的品牌，有可能还会替别人做宣传。

如果没有优质的视频资源，不要随意复制他人的视频上传，特别是模糊不清又带有 Logo 的视频。山寨的东西，很少有人会喜欢，同时也是态度的问题。

想要标新立异，视频资源标题是关键。同一个视频，如果标题不同，点击量绝对很悬殊。

3. 通过"点金计划"获得收益

一点资讯媒体平台目前的收益就是开通"点金计划"。满足条件的用户申请开通"点金计划"之后，平台根据创作的作品，给予作者相应的收益。文章可以根据广告的展示获得广告分成，阅读量越高，则广告展示量越多；视频开头都带有一个几秒的小广告，展示一次就有广告收入，但是作者本人持续的点击数不计算在内。

申请一个账号，绑定自己的银行卡，定时上传文章或者视频，认认真真地创作，就可以赚取收益。互联网时代，进入门槛低，人人都可以从中发现商机，找到属于自己的自媒体之路，网赚不再是难事。

2.5 百家号

百家号是全球最大中文搜索引擎百度为内容创作者提供的内容发布、内容变现和粉丝管理的平台。百家号的使命是"帮助内容创作者'在这里影响世界'"。百家号于 2016 年 6 月启动并正式内测，9 月账号体系、分发策略升级、广告系统正式上线，9 月 28 日正式对所有作者全面开放。

目前，百家号支持内容创造者轻松发布文章、图片、视频作品，未来还将支持 H5、VR、直播、动图等更多内容形态。内容一经提交，将通过手机百度、百度搜索、百度浏览器等多种渠道进行分发。百家号为内容创造者提供广告分成、原生广告和用户赞赏等多种变现机制。每一篇百家号文章，在首页左上角醒目位置都有标志，引导用户进入作者的个人主页并对作者进行关注。作者可根据百家号提供的工具分析粉丝的人群属性，并通过个人主页针对粉丝展开各种运营活动。

2.5.1 百家号申请步骤

百度百家号注册具体操作步骤如下所述。

第一步，进入百度百家号首页，如果之前有百度账号就可以立即登录；如果没有注册百度账号，点击"立即注册"就可以申请一个百度账号。

百度账号注册界面，如下图所示。

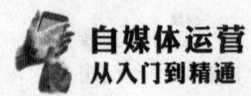

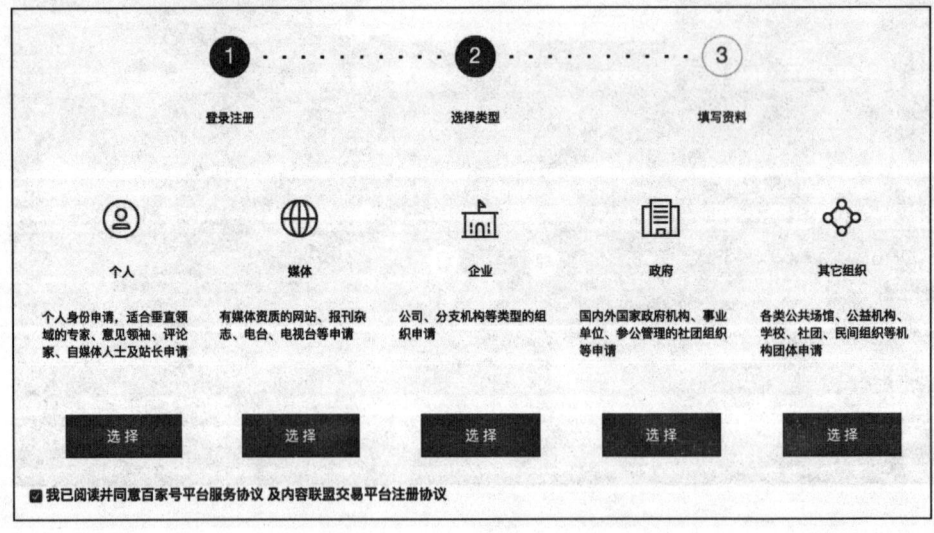

第二步，选择入驻类型。根据自身需要选择合适类型。这里以选择个人自媒体为例。

第三步，输入百家号的名称、百家号的相关介绍并添加百家号的头像。

第 2 章 常用的 8 个自媒体平台玩法

[百家号注册流程示意图：登录注册→选择类型→填写资料，包含领域、百家号名称、百家号签名、设置头像、所在地等信息填写]

第四步，这一步极其重要，相当于填写简历中的工作经历，也是能否加入百家号的依据。

第五步，填写作者电话、联系邮箱以及其他联系方式。

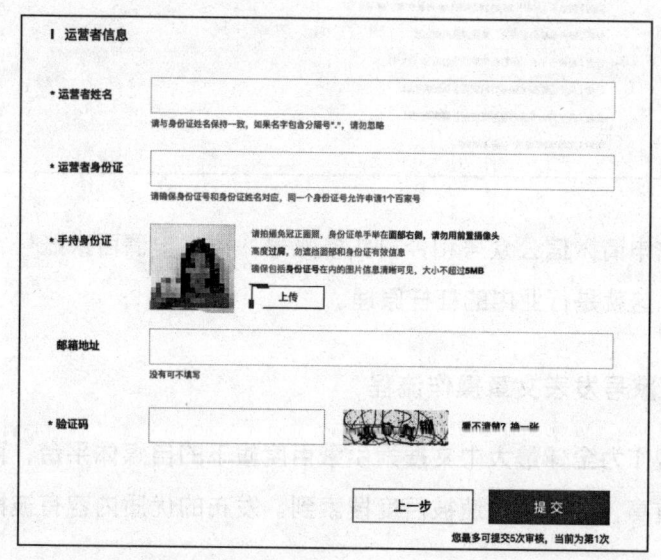

第六步，确认提交信息。再次申明，账号类型和身份证明一经提交将不可修改。

121

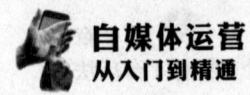

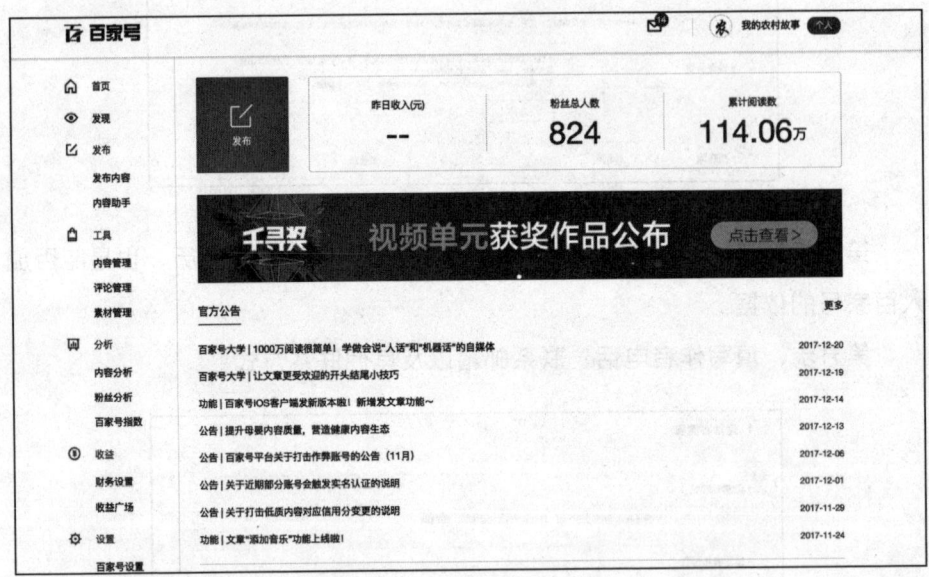

第七步，提交申请审核通过后，就可以加入个人百家号。

如果先申请微信公众号和今日头条账号，再来申请百家账号，成功概率会大很多。这就是行业内的杠杆原理。

2.5.2 百家号发表文章操作流程

百度号作为全球最大中文搜索引擎百度旗下的自媒体平台，百度排名非常好，权重高，文章能快速被百度搜索到。发布的优质内容有被推荐到首页的机会。

1. 发表文章

拥有百家号账号之后，就可以进入用户界面发表内容。

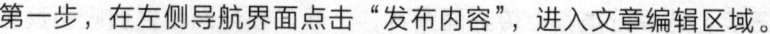
第 2 章
常用的 8 个自媒体平台玩法

第一步,在左侧导航界面点击"发布内容",进入文章编辑区域。

第二步,进入文章内容编辑页面,输入标题、撰写正文,并根据提供的各项功能对文章内容进行调整。

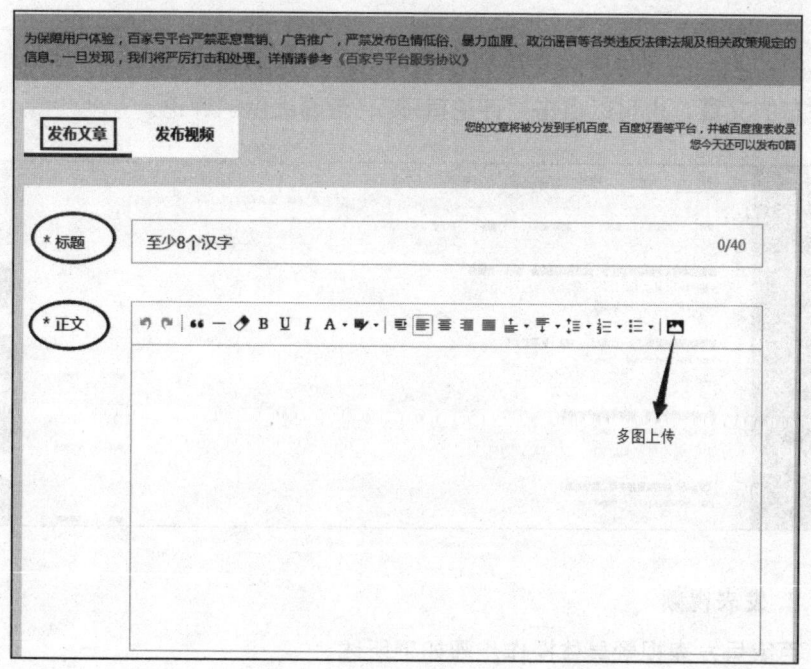

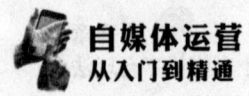

第三步，选择分类，上传封面图片，一般三图封面会更加吸引读者。发布文章前先预览再发布，仔细检查文章内容，是否还有排版、错别字等影响读者阅读体验的瑕疵。

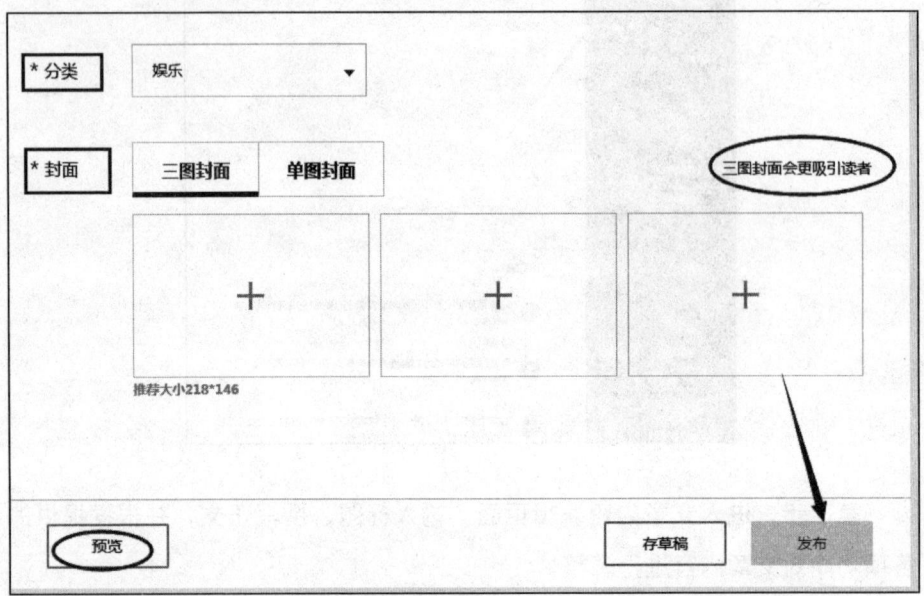

第四步，发布后等待系统审核。通过之后可以点击"内容管理"，查看已发布的文章；也可以点击"评论管理"，查看读者的评论。

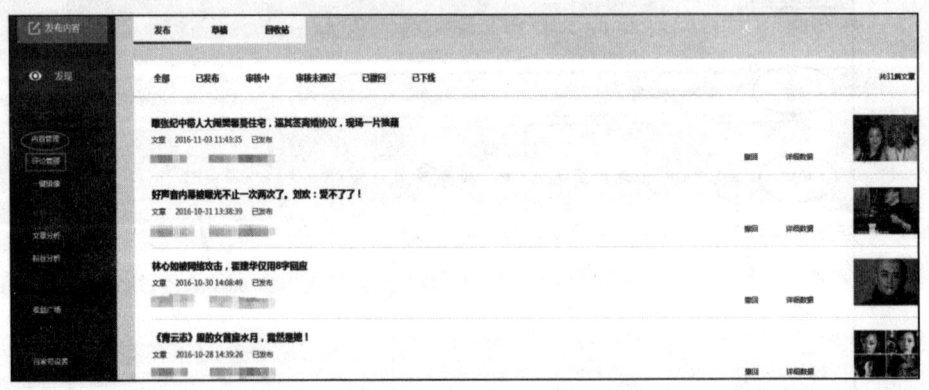

2. 发表视频

百家号发表视频具体操作步骤如下所述。

第 2 章
常用的 8 个自媒体平台玩法

第一步，登录用户界面，点击"发布内容"，进入内容编辑区域；填写标题，上传视频，注意对视频格式、大小的要求，并对视频进行简要说明。

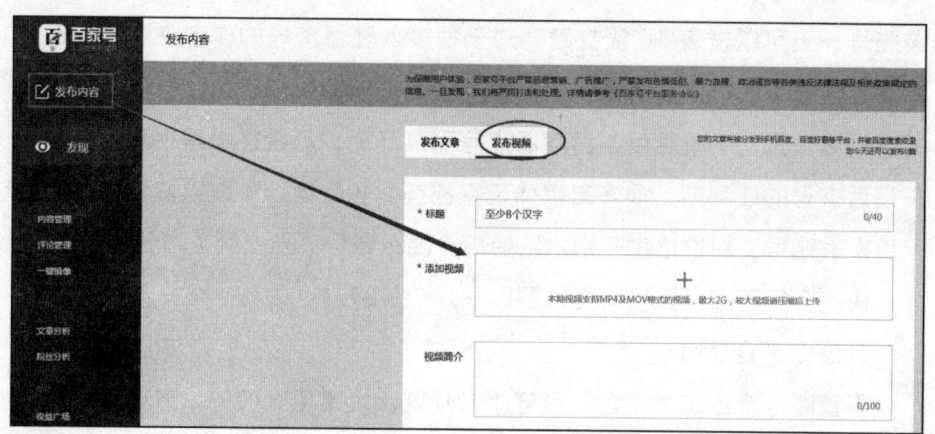

第二步，选择分类，上传封面，经过"预览"之后，点击"发布"，正式发表视频。

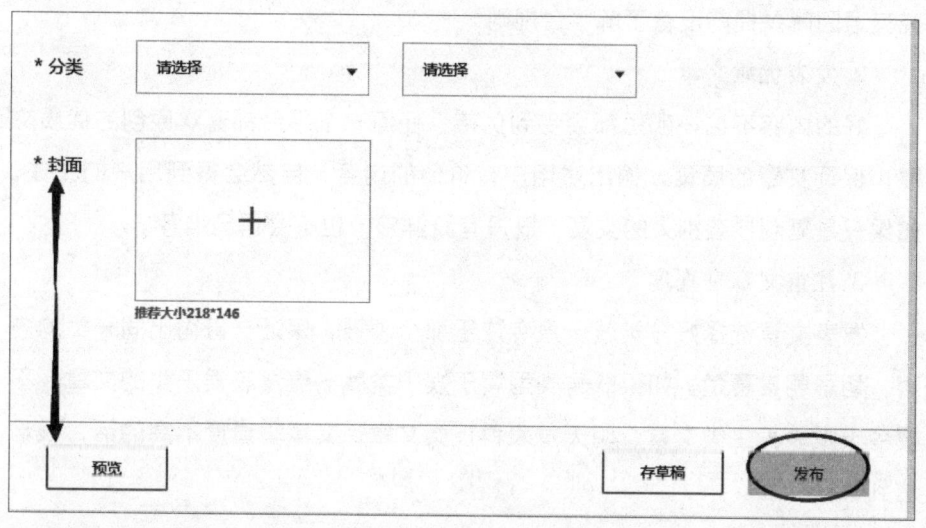

不论是发表文章还是发表视频，都应该遵守百家号平台的相关规则。详情请查看《百度平台服务协议》。

2.5.3 百家号升级策略

百家号账号共分为三个等级,即初级账号、中级账号、高级账号。百家号的初级账号一天可以发表 1 篇文章,中级账号一天可以发表 5 篇文章,高级账号一天可以发表 10 篇文章。对于很多入驻百家号的作者来说,快速升级到高级账号就可以发表更多的内容,获得更多的收益。百家号依托百度新闻、百度搜索、手机百度、百度看点等百度产品,流量之大超乎想象。如今正是百家号的红利期,很多自媒体玩家都在争先恐后地争取入驻资格。市面上百家号账号交易价格也开始水涨船高,高级账号甚至卖到上万元。

快速升级百家号账号需要掌握以下几个策略。

1. 遵守平台规则

不管哪一个自媒体平台,遵守平台规则永远是第一位的。只有在平台规则的允许范围之内发布内容才会通过审核,并且得到很好的推荐,而且也不会因为触碰平台的红线而受到处罚或者被封号。很多作者平时不留心平台的规则,往往被禁言或者账号被封之后才后知后觉,造成诸多损失后悔莫及。究其原因就是提前没有了解平台规则。

2. 发表优质文章

好的内容不论在哪里都会受到优待,任何一个平台都喜欢原创的优质文章。保证文章的质量,输出对用户有价值的内容,自然会得到用户的关注。如果只是复制抄袭别人的文章,既没有新鲜感,也不会得到推荐。

3. 注重文章垂直度

发表文章选择好分类就一直专注于那个领域,保证一直输出同一类的内容,切忌朝秦暮楚。如果账号类型属于娱乐类就一直发表娱乐类的文章,不要今天发表养生类文章、明天发表科技类文章。文章垂直度不高的话,很难达到审核标准。

4. 提高更新频率

如果是初级账号,保证每天 1 篇的发文数量,保持活跃度,发文数量也是重要的审核标准。持之以恒的创作热情很重要,半途而废,或者长时间不发文，已关注的粉丝就会取消关注，之前的所有努力就付诸东流了。坚持到底的人才值得拥有最好的福利。态度决定一切，投入怎样的态度就会收获怎样的结局。

5. 即时互动

注重和粉丝的互动，认真回复读者的评论，能够提高互动指数。尊重每一位读者，别人看你的作品是你的荣幸，也正是因为他们的阅读才激励你更加努力地投身于创作。用心和读者沟通，共同探讨，也会给你的创作带来灵感。

2.5.4 百家号盈利方法

百家号自媒体平台盈利模式不止一种，充分利用该自媒体平台，用心经营自己的百家号账号，赚取收益不是难事。百度百家号负责人明确指出，在变现模式方面，目前百家号支持广告分成模式，未来还会引入付费阅读等多种变现模式，帮助内容生产和发布者获得更多经济收益。

1. 广告收益

百家号的广告收益非常好，毕竟是接入了"百度联盟"的广告，而且还有百分之百的分成。百家号注册成功后，并不像今日头条和企鹅平台那样，需要一定的条件才可以开通广告收益，它的广告费是可以直接开通的，无须任何条件。

广告展示效果与博客、网站底部的形式相同，商家按照点击量收费，作者可以按点击量获得分成。此外，百家号还有自营广告的功能，这一点和今日头条相同，类似自己博客的广告位，可以展示一些图片广告，可以链接自己的平台网址，也可以链接第三方的地址。

在广告方面，百度最大的优势就是拥有海量的广告与内容匹配技术。据百度联盟内部人士透露，2016年内容广告将百分之百地分成给内容创作者，整体分成160亿元，其中内容创作者和服务提供者分成预计将达到20亿元。自媒体人一定不可错过。

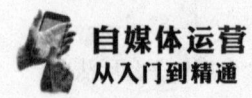

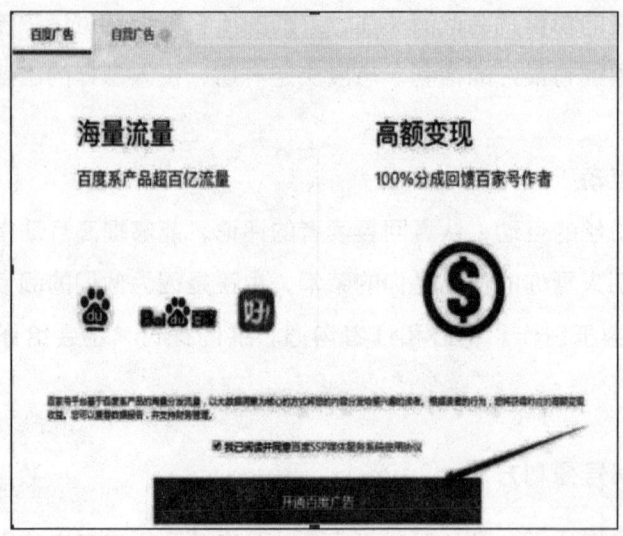

作为自媒体玩家，还是要先一步入驻，可以试用一段时间验证效果，毕竟那个高得无可比拟的权重以及天生自带的 SEO 光环不是其他平台可以媲美的。让人眼红的是那些最早入驻的用户，他们在内测阶段就已经日进斗金了！

2. 售卖百家号账号

由于百家号给作者的广告分成和对内容的要求都很高，因此百家号的高收益和难入驻，导致现在百家号账号价格非常高。

自媒体玩家要想在自媒体平台上面获取海量流量，需要注册账号发布内容，想要快速获得收益就应该在最容易注册的时候大量地去注册账号，并且注册一些有价值的名称，等到这个平台迅猛发展起来了，就可以高价出售这些账号给那些想马上入驻的用户，这也不乏为一种获取收益既轻松又有效的方法。所以，趁着百家号还是前期的时候可以多注册几个账号。不过目前因为要实名认证，购买的百家号只能拿来做引流，想要变现是不可能的。

3. 通过平台引流做项目

在百家号平台输出有价值的内容，吸引用户关注，并成功引流到个人微信号或者微信公众号，进而宣传和推广自己的产品，提高品牌知名度，扩大产品影响力，引导感兴趣的用户购买你的产品，创造收益。

2.6 网易号

作为中国率先开展无线业务的门户网站之一，网易一直在跟踪无线互联网的最新发展，与运营商、设备提供商建立了紧密的合作关系。网易是首批提供 WAP 服务的内容提供商之一，也是较早加入提供短信息及彩信服务的网站之一。

网易作为中国网站的领先者，始终致力于电子商务及 IT 产业的持续发展，同时也在努力促进中国人民的数字化生活。为了这个目标，网易把亿万的网民聚集在一起，实现资讯的共享，为用户提供更好的服务，为他们创造更愉悦的在线体验。

2.6.1 申请网易号账号步骤

申请网易号账号的具体操作流程如下所述。

第一步，进入网易号媒体开放平台。可以在百度中搜索网址，进入官方网站，点击"入驻"。

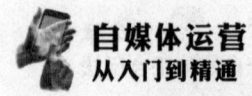

第二步，有网易邮箱的用户可以直接用来做登录账号，没有网易邮箱的需要再申请一个新的邮箱。

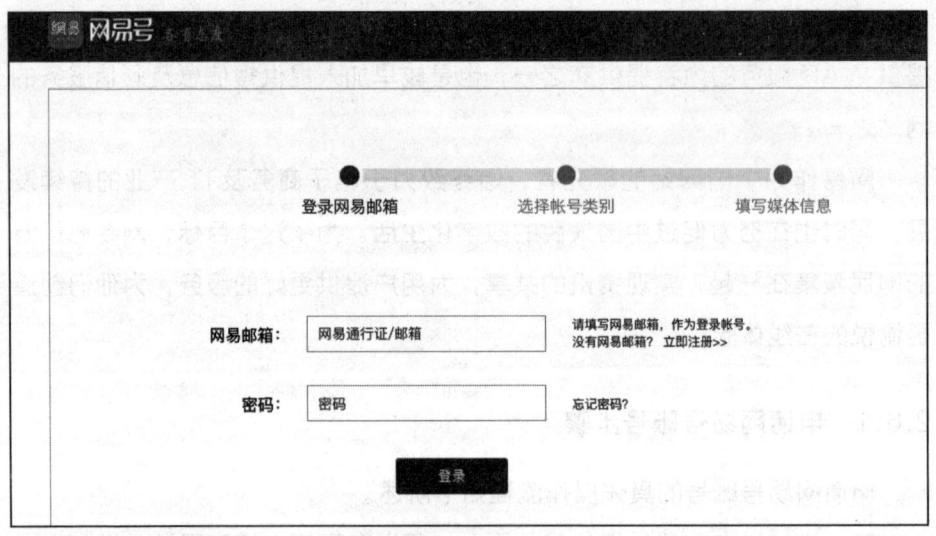

第三步，登录后，选择你需要入驻的自媒体类型。这里以选择个人自媒体为例。

第 2 章
常用的 8 个自媒体平台玩法

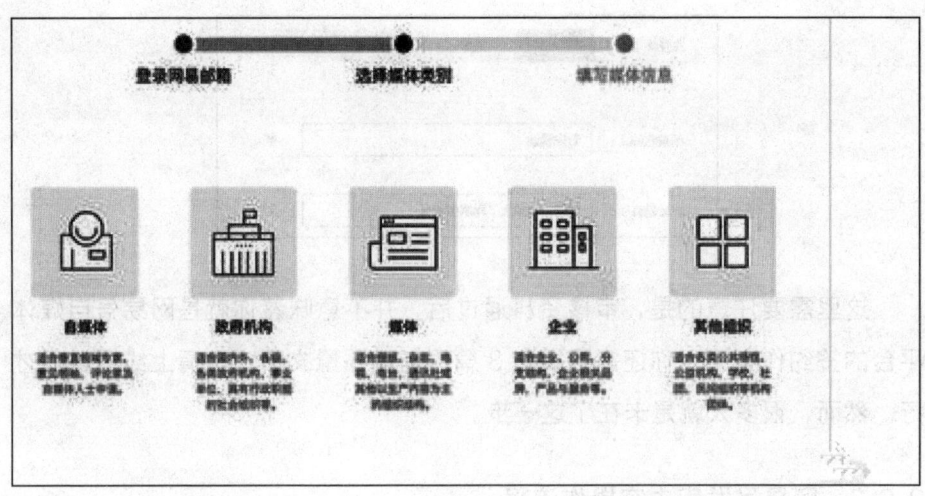

第四步，填写媒体信息，包括账号名称、账号简介、账号类别等。同样的，网易的自媒体申请也需要提供申请人在其他平台的链接地址。

第五步，填写申请人的资料。

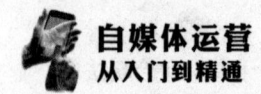

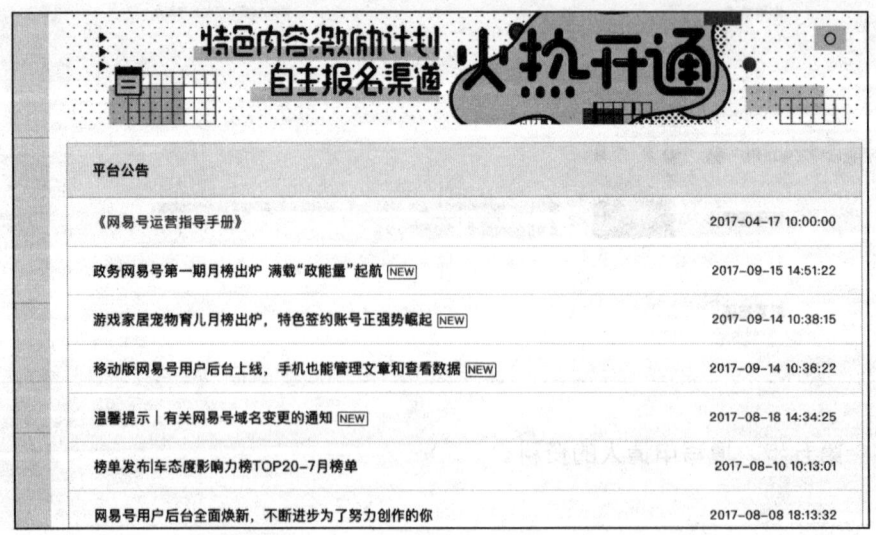

这里需要注意的是，审核资料通过后，并不意味着你就是网易号自媒体平台的签约作者了，你还需要发布3篇原创高质量文章，申请上线通过后才行。然而，很多人就是卡在了这一步。

2.6.2 网易号发表内容操作流程

网易号媒体开放平台，为网友提供优质内容服务的同时，为入驻自媒体、企业、机构提供公平健康的运营生态，致力于打造高质量的内容输出平台。对于违规行为与违规账号，网易号一经发现立即严惩，入驻的内容创作者须遵守网易号的相关规定。

1．发表文章

在网易号媒体开放平台发表内容的具体操作流程如下所述。

第一步，登录用户界面，点击"写文章"。

第 2 章
常用的 8 个自媒体平台玩法

第二步，进入文章编辑界面，输入标题，最好是在 25 个字以内，正文可以插入图片、视频以及链接。和其他自媒体平台的不同之处就在于网易媒体开放平台有"全屏"写作模式。

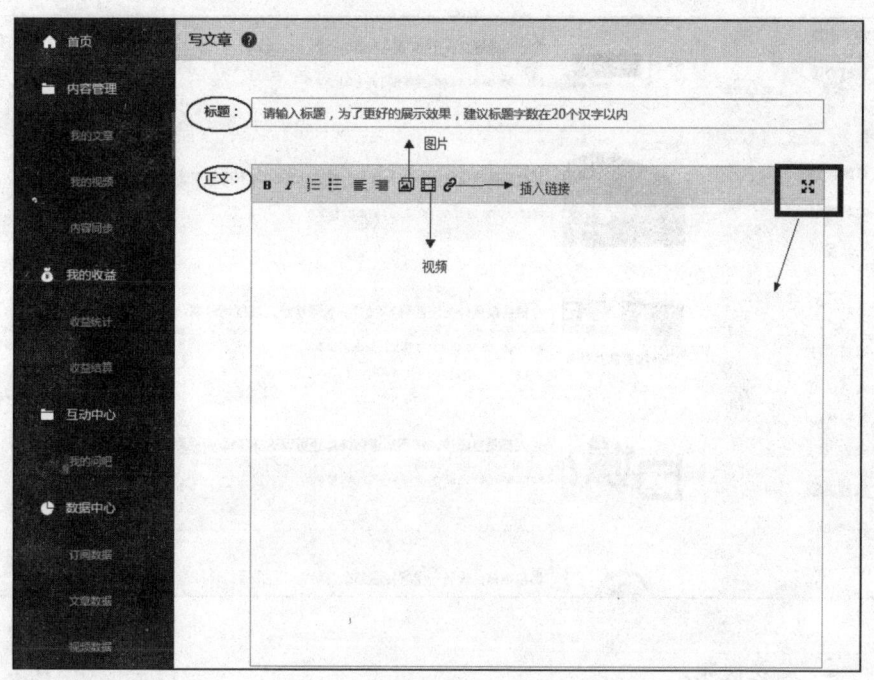

第三步，正文写完之后，上传封面，既可以选择"自动"模式，也可以选择"自定义"模式，同时也可以勾选"插入正文"复选框。发文之前点击"客户端预览"，检查文章，避免错误。

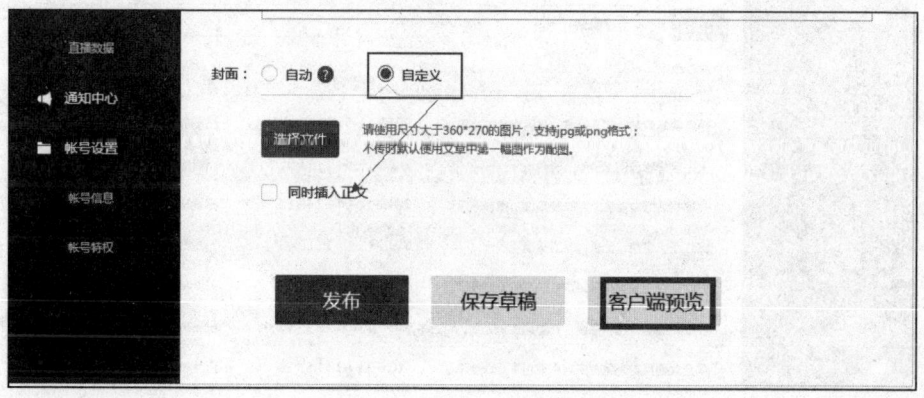

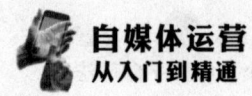

文章发布之后就可以在"我的文章"中查看已经发布的文章。如果文章状态显示"已锁定",意味着文章已经被推荐,对文章的阅读量、订阅数都有很大的好处。

2. 发表视频

在网易号媒体开放平台发表视频的具体操作步骤如下所述。

第一步,登录用户界面,点击"我的视频"—"发视频"。

第二步，上传符合格式、大小的视频。建议上传 MP4 格式，大小不超过 1G 的视频。视频内容应当健康向上。

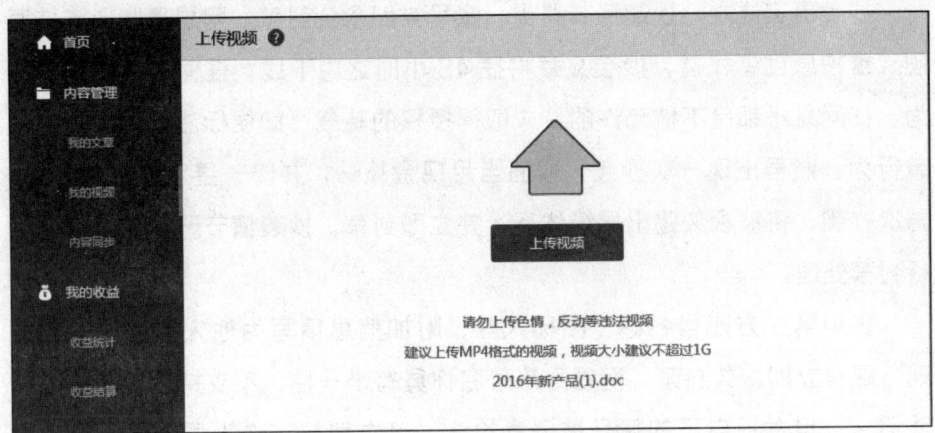

第三步，上传完毕后，填写视频标题、描述、标签、全景、封面；最后点击"发布"，完成视频发布流程。

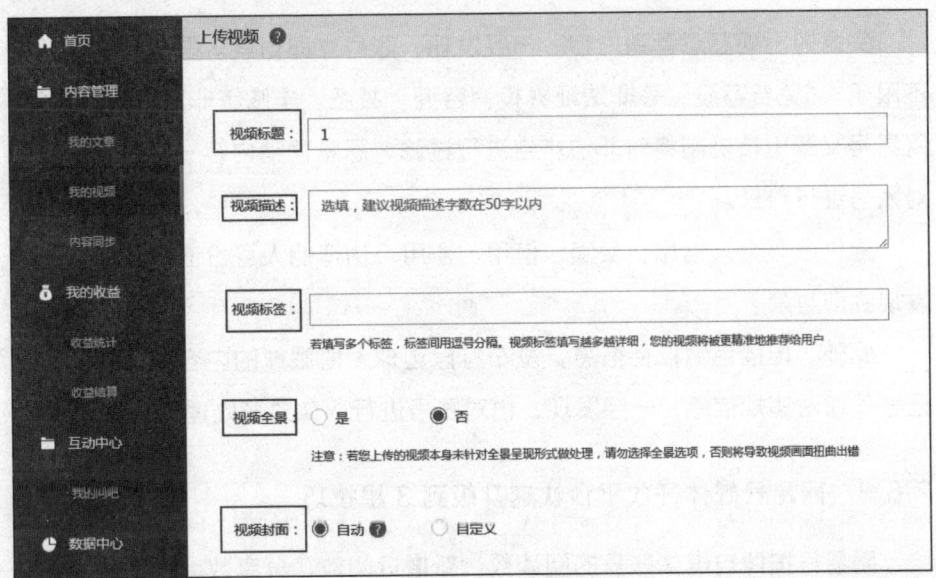

视频发布之后可以在"我的视频"栏内查看已发表的视频状态，是否通过审核、是否下线等在此都有相应显示。

3. 网易号媒体开放平台不论是发表文章还是发表视频，都要遵守平台发表内容的规范

抄袭事实成立，抄袭情节严重，账号立即永久封禁。网易号坚决支持原创、维护原创者权益，抄袭文章将在 48 小时之内下线。任何形式的抄袭行为，在网易号都是不被允许的。未取得授权的转载，即便标注来源也视为抄袭行为。账号出现一次抄袭，取消当月现金补贴，并降一星；降至 0 星后，再次抄袭，将被永久踢出星级体系，并立即封禁。抄袭情节严重者，直接进行封禁处理。

冒用第三方账号名称、图标入驻，附加信息填写为他人账号，一经发现，账号立即永久封禁。网易号账号名称具有唯一性，不支持重复名称同时注册，一旦发现自己的账号被恶意抢注，可立即与工作人员联系，进行申诉。申诉时请提供：后台截图、抄袭链接及原文链接、商标注册证、营业执照等相关材料，发送到网易号邮箱：wangyihao@service.netease.com。

文章内出现恶意营销内容，一经发现，账号立即封禁。恶意营销包括但不限于："免费荐股"等非法证券投资咨询，减肥、丰胸等非法医疗广告等。网易号文章审核机制将对非法广告进行过滤，恶意营销内容一经发现，立即对账号进行封禁。

提供虚假个人信息，买卖、借用、盗用、伪造他人身份信息注册，一经发现立即封禁。

此外，传播色情低俗信息，发布打擦边球、博眼球的内容和标题，传播谣言、违法违规信息，一经发现，也对账号进行永久封禁处理。

2.6.3 网易号媒体开放平台快速升级到 3 星技巧

网易号按照自媒体账号的阅读数、新增订阅数、分享数、跟帖数、原创文章数 5 个维度进行综合积分，设为 1 星到 5 星五个等级。账号根据自身发展情况可以进行星级的递增，5 星级账号为最高级别账号，享有在网易号的顶级权益。

刚入驻网易号的新账号，暂时没有级别体现，只要当月发布9篇有效文章，下个月星级调整即可升级至1星级账号。所谓的"有效文章"指的是文章正常发布后没有因为含违法信息而被下线的文章。

网易号媒体开放平台的账号，从1星级账号到5星级账号，每月将进行级别内排名，下一级别的优质账号将有机会进入上一级别。每级排名后30%的账号将被降级，对应空缺数量从下一级晋级补上。例如某账号为2星级账号，当月阅读数、新增订阅数、分享数等综合数据表现出色，在级别内排名靠前，那该账号将有机会升级为3星级账号；同时，3星级的某账号如果在当月阅读数、新增订阅数、分享数等综合数据表现不佳，在级别内排名靠后，那该账号可能降级为2星级账号。

网易号媒体开放平台暂不支持账号跨星级升级，例如某账号无法从2星级直接升级为5星级。

网易号账号运营者可以在网易号媒体后台查看自己的星级状态，同时网易号新闻客户端的账号页面上也将有星级的展示。此外，网易号媒体开放平台每月将公开公布星级变化和账号收益情况，做到公平、公开、公正，绝对透明化。

网易号账号凡是有下列行为的，将面临被封号并取消当月现金奖励：标注原创的抄袭行为，发布反动、暴力、色情、淫秽和其他违法内容，发布谣言，自媒体、个人、非规范媒体发布泛时政内容。

网易号账号凡是有以下行为的，将面临被降级，取消当月现金分成：无授权转载行为、降至1星后再出现封号，恶意发布旧稿充量、降至1星后再出现封号。恶意发布第三方负面信息，发布软文，文章质量差等内容在网易号媒体开放平台会被下线。

2.6.4 网易号媒体开放平台盈利方法

网易号媒体开放平台拥有多重赚取盈利的机制，在为自媒体玩家打造与受众互动新玩法的同时，让自媒体人快速盈利。为鼓励自媒体发展，网易号特别推出"自媒体亿元奖励计划"。

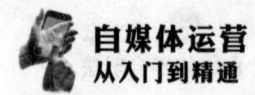

级别	权益
5星	1. 分享网易号顶级奖金池 2. 面向订阅用户发送PUSH 3. 与网易传媒联合发布，共享网易"有态度"品牌影响力 4. 享有下级别所有权益
4星	1. 分享网易号二级奖金池 2. 开通直播功能，推广账号品牌 3. 享有下级别所有权益
3星	1. 分享网易号三级奖金池 2. 优质稿件向编辑定点推荐 3. 网易号首页推荐 4. 网易首页推荐 5. 和网易联合策划活动 6. 可开通"问吧"功能 7. 享有下级别所有权益
2星	1. 申请原创资质（审核标准：须有50%以上的原创文章） 2. 开通打赏功能 3. 优质文章上榜 4. 享有下级别所有权益
1星	1. 阅读、热点频道推荐 2. 网易新闻客户端各频道推荐

1. 亿元奖励计划

网易号"自媒体亿元奖励计划"是网易号媒体开放平台基于账号成长体系而建立的账号奖励激励计划，通过账号星级体现出不同的账号权益和收益，该计划于2016年5月开始执行。各星级账号所获权益如上图所示。

按照当月账号的阅读量、新增订阅量、分享数、跟帖数、原创文章数量综合计算分数，入驻网易号的自媒体将被分为五个等级，不同等级账号将享受不同权益，内容质量高、用户口碑好的自媒体，会在内容分发和生产中得到更多扶持，分享顶级奖金池，面向订阅受众发送PUSH等。

2. 网易"专家号"

网易号专业自媒体可以申请"专家号"，网易号媒体开放平台也会给专家账号进行备注与认证。获得专家认证的自媒体可对自己的文章增加"专家"标签，所有"专家文章"所产生的流量、新增粉丝数据将对应获得双倍积分与更为丰厚的现金奖励。网易号媒体开放平台未来在账号推荐区将会给予专家账号独立推荐位，并且还会设置"专家号"热度榜，为当期专家自媒体进行二次推荐。同时与榜单对应，设置独立的"专家"自媒体奖金池，奖励高质量的专业自媒体。

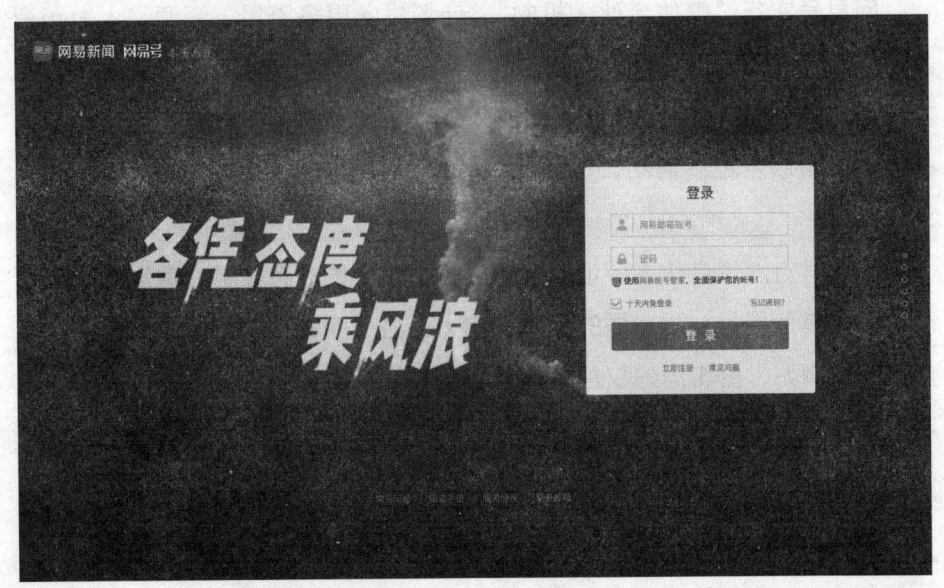

3. 网易订阅热门文章

网易订阅热门文章排行榜，是单篇文章在网易新闻客户端的点击量排名；网易订阅最具话题文章排行榜，为单篇文章在网易新闻客户端的跟帖数；网易订阅最受欢迎订阅账号，为订阅号在两周内新增订阅数的排名。数据均由网易订阅统计，仅热门文章排行榜上榜的账号会获得奖金。

4. 网易号"问吧"

网易号媒体开放平台推出"问吧"，网友提问，自媒体人或者自媒体账号进行回答，图文同步，更及时、高效、灵活的互动方式，吸引粉丝、导入流量。即使是没有高质量文章，有颜值也行；没有颜值，有口才也行；没有口才，有知识也行；高质量的碎片化信息一样受欢迎。"问吧"是网易移动资讯客户端中互动性最强和写作门槛最低的内容生产工具。来自网易号的"现金"将从两个方向分发到自媒体玩家：一方面制造爆款，养成"网

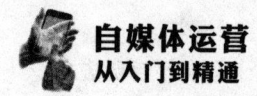

红",集中于"头部账号";另一方面对于小而美、受众有限的垂直领域自媒体,网易号将建立"新锐"自媒体推荐机制,资源与资金双重扶植,对其进行培养。

5. 网易号"媒体合伙人机制"

网易号实行"媒体合伙人机制",计划投入更多流量、资源、人力和资金来扶持自媒体,设立奖金池,对优质账号人工定向推荐,在网易号、网易新闻客户端头条、PC端首页上设立了多个重点推荐位,自媒体可以与自己的对接编辑联合策划活动,提高品牌影响力和知名度,也可以入驻"问吧"增强互动。

网易号对媒体合伙人保证四大承诺:更丰厚的现金收益,保证优质账号收益远超其他平台;更优质的品牌影响力,打通两端共享网易"有态度"媒体品牌影响力;更实用的权益,PUSH、直播、上头条统统不是问题;更透明的运营环境,自媒体分成金额每月公开。

2.7 大鱼号

2017年3月31日,随着土豆宣布全面转型短视频,为了让短视频创作者快捷高效地共享阿里生态资源,阿里巴巴文化娱乐集团移动事业群总裁、土豆总裁何小鹏宣布,原UC订阅号、游客自频道账号统一升级为大鱼号,让内容创作者通行阿里文娱平台,一点接入、多点分发,获得多平台的流量支持。

2.7.1 大鱼号申请步骤

第一步,打开UC大鱼号登录页面,点击右上角的"立即注册UC订阅号"选项。

第二步,进入注册账号页面,输入邮箱、密码、确认密码。密码切莫过于简单,且与常用密码一致。填写完毕后认真阅读合作协议,确认无误后拉动验证码,点击注册按钮。

第三步，点击注册之后，UC系统会自动向你所填写的邮箱发送一条验证邮件，点击下面的"前往激活邮箱"按钮。

第四步，登录邮箱，打开收件箱，找到已收到的验证邮件，确认信息无误后点击"验证邮箱"按钮。若按钮无法点击，可点击下面的链接或将链接复制到浏览器地址栏进行访问。

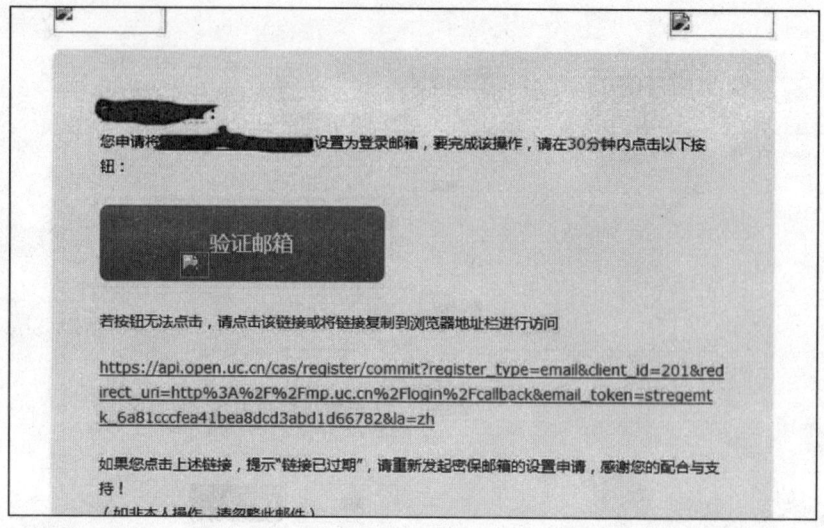

第五步，验证邮箱后跳转回到 UC 的填写入驻资料页面，选择"个人/自媒体"注册，根据要求将需要的资料准备好，并一一上传。填写完毕后认真阅读协议，点击"注册"。

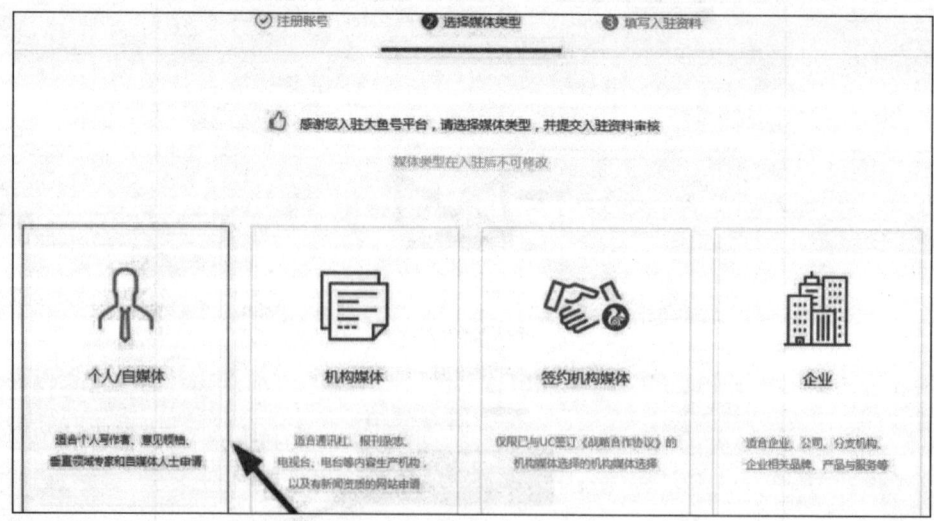

第 2 章
常用的 8 个自媒体平台玩法

第六步，进入审核页面，待工作人员审核，这需要 1~3 天。若所提交的资料符合要求，则会开通账户成功入驻，就可以发表文章与 UC 用户分享了。

2.7.2 大鱼号发表内容操作流程

第一步，登录后打开的是你的个人后台主页，点击左侧的"写文章"。

第二步，出现文章编辑界面，输入标题和正文内容。

第三步，填写文章的作者名，还要放一张封面图。再点击"预览"，自己检查一下内容。

第四步，在预览界面仔细检查清楚，不好的地方要修改一下。

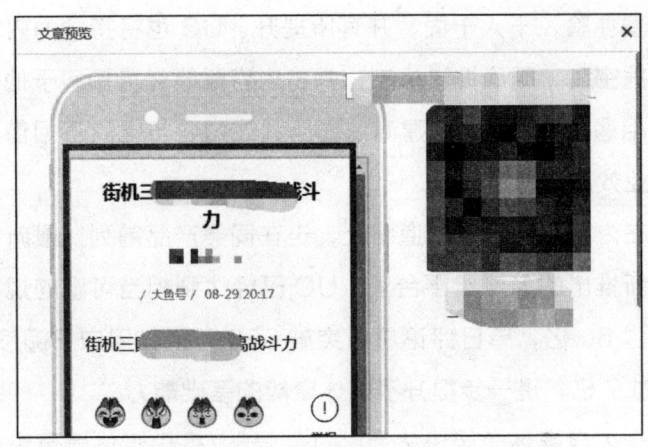

第五步，点击"发布"，你的文章要通过审核才能正式发布出去。在"作品管理"这里能看到你发布出去的文章。

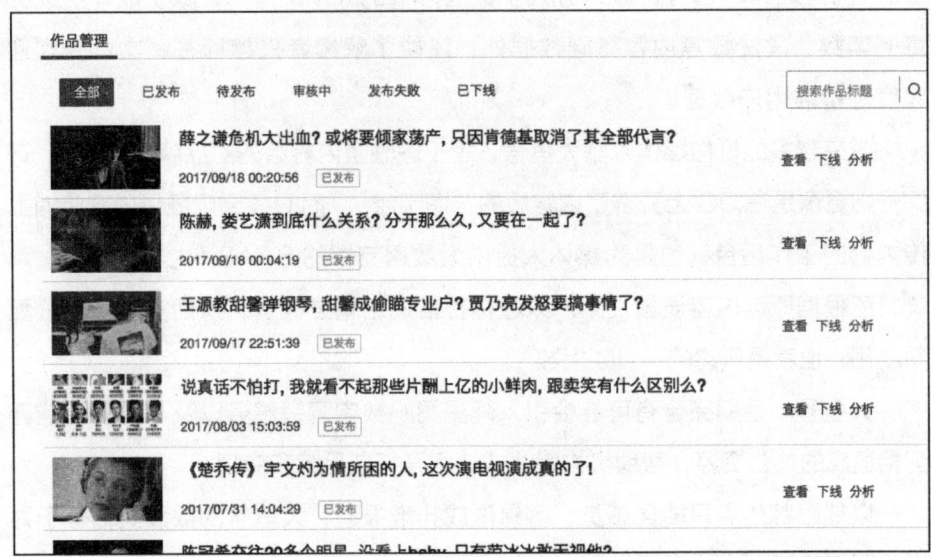

2.7.3 抓住大鱼号红利要领

1. 大鱼号平台优势

大鱼号持续为用户而变，推进数据、算法继续优化，并扩大内容盘子，吸引更多优质内容，回馈读者。完善并拓宽全体系内容形式，实现基于内容的一站式全景体验，千人千面，并有所提升。UC 也将持续为内容生产者服务，填补数据空白，明确推送机制，并将内容赋能优势倾斜于他们，让才华与商业机会相遇。UC 也将搭建商业通路，让内容与电商互相借力，实现基于内容的商业效应完整通路。

大鱼号在内容化、数据化道路上，走在同类产品前列。最新披露的数据显示，在全新推出的各流量平台里，UC 已经达到相当可观的规模，单日文章曝光量超过 60 亿，单日评论总量突破 650 万条，用户日阅读 PV（页面浏览量）超过 7 亿，进一步提升了媒体赋能的基础能力。

大鱼号个人自媒体登录进去是"订阅号"，机构媒体登录进去是"机构媒体"后台。在 UC 订阅号中，自媒体可开设"主页管理"，个性化定制自己的内容店铺，导入文章的浏览量及全部阅读数据，还可实时查阅动态流量。"机构媒体"后台更像是进入了数据分析的"VIP 室"，除了能够生成文章阅读数、关注数等内容基础数据外，还能了解读者兴趣标签、文章受欢迎程度等精准用户数据。

越来越多的机构媒体入驻大鱼号，等于进驻了内容版的"品牌天猫馆"。订阅号则更像是在 UC 上开辟了内容版的"淘宝店"。而 UC 云观既是内容店铺上传内容的工作后台，也是为媒体人提供大数据支撑的 SAAS（内容即服务）系统，还根据原创内容质量及用户兴趣标签推送给精准读者，从而实现流量分配制度化，也就是所谓的"UC 指数"。

大鱼号中后期完全有可能会引入阿里妈妈数字营销服务以及与内容店铺匹配相适应的广告资源，帮助机构媒体或订阅号打造品牌和变现。

以往跟踪热点只能凭感觉，容易形成扎堆报道，大鱼号的数读舆情等于为媒体圈搭建了一个"舆情气象中心"。数读舆情还以卡片翻页式实时展现热点，相应的垂直自媒体也可以按照"总榜、娱乐、财经、科技、体育"浏览相关的热点行业榜。大鱼号甚至还为媒体人找到了对不同行业内容感兴趣的人群属性。

2．大鱼号收入实现方式

（1）打赏

给自媒体人设置打赏、评论功能，提高用户与自媒体人的互动，让自媒体人创作的文章得到用户的赞赏，每个用户单次最高可赏 200 元。

（2）付费阅读

对于独家、首发的优质文章，实行付费阅读。以独家、首发优质文章培养用户的阅读习惯，使作者的用心和原创得到回报。

（3）设立月度榜单

根据数据设立榜单，给予上榜文章丰厚的现金奖励。用榜单证明自媒体的实力，彰显自媒体在行业中的影响力。

（4）颁发荣誉头衔

根据季度累计获奖情况，评选最佳自媒体账号、最具影响力自媒体人，获奖作者将被授予"金牌创作者"头衔，并一次性奖励 8 000 元。

（5）流量变现补贴

为了使激励措施惠及更多自媒体人，除了榜单奖励外，也将进行单篇文章的流量变现补贴，根据流量排行情况，单篇文章可变现补贴 500~1 000 元。

（6）广告

对优秀自媒体人开放广告位，对原创力强、活跃度高的自媒体人开放分成广告位。

大鱼号目前还处于不断发展的上升期，日后会推出更多盈利模式的具体政策。大鱼号不仅为媒体"授之以鱼"（流量红利），还"授之以渔"（大数据服务），大鱼号就是让入驻机构媒体或自媒体一目了然可视化数据，无论是对内的媒体服务，还是对外的数读舆情，都可见大鱼号对内容生产者的诚意。立志打造一站式媒体服务的大鱼号所营造的"内容生态圈"将是自媒体玩家不容错过的机遇和福利。

2.8 其他自媒体平台

互联网时代，从传播的角度上来看，自媒体这一股新势力特别适合年轻人的消费习惯。

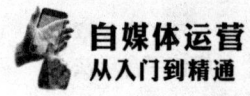

作为自媒体的运营者,你得了解每个平台的不同属性和特点,如果你想打造属于自己的自媒体阵地,那就更加得下功夫。以下简要介绍其他几个自媒体平台。

1. 凤凰自媒体

凤凰网是凤凰新媒体旗下的图、文、音、视综合资讯网站,提供国际、中国大陆及港、澳、台地区的时政、社会、财经、娱乐、时尚、生活等综合新闻信息;以博客、论坛、辩论、调查等Web2.0应用为用户提供互动与共动交流空间;以RASS、TAG、点播、轮播、个人节目表等可定制的多媒体服务满足用户的个性化需求。

2. 简书

简书是一个将写作与阅读整合在一起的网络产品,旨在为作者打造最优秀的写作软件,为读者打造最优雅的阅读社区。

3. 知乎

知乎是一个真实的网络问答社区,社区氛围友好、理性,连接各行各业的精英。用户分享着彼此的专业知识、经验和见解,为中文互联网源源不断地提供高质量的信息。

4. 喜马拉雅FM

喜马拉雅FM是中国最大音频分享平台。2013年3月手机客户端上线,手机用户规模已突破8 000万,成为国内发展最快、规模最大的在线移动音频分享平台。喜马拉雅FM同时支持IPhone/IPad/Windows Phone、车载终端、台式电脑、笔记本等各类智能手机和智能终端。2015年6月25日,喜马拉雅FM与汤圆创作达成战略合作。

第3章
短视频自媒体

3.1 短视频行业现状分析

首先我们说说短视频市场目前的状况。

2017年下半年开始，自媒体图文已进入红利尾期，办公室小野的走红，就预示着短视频行业即将进入黄金时代。

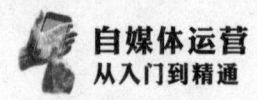

在 2016 年的世界网红大会上,一下科技创始人公开表示,在未来一年将投入 1 亿美元来扶持短视频,推动短视频行业的发展。

无独有偶,今日头条创始人、CEO 张一鸣 2016 年 9 月 20 日在今日头条主办的第二届头条号创作者大会上,宣布投资 10 亿元用来补贴短视频

创作,正式进入短视频领域。越来越多的人盯上短视频这块蛋糕。

在这里我们有一个月入上万元的短视频运营全套方案。

10 000元,对于任何人来说,都是一笔不小的收入。想想我们身边的朋友,在上班的,每个月也就五六千元的收入,如果你按照这样的方案进行操作,能够每个月最低稳定收入10 000元,那也是很厉害的了。

那么我们需要做哪些事情呢?

第一步,想清楚做哪个领域的短视频。

第二步,申请一个公众号。

第三步,用公众号的文章作为辅助材料,逐步申请企鹅号、大鱼号、网易号、头条号、搜狐号等平台。

第四步,每天发视频,坚持一个月,各个平台都会有收益的。

只要你开通了企鹅号流量主,你的视频就会根据点击量产生收益。

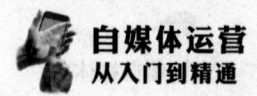

大鱼号只要账号转正,且30天内没有违规记录,即可开通广告服务,那么就会有收益了。

网易号所有进入星级体系(达到一星及以上)的就算开放了平台的收益权限。

头条号只要开通了头条广告,就会有收益。

以上几个平台,只要你能够每天发视频,原创的8个短视频,或者伪原创的15个左右,在开通收益后都会有很好的效果。

第一个月处于养号升级的阶段,从第二个月开始,你的付出就会有回报,你每天做一个视频,首发一个平台,2小时之后再同步到其他平台。几个平台的收益加起来,每天最低也会有300元。

很多批量做号的人,就是这样的玩法,同时运营很多账号,每个账号每天更新内容、发视频,每天都有收益。建议先做一套账号,就先做好这几个平台,从第二个月开始,收益比较稳定了,再考虑入驻其他的平台。

说到这里,估计你会有所心动,也会存在很多的疑惑点,不知道怎样去做,不知道从哪里开始着手,每个月1万多元的收入是怎么做到的?

不要着急,下面会从最基础的申请账号开始讲起。

除了平台收益,我们还可以用短视频来做精准引流。这又是一大块收入来源,这样我们短视频运营月入上万元就不是梦了。

也许你会有这样的疑虑,我没有那么多素材,也不会做视频剪辑,做不出好的短视频,怎么办呢?不用担心,这些会在后面详细地给大家一一解惑。

1. 进入短视频领域初期

(1)心态转变

刚开始一定要转变我们的心态,做短视频不是做新闻,做新闻有固定的模式,基本上是属于你做什么观众看什么的一个状态。而做短视频你要考虑你做出来的东西,能获得大众的喜爱。

(2)找合适的选题

短视频发展到现在,已经有许多比较火的选题方向,那我们怎么去选题呢？是看什么火就找什么选题吗？千万不要这样，在看现在什么方向火之前，我们要首先看看自己能做什么选题，擅长什么选题。

（3）了解平台

进入短视频领域后，我们要负责把短视频发布到各大平台上，那么我们就要了解现在都有哪些短视频发布平台，这些平台的规则是怎么样的，怎么才能有收益，收益如何等。

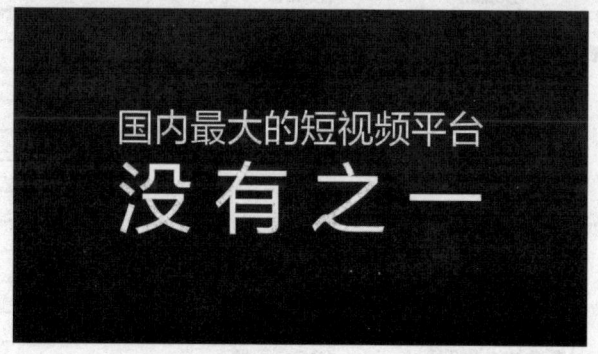

2. 步入正轨

坚持特色，只有做出自己的特色，才能受到观众的欢迎，才能在未来的竞争中生存下去。

学会适当调整自己的选题，这个调整不是说要推翻之前的选题，而是要让自己的选题更吸引观众。

学会通过数据来指导短视频运营，学会分析整理阅读量、评论量、收藏量、评论率等。

3. 盈利期

盈利期主要有平台分成、广告变现、电商变现、内容付费等,其中平台分成最为稳定,虽然收益增长慢,但只要坚持做下去,再多平台、多渠道发布,还是会有很多收益的。

类型	渠道名称 (1月22日更新)	渠道名称 (9月27日更新)	是否有分成
推荐渠道	今日头条	今日头条	√
	天天快报	天天快报	√
	一点资讯	一点资讯	×
	网易自媒体	网易自媒体	√
	UC号	UC号	√
	360北京时间	360北京时间	×
	百思不得姐	无	×
	内涵段子	无	×
	快手	无	×
媒体渠道	优酷视频	优酷视频	√
	腾讯视频	腾讯视频	√
	爱奇艺	爱奇艺	√
	bilibili	bilibili	√
	搜狐视频	搜狐视频	√
	酷六视频	酷六视频	×
	土豆视频	土豆视频	×
	爆米花	爆米花	√
	凤凰自媒体	无	×
	第一视频	无	√
	youtube	无	×
粉丝渠道	美拍视频	美拍视频	×
	秒拍视频	秒拍视频	×
	榴莲	榴莲	×
	微信公众号	微信公众号	×
	QQ订阅号	QQ订阅号	×
	微博	微博	×
	淘宝达人	无	×
	百度贴吧	无	×
	QQ公众空间	无	×

下面将用实际例子来阐释短视频这个行业到底有多火。

说到做自媒体短视频,有很多做得比较好的优质团队。

比如二更,专注于从普通的生活中发现身边之美。美食,美景,农村,城市,我们身边最普通的人都是对象。

二更上随便一个视频都是 10 万 + 的点击量,大家都可以去看一下,看看这些优秀的短视频创作者是怎么做的。

美食类的自媒体人可以多了解一下日日煮。

日日煮从短视频做起,美食涵盖国内外,现在开始做美食频道。2017 年 7 月 13 日,日日煮还拿到了 1 亿元人民币的 B 轮融资。

二更和日日煮都是做短视频做得比较好的,很多人可能会觉得这个离自己很远,其实并不是。你可能觉得没有素材,其实素材随处可见,现在有一个词叫作生活化营销,就是你一天的生活或者你今天遇到的一些有趣的人或者是事都是可以拿来当作素材的,我平时发的一些生活照就是一个例子。

而有农村生活经历的自媒体人还能把农村的那些事儿拿来做素材。现在中国的城镇化率在 56.1%,说明已经有一半的人群是城市人口,加上在城市务工的农民工,他们要么对农村存在着好奇,要么存在着怀念,所以农村依然是一个巨大的待开发大市场。

比如这样的标题:争夺农村,短视频红火"下乡"。

虽然农村还有许多基础设施不完善的地方,但是这并不影响人们去了解农村、认识农村,农村领域也不是一个没有新意的地方,而是也开始进行专业化运作了。

第3章 短视频自媒体

笔者公司的学员中就有做农村题材短视频的原创作者，叫作小英子和小萍子。他们做的内容主要就是描写农村生活场景，如今做得挺好，粉丝数也有9万了。下一步他们还要扩大团队做，开始往内容电商领域去发展。现在他们一个月有3万多元的收益，并且还只是平台带来的收益。

文文龚，做的是生活手工短视频，大家都可以去今日头条上面搜索。

大家都可以去看看，内容都是生活中一些很实用的小技巧，他的文章还被人民日报转载过。

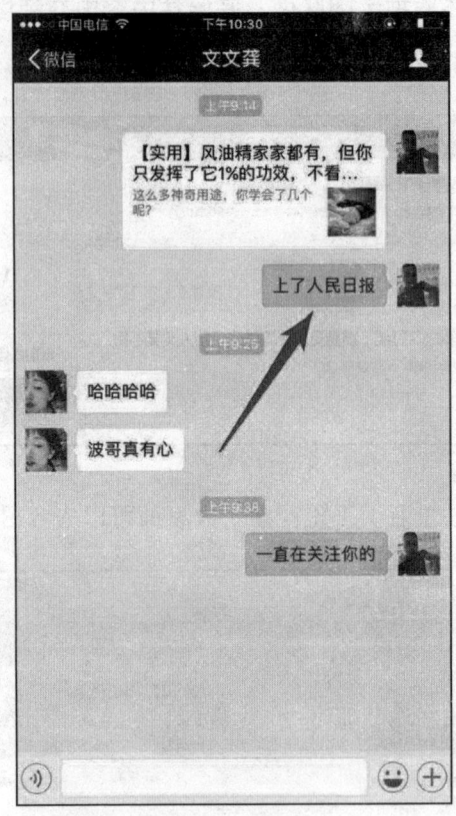

上图是笔者的公司合伙人黄小波和文文龚的对话，保守估计文文龚一个月收入 5 万元，这个只是短视频这块儿的收益。

做短视频，现在正当风口，你随便拍一下原创视频在自媒体平台发表，都或多或少有些收益。如火山小视频、秒拍都有收益补贴，当然还有一些其他的内容。

肯定有人会问，我不会原创，可以进行搬运吗？当然可以，但是不能直接照搬，要做二次创作。

二次创作现在做的题材还是以搞笑类为主，大家可以去关注一下"一风之音"，搞笑这块他做得还是挺好的。短视频可以多布局一些平台，各大自

第 3 章
短视频自媒体

媒体平台短视频这块都是有补贴的。

比如今日头条的金秒奖。

又如大鱼号的大鱼计划。

企鹅号,一点号,网易,北京时间,百家,搜狐这些平台都是大力扶持短视频的。

3.2 短视频制作工具 PR（Adobe Premiere）讲解

好的短视频肯定是会有好的制作工具来做辅助的，相对来说，PR 还是目前自媒体人最喜欢使用的制作软件。下面就主要讲解怎样使用 PR 来进行字幕添加、特效制作、速度更改等。

1. 导入素材

Adobe Premiere Pro CS4 以上的版本一般支持的格式有：用于视频编辑的 AVI（也就是 Microsoft AVI）、DV AVI、WMV、MOV、MP4、MTS、MPEG、VCD（内部的 DAT 视频文件）、DVD（内部的 VOB 视频文件），以及大多数的图片（包括动画 GIF）等。但 AVI 格式会因为不同公司制作而导致内部编码不同，这可能也会造成 PR 打开失败的情况。

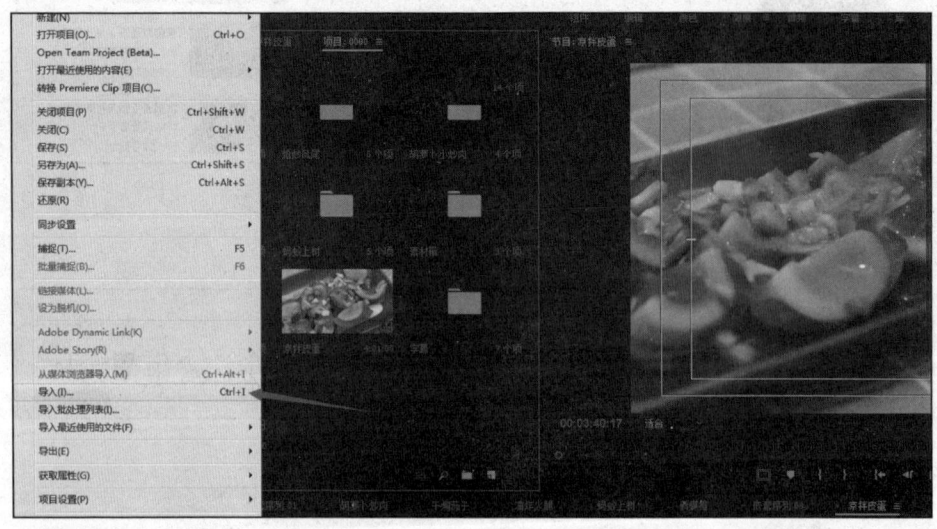

这里告诉大家一个小技巧，如果你导入的素材过多而出现乱序的时候，可以在导入后全选所有乱序素材，在素材上点击右键，选择"在时间轴内打开"就好了。

2. 制作字幕

通过 PR 制作字幕不是很难，只要注意一些小细节就行。

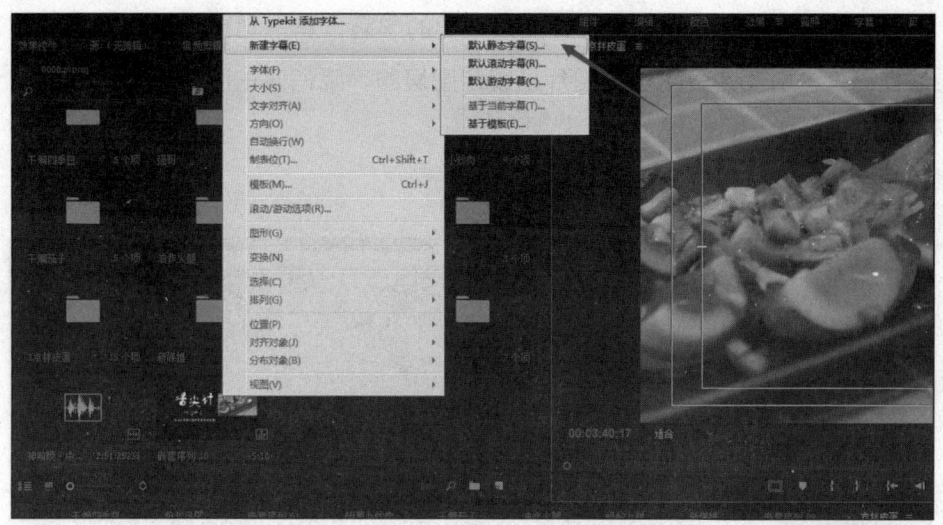

比如我要批量做字幕，可按如下方法操作。

打开 PR 软件，在字幕窗口里面新建一个字幕。然后就是点击单帧按钮并导出这个图片，导出为一个 BMP 文件。

新建一个文本（注意：里面内容的开头部分必须是英文）。

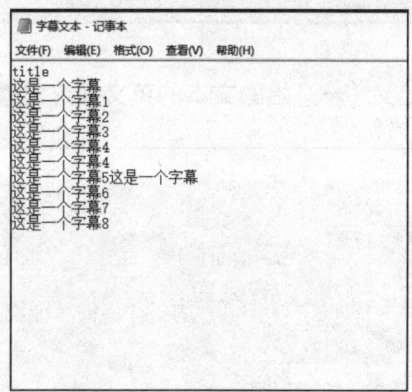

新建一个文件夹（是用来等一会儿导出每一句字幕的）。

打开 PS。原先的字幕位置加入你要的字幕，第一句话和你文本第一句话相同（注意：这里刚导入图片是锁定图层的，我们双击图层新建一个图层0，然后加入文本）。

删除图层 0，得到透明图层。

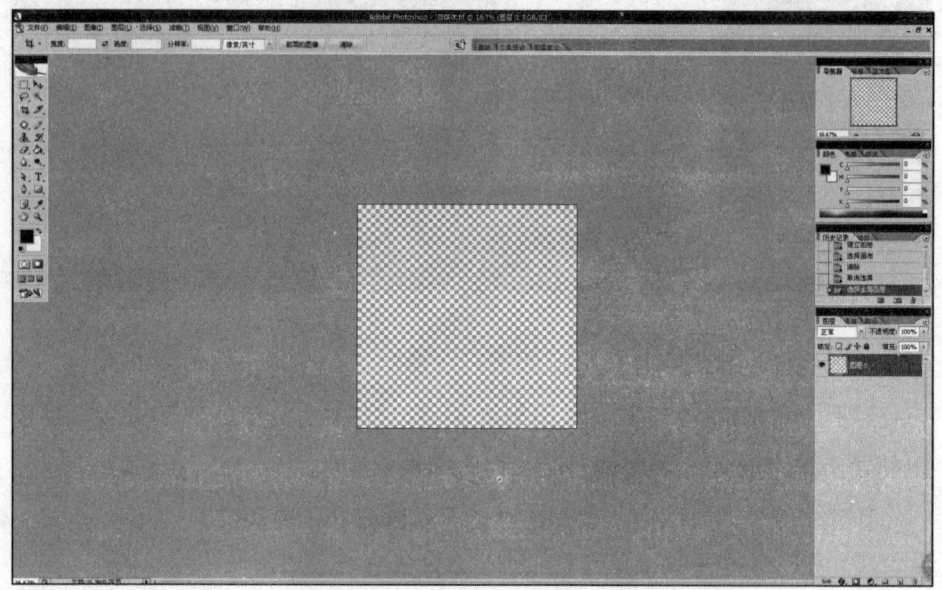

按图像、变量来定义（一开始的文本的英文在这里就会有用处了）。

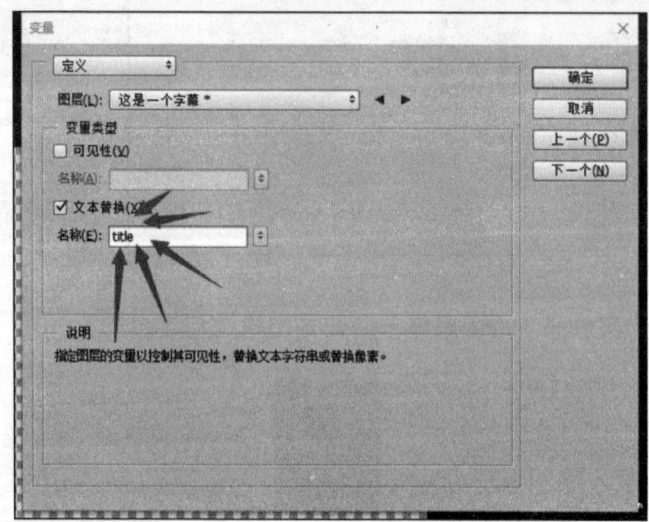

接着就是文件—导入—导入数据组（注意：选择的文件是一开始的文本，按"确定"）。

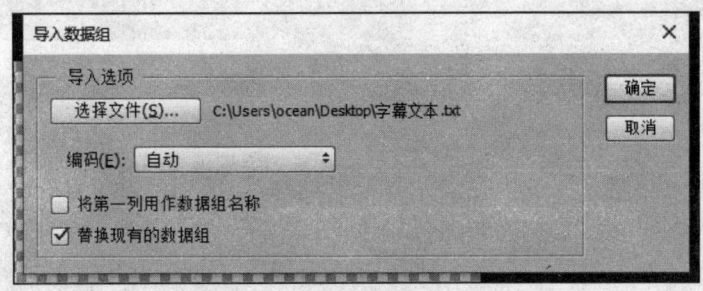

然后是文件—导出—将数据组作为文件导出（注意：只要改动这两个就可以了，然后按"确定"就会自动导出到一开始的文件夹）。

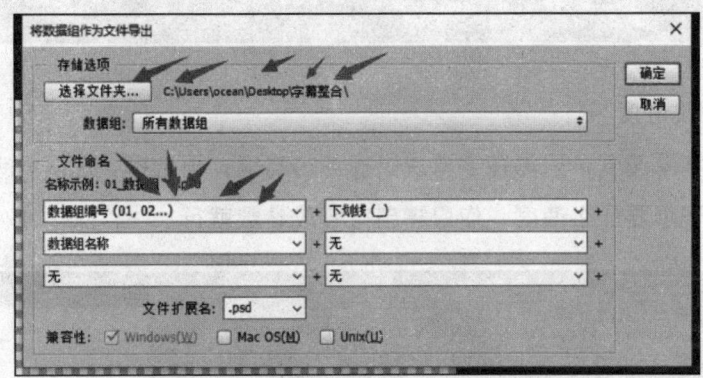

接着就是文件夹了，全选直接拖拽到你 PR 视频条的上方，那么批量字幕也就做出来了。

还要给大家说明的一点是，字幕要覆盖到视频画面上，虽然也可以放到一轨，但二轨导入素材后，就被这个素材遮盖而看不到字幕了，因此字幕应该是放到已编辑的视频轨的下一个轨道，这样才会显示出字幕，达到添加了字幕的作用。当然，你如果想要给字幕添加一些精致的特效的话，用 AE 来做比较好一些。

3. 模糊特效

模糊特效制作也很简单，我们只需要在"效果"栏中输入"模糊"，下面就会出现"模糊"的相关特效。

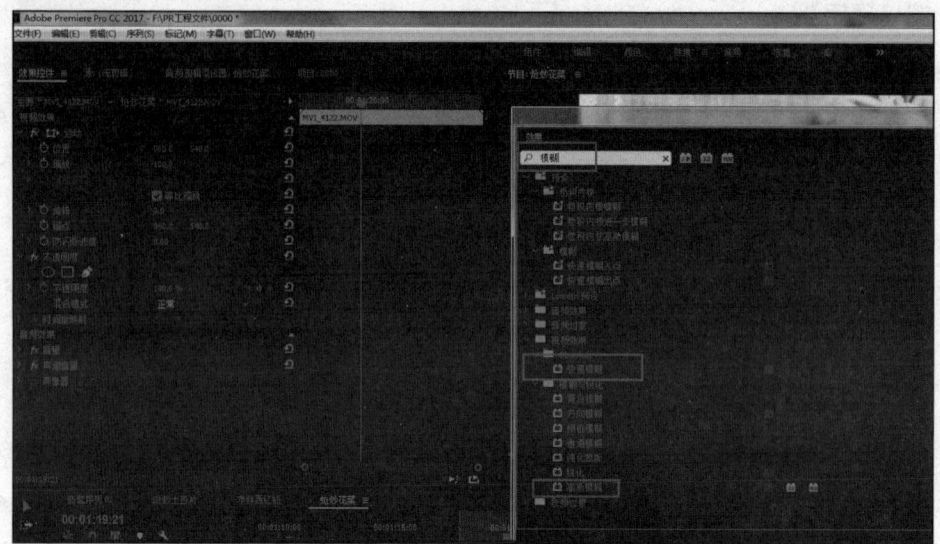

4．更改速度

更改字幕速度，只需在字幕块鼠标点击右键，再选择"速度/持续时间"即可。至于想要什么速度，你只需自行修改参数就行。

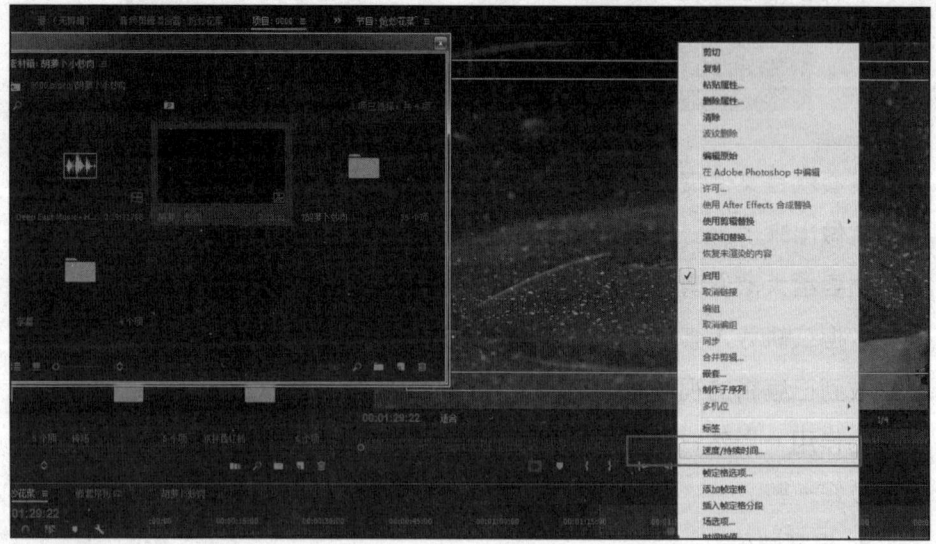

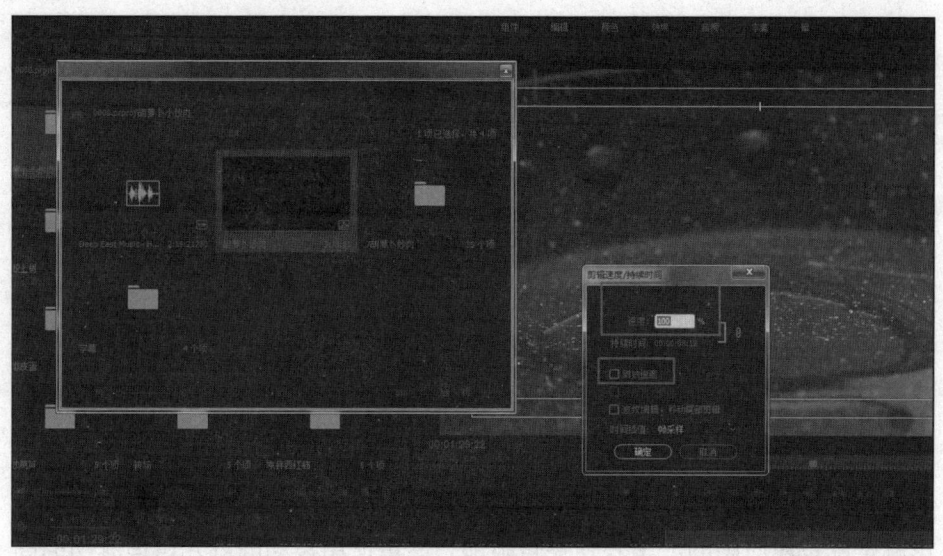

5. 制作滚动字幕

制作滚动字幕也很简单：新建一个静态字幕，点击确定；在PR外部建立排列出来的字幕文本，然后把你排版好的字复制进字幕，至于位置你只要将左右位置移到中央，上下位置可以随意；接下来规划一下片尾的字幕需要持续多长时间，在字幕开头处先把Y的位置移动到字幕预备出来的位置，打个关键帧，然后在字幕结束那里Y坐标打一个字幕全部结束时候的关键帧，想什么时候结束就放在哪儿。

3.3 短视频制作工具PR（Adobe Premiere）实用理论

我们在使用PR时，有时会因为不懂一些技巧而浪费很多的时间，比如不知道怎样批量加字幕而去一个一个地敲字，不知道怎样做特效而去使用AE，因此这一节就主要给大家推荐一些PR的小技巧，这些小技巧会大大降低你的时间成本。

1. 闪白

在视频制作剪辑合成节目时，如果不直接使用白帧叠化，而是在原素材上调高gamma和亮度做一个简单的动画，然后再叠化，这样画面的亮部先泛出白色，然后整个画面才显白。感觉就像光学变化，不单调，而且最好保持即使在最白的时候也隐约有东西可见，也就是说不采用纯白的单色。

2. 画面色彩

画面中尽量避免纯黑、纯白色，即使是黑色，采用压到非常暗的红色、蓝色等来代替，将会使整体的色彩更协调，由整体色调来决定具体的色调。

如果感觉视频不够亮或不够暗，那就尽量避免整体加亮或减暗的绝对方法处理，代之以增大亮部面积和比例之类的相对方法解决。使用曲线工具更易控制画面局部的调整。对于金属光泽的质感，主要原则是"金不怕黑"，也就是说金属质感的产生必须要有暗部，尽量使用移动的灯光营造流动的高光效果来代替反射贴图，可以使用负值的灯光来制造暗部。

3. 声音与画面

环境声不必和视频画面的制作剪辑严格对应，一般来说环境声先入后出。根据波形图和画面的剪切点错开一两帧感觉比较好，用眼睛和耳朵去感觉，不要太执着于波形图和剪切点的一致。有的时候要考虑声音传到机器里面所对应的环境声比"环境场景"可能要稍有延迟，对于一些大的场景的现场收音与后期制作，我们要注意这一点，毕竟光速与声音的传递速度相差很多。

4. 颜色的调整

首先去掉颜色，只看灰度图，调整出正确的过渡和明暗层次，避免过度调整。先调好色块部分颜色，也就是最有色彩对比倾向的部分。比如说远处是冷色调，近处是暖色调，也就是颜色的设计过程。控制颜色过渡，使得过渡不单调，颜色曲线工具与线性过渡相比具有更多的调节控制。颜色的调整不应明显导致画质下降，否则宁可不调或微调，"画质第一"是视频制作剪辑中的首要前提。

5. 学会做假来破坏点儿规律性

对于变化不大的镜头，可以用MASK功能来控制调整范围，类似于在画面上画画。有时候可能会有些小破绽，但是运动起来，或者在整片中却感觉很好。这个方面需要取舍，不必只着眼于一个镜头。

6. 考虑合成的真实性

真实分成三种方式：物理真实、视觉真实和心理真实。心理真实通常指在合成一些我们没有视觉经验的镜头时，比如说太空中的爆炸，真实的太空爆炸很可能不同于我们在电影中看见的那些，对于这种我们没有真实经验的场景，强调先要心理真实。找到合适的借鉴视觉经验，在画面上往往70%的画面真实就足以让观众满意，另外30%可以作为视觉效果的考虑而不去管真实与否。

具体而言，在要求真实的合成中，我们通常考虑的是：饱和度接近、暗部色类似、光源位置一致。同画面中饱和度通常都比较一致，灰蒙蒙的环境中不会有特别艳丽的景物。但是要注意，饱和度往往不是完全一致的，有时候也用饱和度的不一致来拉开距离感，暗部色是没有直接光照的环境光影响的，同一环境中不管什么质感，只要距离在一定范围之内肯定接近。

光源位置这个道理大家肯定都懂。当然透视也要看上去准确，一般来说做到70%就够了，如果做到100%那就是电影大片了，而不是创作或者广告了，另外30%可以留给画面效果表达上。

7. 抠像

抠像最重要的就是根据原素材，结合多种调节方式，把差异最大化。抠像以绿色背景为佳，因为人体内不包含绿色元素，同时相对于蓝色也比较亮丽。抠像中要考虑摄像机的指标，4：2：2的模式能提供较好的图像采集录制效果，大大减轻边缘的紫边效应。

8. 谨慎使用黄色

在视频制作剪辑的色彩应用上，谨慎使用黄色；黄色在显示终端中会呈现出脏、暗的弊端，虽然是假象但会带来审美瑕疵；在黄色中加入一点红色，使用橙色代替比较出众。

这八个理论非常实用，如果你在制作视频时运用了这八个理论，那么你的视频质量是会上升一个层次的。

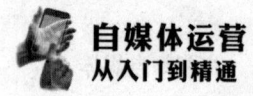

3.4 自媒体平台全套账号申请技巧

何为一套号？

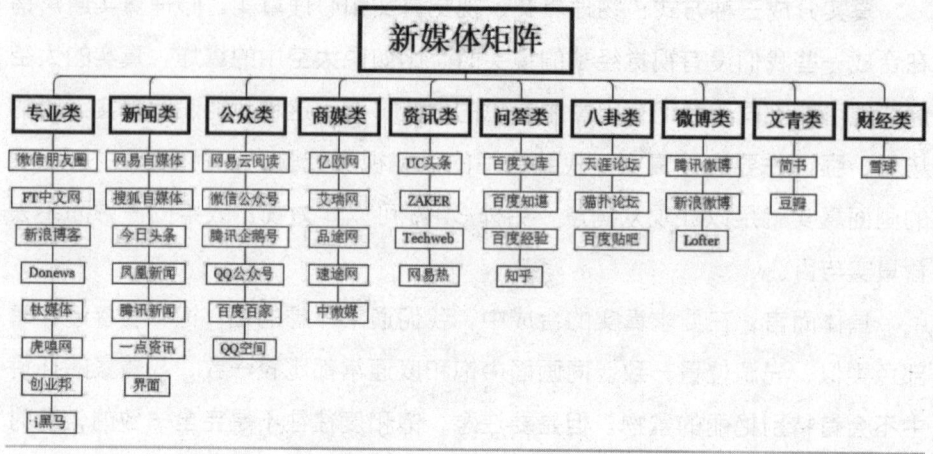

同一个内容如何分发？

逐个平台依次攻破，比如你想在今日头条快速转正并开通原创，那么你的首发就应该是今日头条，4小时之后再同步到其他平台。切勿同时一次性多平台发布。

当下火热的自媒体平台在第二章中已有详细介绍，下面再简单说一下。

1. 百家号

百度旗下的自媒体平台，百家号的文章是分发到百度浏览器、手机百度和百度好看上面的。目前，流量还不错，而且文章权重高。百度新闻源取消以后，最新消息里面会出现百家号的文章。

总结来说：百家号平台适合赚取平台广告费，也可以做一些品牌推广。

2. 企鹅媒体平台

这个平台的特点就是，它是属于腾讯旗下的平台，不用担心平台付不起你佣金。

另外，依靠腾讯平台，文章会被自动分发到QQ浏览器、腾讯新闻、天天快报等地方，阅读量还是可以的。

在注册方面，门槛很低，有一个微信公众号和身份证就可以注册了。通过率很高。注册以后，需要通过试运营期才能开通广告，新手期并不是很难通过。这个平台如果拿到原创标签以后，可以有双倍的广告收益。

总结来说：适合靠优质文章、优质视频赚取平台广告费。

3．大鱼号

大鱼号是阿里巴巴旗下平台，实力甚是强悍，2016年12月推出量子计划，拿出10个亿来补贴优秀作者，2017年又拿出10个亿来补贴优秀视频作者。

做大鱼号的优点就是入驻门槛低，几乎是人人可以注册的状态。新手期也比较容易通过，广告也容易开通。10 000元的补贴还是容易拿到手的，当然，缺点就是收益有的时候太过于稳定，相对2016年，现在的爆文不太容易打造了。

4．头条号

头条号就是我们平常所说的今日头条，这个平台最大的优势相对来说就是文章的阅读量比较大，注册简单。

今日头条是目前最大的自媒体平台，用户多，流量大，补贴多。

今日头条正在大范围布局：信息分发领域，头条VS百度；内容创作领域，头条VS微信；问答领域，头条VS知乎；社交领域，头条VS微博；短视频领域，"火山小视频+抖音西瓜视频"VS"快手+秒拍"。

5．微信公众号

笔者个人建议，如果是做自媒体的话，首先应该注册微信公众号这个平台，可以作为注册其他平台的辅助资料，也可以通过该平台很好地去和粉丝进行沟通、交流。

目前，微信公众号最大的优点就是注册简单，没有什么门槛。最大的缺点就是个人运营起来比较困难，但是这个平台还不能放弃。

6．网易自媒体

这个平台流量大，容易入驻，只要一颗星就会有收益，文章只要被锁定，阅读量就很高。

知道了短视频行业发展并且学会了短视频制作，也知道了平台的优势弊端，接下来我们说一下各大平台的入驻操作流程和快速通过的技巧。

入驻顺序，按照从简到难的原理。

1. 先申请一个微信公众号（认认真真在后台写文章，争取一周开通原创功能）

说几个需要注意的点：

（1）申请个人订阅号，每天可以推送一次信息，一次最多8篇文章。

（2）一个身份证最多可以申请5个公众号，公司营业执照可以申请50个公众号。

（3）申请的时候如果提示需要相关资质的，就证明你填写的信息太政治化了，侵犯了别人的商标问题，修改一下就行。

（4）如果是企业，可以申请一个服务号，用来养粉丝（一个月可以发4次文章，但是后台可以开发对接一些系统）。

2. 企鹅号

（1）微信公众号已经开通原创的情况下，可以想办法获取一个企鹅号入驻的"伯乐计划"邀请码，在企鹅号上注册。

（2）微信公众号如果还未开通原创，那就直接用其中一篇文章作为辅助材料申请企鹅号。详细操作方法：在公众号后台连续发一周的文章，在其中某篇文章末尾注明你这篇文章的用途。假设你要申请的企鹅号名字是杨飞，那么就要在你公众号的某篇文章末尾这样去申明：此文是企鹅号作者（杨飞）原创，特此申明。然后在公众号发布这篇文章，文章发表之后，就会生成链接，你把文章链接复制一下用来作为你申请企鹅号的辅助材料。

3. 头条号

入驻各大平台最重要的资料：身份证件、辅助材料。

注意：申请的时候不要一次性申请多个账号，目前今日头条对新号管控严格了，也就是我们说的IP问题，辅助材料用微信公众号的较容易通过。

我们申请的是头条号，不是今日头条的普通用户。辅助材料的模板可参考：此文为今日头条作者XXX原创，特此申明！

个人申请的时候，平台让你提交的资料，你都要认真填写。

- 如果你有营业执照，你可以申请企业群媒体账号，申请的时候是不需要提交辅助材料的，直接申请，上传企业确认书就可以通过。
- 账号名称不要太广泛了，不要用世界XXX、中国XXX。
- 账号简介一定不要带有营销味道，越简单越好。
- 上传的应是双手手持身份证的照片。
- 财经类、健康类的账号难申请，需要提交相关资质。
- 建议申请小分类的，申请综合的也行。
- 很多人没有申请成功就是因为辅助材料的问题。你的辅助材料一定要用心去写，不要带推广，文章末尾一定要申明，这样才具有真实性。
- 重点说一下：你要长期用来做广告收益的账号，一定要用自己的或者家人的身份证来申请，因为涉及后期提现的问题。

3.5 如何量产高质量内容

先送给大家一句话，当自己不够优秀的时候，都是从模仿开始的。

别嫌模仿丢人，阿里巴巴模仿的亚马逊，百度模仿的Google，腾讯模仿了更多，这些也说远了，就拿自媒体领域来说，模仿者更是层出不穷。比如日食记火了，马上就有一批自媒体来做美食类短视频。舌尖计就是我们公司做的，我们是原创，但是有的人就是把我们发的视频拿去剪掉片头片尾，再改变一下背景音乐，然后就成为他自己的了。

那么怎样才能快速地进行二次创作呢？

1. 素材选择

同时参考几篇类似的文章，花5分钟快速浏览。大家最需要注意的就是文章中间的地方，因为中间才有料，文首和文尾只是起铺垫作用。

最好不要去过多参考它们的标题，不然会限制你的思维。

第一个方法就是多图少字，图一多，一篇文章也就很快写出来了。

第二个方法就是在你的文章中适当引用从其他地方摘取的内容。

第三个方法就是到悟空问答上去找。

目前悟空问答的规则还没有知乎那么完善，因此上面的许多回答都能作为你的初稿，并且这个初稿还有一个好处，它既然是用户写出来的，而且还有很多人点赞，那么它在一定程度上代表了用户的兴趣喜好。对于你来说，只不过是把问答内容重新整理编辑好之后再经由平台分享给更多的人看罢了。

第四个方法就是群聊。

其实这个方法真的很有用。这个方法就是集百家之长，去众人之短，剩下的都是好料。笔者的一个学员就喜欢这样做，他主要是写前端方面的科技文章，但这个又是硬货，不是瞎说就能搞定的。于是他就加了很多前端群，里面的人可真厉害，聊的不是怎么样优化网站，就是怎么解决 BUG，这简直就是他的宝库。他每天都会花费大量的时间在群里爬楼，还会时不时地提出一些问题，就这样做了一个月之后，头条号就转正了。

2．构思内容

当我们在找到素材之后，就需要开始构思了。建议采用三段式思维，这是德国哲学家黑格尔用来说明发展过程的公式。我们拿来借鉴一下，每一篇文章的发展都经历三个阶段，即发展的起点（正题），对立面的显现（反题），对立面的统一（合题）。统一面否定显现面，统一面反对显现面，反正就是文章中要突出对立的思维。

比如笔者写自媒体怎么赚钱，开篇我会写如今自媒体的现实情况，然后我会站在反方来抱怨自媒体，接着我就会来详细说自媒体能赚钱，并且还有 N 种方式。开篇说明现实情况，是为了告诉点击观看文章的用户给予一种较正式的感觉；而反着写的目的就是把自己的主要观点和用户搭在一条线上，把他们给予的认同感发挥得最大；最后适时地接入怎么赚钱的文字。

这儿就涉及了一些心理学方面的思维。经过笔者的研究，如果某一个人在看了你的文章之后认可你，那么很大的原因是他在看到文章的中部之时就已经认可了；而批评你的用户呢，他们才可能真的是看完了你的文章的人，你得谢谢他们。

3．大批量写稿

先从标题来说吧，因为目前自媒体中的内容不够精致，大家你抄我、我抄你，到了最后同质化非常严重，所以最好把你的文章标题拿去搜索一下，不要出现重复的。如果你还担心的话，那就把你文中自己原创的内容拿去搜索一下，看看有没有雷同的文章，有的话就修改一下，否则你的这篇快速文章就应该不能通过平台审核了。

那么文章里面的配图该怎样去解决呢？

笔者推荐三个图片素材网站，千图、素材中国和花瓣。

一说到找素材，设计师一般都会去昵图网，这都已经成为他们的思维定式了。昵图网确实相当不错，会员多，素材多，给人的选择也多。但是在笔者看来，昵图网的素材给人的感觉就是大杂烩，是个大集市，素材数量确实有很多，然而质量却参差不齐。这对追求高效的设计师来说，简直就是折磨！

下面再来说一说爆文的套路。

还是那句话，只是套路，而不是最好的路，用好了就有爆文，用不好也没关系，毕竟不用套路也能出现爆文。

1．标题四大要点

标题是文章的眼睛，如果标题不吸引人的话，那内容也不容易被用户知道。我们中国人一般喜欢的标题套路是吸睛，即吸引眼睛。

（1）以"利"诱人

与其他类型文章不同，软文一般都是商家发布宣传产品、品牌的文章，所以一定要以"利"诱人，在标题中就直接指明你的利益点。

经典软文标题：

◆《自媒体月收入上万元不是梦——我的奋斗梦想之路》

◆《留下你的红大头，也留下你的爱情》(情人节玫瑰花店)

◆《注册XX网站会员，即送100元现金券》(XX网上商城软文标题)

（2）以"新"馋人

人们总是对新鲜的人、新鲜的事物感兴趣，这是人之常理，把握住这个

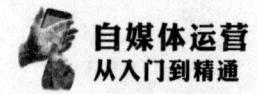

特征，制造出具有新闻价值的软文，往往会引发巨大的轰动，特别是在网络传播的时候，可以获得更多的转载。新闻标题常用的词语包括：惊现、首度、首次、领先、创新、终于、风生水起、暗流涌动等。

经典软文标题：

◆《我市惊现"无人区"》(本书作者为某楼盘撰写的软文标题)

◆《小米mix 创、新、滑（世上最惊艳的手机）》

◆《终于，电动车开始用豪华诠释安全》

（3）以"情"动人

人都是有感情的动物，亲情、友情、爱情，在这个世界上我们被"情"所包围着。所以借助这个特性，在软文标题抓住一个"情"字，用"情"来感动读者，写此类标题的时候作者一定要投入自己的感情。

经典软文标题：

◆《四年的等待，原来他的离开只是为了送给她这个》(XX礼品软文标题)

◆《为了这个游戏，我和女朋友分手了》(XX网站软文标题)

◆《老公，我和烟，你选择谁》(XX保健品软文标题)

（4）以"事"感人

小的时候，我们就听爸爸妈妈讲故事。长大一点，认识了汉语拼音和一些简单的字，我们开始阅读故事。成年了，我们喜欢看《知音》之类的故事性杂志。可见从小到大，"故事"一直陪伴在我们身边，而故事型标题也更容易感动人，吸引人阅读。

经典软文标题：

◆《那些年，我遇到的钱规则》(本书作者为某招商手册撰写的软文标题)

◆《一个康巴汉子是怎样在成都把皮肤养白的》(XX装饰公司软文标题)

◆《我和采茶美女的邂逅》(XX茶叶软文标题)

（5）以"悬"引人

电视剧《琅琊榜》播出当年，收视火爆。为什么这部剧会吸引众人关注，很大程度上是因为一个接一个扣人心弦的剧情，因为你总猜不出下一集剧情会走向何方。写软文也是如此，从标题上就埋下伏笔，使读者由于惊讶、猜想而读正文。此类标题应具趣味性、启发性和制造悬念的特点，并能引发正文作答。

经典软文标题：

- 《二十年里怎么变红了？》(XX 红酒的软文标题）
- 《高端乳酸猪肉是忽悠吗？》(XX 食品的软文标题）
- 《我是如何从失败中奋起，进而走向成功的？》(XX 培训机构的软文标题）

2．排版

只要记住图文并茂就行，别全篇都是文字，那样看着太累了。最好的做法是两端文字中间一张图片，一段文字最好不超过 300 字。

3．踩标签

标签也很简单，多在文章中写一些关键字就行，比如我要写演艺明星赵丽颖，那我肯定会在文首就把她的名字写出来，然后再经过扩展，比如楚乔传、工作狂等，最后通篇下来，你就会发现，原来你的文章还这么垂直。

3.6　写文章月入过万元的玩法

1．7 天快速过新手期技巧

新手期不过，何谈收益？

针对写文章的学员：自己在后台码字，然后每天去悟空问答回答 10 个问题，再发 5 条微头条。

针对做短视频的学员：做 8 个原创视频即可；保持每天更新；随时和粉丝进行有效互动；上传 8 个视频之后，找官方朋友提交通过。

2．如何取标题让文章阅读量暴涨

影响文章阅读量的首要因素，不是内容，而是标题。今天就来说说如何写出生动、有吸引力的标题。

《优质文案与劣质文案的区别？》

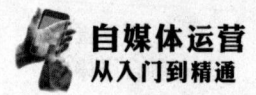

《月薪5 000元与月薪30 000元的文案区别在哪儿?》

《热门简历模板,赶紧收藏起来!》

《7个技巧,让你的简历不再石沉大海》

《学英语,应该从小开始》

《我为什么让四岁的女儿学英语?》

(1)如何使自己的标题更有吸引力

你的标题是否生动有趣,能不能引起读者的兴趣?

你的标题是否独特、有吸引力,能让人眼前一亮?

你的标题是不是过于枯燥、严肃?

你的标题是否已经具体化了,是泛泛而谈还是圈定了某个具体的领域或者用户群体?

你的标题是否能让读者得到一些东西?

同时,为了避免"标题党",还要注意以下三点:

你的标题是否跟你的文章紧密切合?

你的标题是否用了一些言过其实的词汇?

你的标题是否包含可能判定为"标题党"的词汇?

(2)如何创作标题、修改标题

①仔细阅读文章,总结出你想要的内容,然后提炼出关键词。

②根据关键词和常用的取标题"套路"组合成题目(套路包括:数字聚焦、八卦猎奇、制造悬念、颠覆常识、善于对比、情感打动、名人效应、借势热点、干货福利、盘点归纳、戳中痛点、善用符号等)。比如今年共享经济非常火,那你可以来蹭蹭热度。

③多写上几个标题,反复推敲一下,选取一个最好的标题。自媒体红人咪蒙说过,她会给要发布的文章写上100个标题,从中选取最佳的一个。当然这么做难度非常大,但我们至少也要多写几个标题,从中选一个出来。

④最后看看是否为"标题党"。是的话就再修改修改,不是的话就可以直接发文。

3. 月增加 5 000 元收益的玩法

①有持续不断的内容输出。

②利用各大平台都开通的广告收益。

③全网账号名称、类别都是一样的。

④熟悉并掌握各平台收益的来源。

3.7 自媒体如何达到千万级播放

1. 千万级播放的短视频共有特点

（1）感受相同

就是说，"这不就是我吗？"这是一种强烈的对号入座感。最直接的就是一些北漂的视频，一些同行加班猝死的消息，还有就是吐槽星座的系列，只要你看到你的星座，就已经很早的对号入座进去了，你会觉得这个视频就是在说你。

比如"陈茂源工作室"的视频都是围绕着星座来拍摄的，很容易让人对号入座，通过某个场景和自己的生活产生了同感，引起转发。

（2）对我有用

这种是比较好操作的，因为有用就行。比如一个书单，一个游戏攻略，一个下载地址，都可以解释说叫"对我有用"。

（3）喜闻乐见

就是能够让人心情愉悦的东西。通常来说，可以总结为"这人活得比我还惨"。银教授，他是特别擅长这类梗的，基本上都是比较搞笑的，让人看了很愉快，笑了之后就很想分享出去，这就是引起了喜闻乐见的分享。

（4）转发抽奖

就是利用转发抽奖来提高视频的转发量。一次小小的转发，就可获得抽奖机会，为什么不做呢？短视频栏目罐头视频等，就做过转发抽奖的活动，在合适的情况下都可以试试。

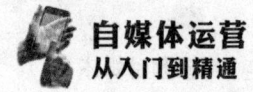

（5）有利他人

有利他人的行为是出于自觉自愿的一种亲社会行为，以利他为动机的分享行为，是通过分享有价值或有趣的信息给其他人，以期望自己的分享能给其他人带来帮助或快乐。

（6）体现有我

能展现我是一个好人，有格调，有品位，有意思，有正义感……比如说一个视频全部都是正能量，这样我转发出去也是比较有面子的，我就是想告诉大家，我其实就是这么有正义感，这么有格调、有品位的。

（7）呼吁倡导

呼吁或倡导的动机，是指我们在分享的时候包含了自己相应的态度，也是视频中的某种观点、某个事件、某项活动，并呼吁或倡导身边的人（能看到这个视频的人）能跟自己一起对这些观点或活动保持相同的态度或行动。

（8）幽默有趣

有趣的、幽默的内容总是容易被分享，幽默感会让人有愉悦的心情，而人在心情愉悦的情况下更容易产生"利他"的心理，也就自然而然地会将带来这份愉悦心情的内容分享给其他人。"暴走大事件""轻松时刻""陈翔六点半"等，对于这样的视频，大家应该都不陌生，他们的视频都是属于搞笑类型，抓住用户的痛点，有的会说成故事类型。

（9）富有特色

例如农村特色，很多人从未见过，有很强的转播特性。

2. 短视频自媒体运营核心点

（1）原创视频反复发

总思路：方法；二次创作；PR加片头片尾；修改分辨率；调色彩；再次输出。这样做了之后，一般系统不会绑定你的视频为抄袭。

（2）整理出热门标签、踩标签

（3）重视第一条评论可以把粉丝的好评、有趣的评论置顶

比如："大家都赞起来，我给你们看小编照片""听说点赞之后无法取消，不信试试看"，这样的评论非常具有带动性，能够引起更多粉丝的围观。

3.8 短视频变现月入 3 万元的技巧

1. 短视频最终盈利点

（1）平台补贴

今日头条有"礼遇计划"，大鱼号有"大鱼计划"，新浪看点有"V 计划 3.0"，一点资讯有"点金计划"等，这些都是各大主流平台针对优质作者的奖励和福利政策，如果你能拿下所有平台的福利的话，那么你的收入就不只是 3 万元了。

（2）赚粉丝的钱

做三农视频的，你可以销售农村的特产；

做历史视频的，你可以限量版出售相关书籍；

做育儿视频的，你可以限量版出售相关教程、推荐购买小孩所需物品之类的。

（3）持续给粉丝提供更有价值的内容，也就是社群路线

你可以每天在各个渠道中分享干货，以此来积累粉丝，然后导流到社群中去。

毕竟每个领域都有一群志趣相投的人，你只要能够抓住部分人，并通过付费的方式进行筛选从而进入一个小圈子即可（小圈子、读书会之类的）。

（4）让粉丝打赏

比如你给粉丝留下一个悬念：打赏即可提前观看下期内容。而粉丝为了满足好奇心，还是有很大意愿付费来看这个悬念内容的。

（5）组织粉丝聚会

这个就很常见了，比如一个人收费 12 000 元，组织去西藏。笔者第 4 期的学员旅行自媒体达人冯家三少就是找这样的大 V 来合作的，然后大 V 负责发动粉丝，他付费收钱，然后制定路线，带着大家去旅行。

（6）对外商业化

承接线下周边视频业务的拍摄。比如拍摄企业宣传片、拍摄产品宣传片、为商家量身录制视频进行宣传等业务。

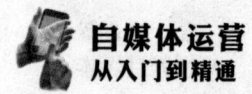

2. 如何运营才能达到平台要求，并领取奖金

总结的话，只有四点：熟悉掌握每个平台的福利政策细节；创作出更优质的内容；多和官方朋友交流；多投入多产出。

福利政策都在官方平台的平台规则里面体现了出来，大家可以去看看。

至于优质内容，建议大家多去重视一下粉丝提出的意见，然后进行修改完善，让内容更符合平台用户的喜好。

而官方朋友呢，看你自己有什么渠道了。

最后就是多投入时间，多投入精力，多产出内容。

3. 老学员月入 3 万元的秘籍核心点

他们也是从原点开始做起来的，只不过他们在创作的过程中，懂得了一些小套路。比如我们公司的学员——小英子与小萍子，他们主攻短视频农村领域，目前光平台给予他们的奖金都已经超过了 3 万元。他们用到的小套路就是：微头条自我转发；自我评论第一条；回复每一个评论；视频加上符合场景的背景音乐；坚持每天更新；场景真实性，接地气，通俗易懂。

第4章
自媒体精准引流

4.1 最新精准引流十大玩法

流量自始至终都是各行各业非常需要的东西,从维度上来说,流量分为精粉与泛粉,精粉就是拿着就能有用的粉,但可能吸粉速度相对泛粉来说比较慢;泛粉就是不分类别的粉,流量大但不够精准,这就要看你最近的需要了。

流量获取的两大方式——免费与付费。

免费的渠道:百度渠道、社交渠道、直播渠道、电商渠道、自媒体渠道等。

百度渠道,我们要做的就是百度霸屏;

社交渠道,微信上就是玩微信群,借助软件群发,还有就是玩群控,QQ上就是群发;

直播渠道,得颜值高的来玩;

电商渠道，就是通过低价来获取粉丝；

自媒体渠道，是通过文章、视频引流。

付费的渠道：开百度竞价、开今日头条等平台的信息流推广，去各渠道付费宣传，开户资源对接。

引流的方法再多，不去用的话全是扯淡。而且懂一万招倒不如把一招用一万遍。

方法一：借力引流及手机发帖技巧

顾名思义，借助别人的文章留下自己的微信号，从而达到吸引精准流量的目的。那么这里主要讲的是借助百度首页的帖子进行评论，以下是具体操作步骤。

（1）手机需安装外置浏览器（这儿以 QQ 浏览器为例）。

（2）打开软件后，点击中间红框的标志（如下图）。

第 4 章
自媒体精准引流

（3）在设置里面把搜索引擎改为"百度"。

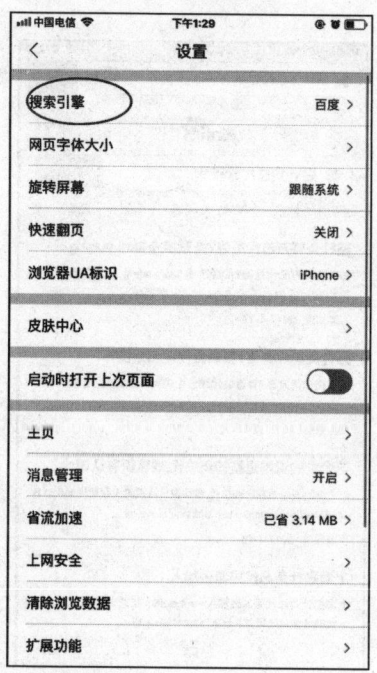

183

(4)在"百度一下"中搜索"贴针灸总代菲菲"。

(5)选择"问答"。

（6）然后在其首页帖子中留评论。

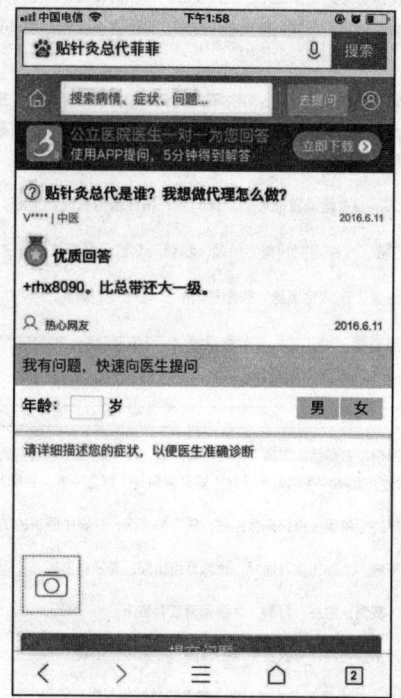

在用这种方法发帖时，如果想要把效果做到最大，那就要多准备几个百度号，一个号回答一个问题就行，然后换号，这样做上百次的话，效果非常的好。同时不要忘了用同一个 IP 回答 4 个问题之后要记得更换 IP，简单的方法就是手机在飞行模式以及 WiFi 和流量模式下来回切换就行，切记不要用电脑来做，模拟器都不行。

这里提醒大家一点的就是，要学会看网址。不管是这些网站自行抓上去的文章还是别人在这些网站上发的，你都把它当作发文平台。而像新浪微博、豆瓣等主流平台的引流效果都很不错。

方法二：今日头条文章

给大家截几张图，相信不用我多说，大家都应该能看出来怎样在今日头条上引流了。

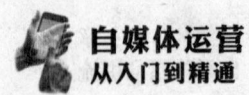

> 事实上，我并非否定针灸和拔罐，作为中国医学历史上的治疗方法，针灸和拔罐，特别是针灸，本身就是我们中国医学的宝贵遗产，运用得当，其保健和治疗作用可以是立竿见影的。但真正的治疗，首先要找靠谱的专家，而不是美容院、推拿店等没有深厚理论基础的非专业人员，但这是外话，不在我们讨论的范围内。
>
> 但是从减肥角度来说，从结果上来看，我并不太建议大家去尝试。毕竟，我所接触过的使用这类减肥方法的人，反弹的居多。且不论其通经活络、加速代谢等机理作用是否有效，就饮食这一点来说，如果不能长期坚持，反弹是必然的。
>
> 作者介绍：老月，Jimmy首席减重指导师，曾一对一指导数百人成功减肥，最高减重75斤。
>
> 8年减肥行业一线经验，大家遇到的减肥问题，我都遇到过，且有成熟解决方案。
>
> 独创了在线减肥训练营，游戏化减肥，告别"坚持"，轻松"享瘦"。
>
> 公众号（老月老师教减肥：isw▓▓）在全程直播《100名▓▓▓▓▓▓▓▓▓▓▓▓分析》，欢迎关注！

> 2：口臭伴有口腔溃疡或者前后阴溃疡，这种口臭患者，中气更虚，可能有肠鸣下利的症状。口苦，口干不再赘述。此病中医叫做狐惑病，像鬼魅附身，挥之不去，特别顽固。
>
> 3：口臭伴有呕和肠鸣，胃里呢摸起来会痞硬，常伴有下痢。这是中医讲的上寒下热的症候。
>
> 4：口臭伴有大便干结，上面出血等症状，比如牙齿出血，鼻子狂血等。
>
> 5：口臭伴有胃胀，胸满，腹胀，打嗝，大便偏溏或者偏干
>
> 6：口臭伴有平时汗多，可能伴有大便干燥，烦躁，心里烦，口渴。
>
> 7：口臭伴有舌苔白滑，或大便躺或单纯口臭，胃虚邪热客气入胃引起的口臭
>
> 8：口臭伴有牙龈红肿出血，或脾胃虚，或嗓子有异物感
>
> 老中医免费诊断口臭加V信：mem▓▓▓▓

> 孩子若数日未解便，大便干结，千万别长期服用泻剂，以免影响营养吸收。此时应先用甘油栓或小儿开塞露通便。用开塞露一般只要用一半药液即可，挤入后要让药液停留在肠内至少3～15分钟，让药液软化粪块才排便。若挤入后立即拉出，那就白费了。
>
> 我是小杰，有便秘问题解决不了的可以直接联系我 微信号 ▓▓▓▓
>
> 👍119赞　💬　📝6评论　↗分享　👤　⭐　　　　　　　　　　▲举报

方法三：悟空问答

悟空问答是一个为所有人服务的问答社区，通过它，你可以从数亿互联网用户中找到那个能为自己提供答案的人。目前在这里引流的好处就是平台规则还没有完全地覆盖过来，因此很容易留下联系方式。

方法四：微头条

今日头条中的微头条类似于微博，你可以在上面随时发布你的信息，这对你巩固粉丝信息有非常大的好处。

方法五：短视频引流

最好的方法就是在视频中留下声音，把微信号给说出来。

方法六：评论框引流

核心就是用小号评文章。

方法七：百家号、搜狐号引流

大家可以去搜一搜"后一技巧"，那是笔者公司的一个学员在百度上做的引流。

方法八：头条号商品功能

这是最直接的引流方法。

方法九：脚本引流

这种方法成效快，但不安全。

方法十：快手引流

可能平常大家都是利用快手来娱乐放松下心情、减轻下压力而已，而对于一个网络营销者或者做微商的人要做推广来讲，有人的地方就是我们要工作的地方，所以快手这个软件这么大的"鱼塘"当然我们必须要加以利用好。

4.2 利用百度霸屏日引 300 精准粉丝

百度作为我们国家最大的搜索引擎，用它做引流是一个非常不错的选择，而想要在百度上达到霸屏的效果，过去大家最常用的方法就是百度竞价。这样做之后的效果是很好,但成本很高,因此目前用自媒体来达到百度霸屏才是最好的选择。

先给大家普及以下两个知识点:

关键词:就是大部分用户会去搜索的词。

高权重:百度只是一个平台,其他上万个论坛、网站的文章会被百度蜘蛛抓取到,所以,我们才能在百度上搜索到信息。这些平台网站在百度心中的分量,就可以理解为权重,总共是10分,权重越高,在百度的展示收录排名越好。

这是笔者公司之前做的一个产品,大家可以看看效果。

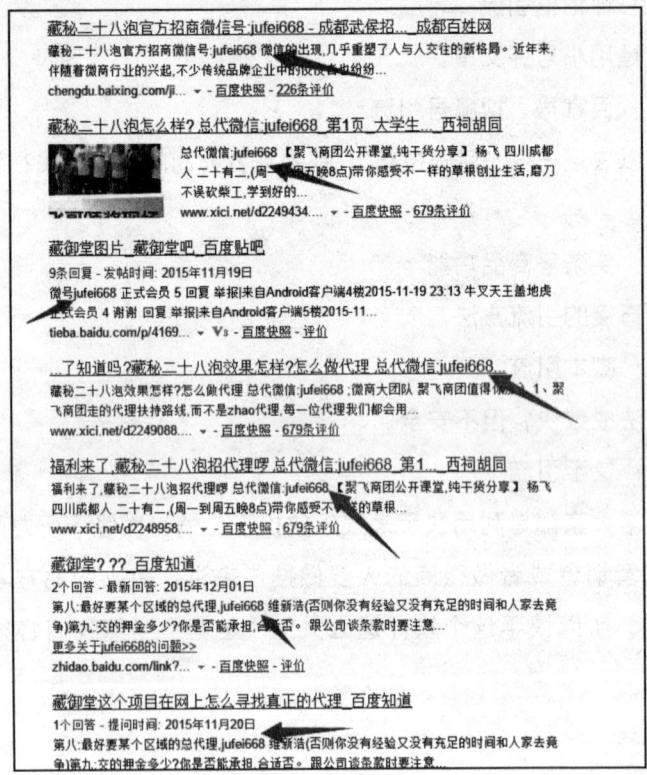

做产品,那么当下要做的就是把百度的流量给布局起来。你在其他平台宣传得再好,用户都会习惯性地去百度搜索看看。

比如你做的是减肥的一款产品,你要在百度上铺设推广文章。

首先就是整理关键词。整理关键词时有以下几个小方法。

（1）用爱占或者用关键词挖掘软件批量地找关键词，搜索结果如下：

（2）做行业词，找用户喜欢搜索的词。

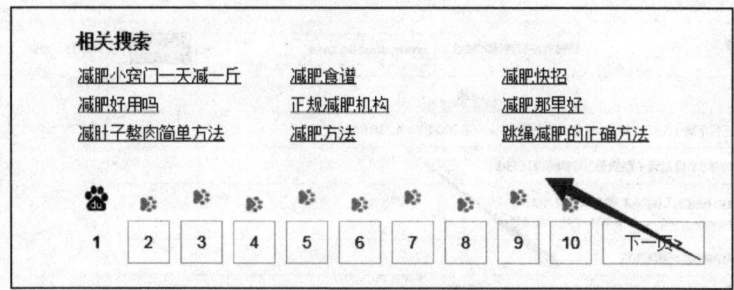

（3）找同行的产品，然后把整理出来的关键词关联的产品批量换成自己的产品。

（4）用下拉内容来寻找关键词。

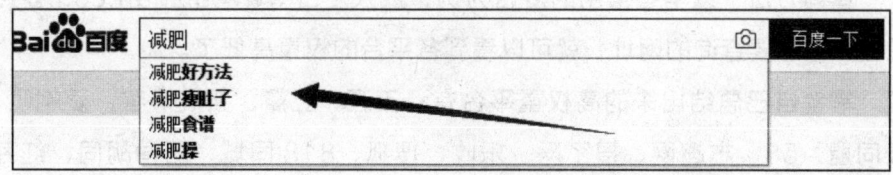

在找到了关键词后，我们就要寻找高权重的平台，把这些关键词做上去。

天涯的权重就是 4。

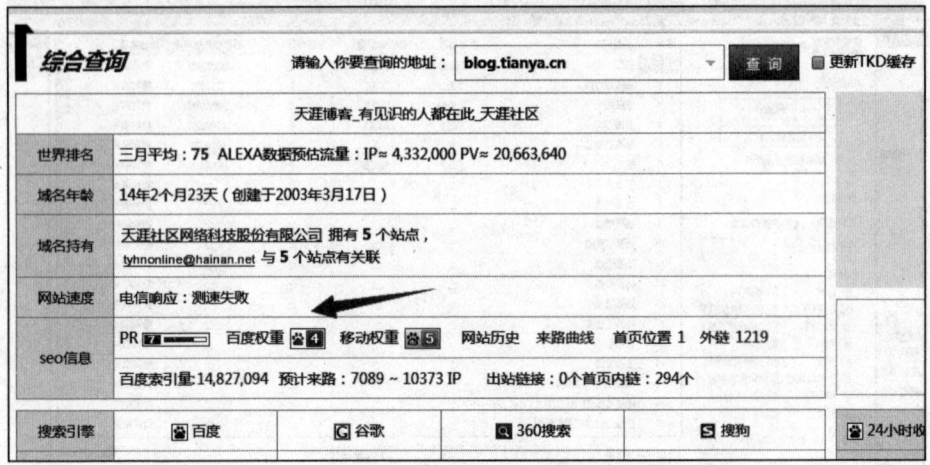

豆瓣的权重就是 8。

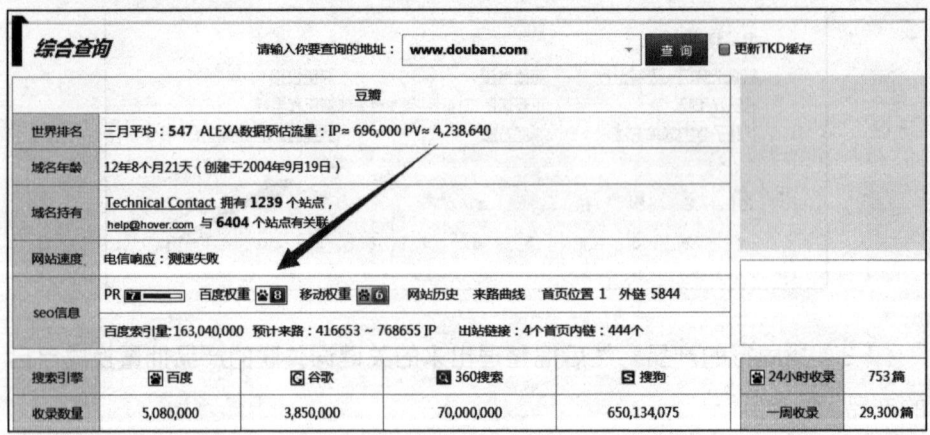

查询方法：以笔者常用的爱占为例，进入爱占 www.aizhan.com。然后输入你想要查询的网址，就可以看到各平台的权重高低了。

笔者自己总结出来的高权重平台有：天涯、豆瓣、新浪博客、爱喇叭、云同盟、58、志趣网、搜了网、乐收、搜狐、818同城、西祠胡同、红豆社区、百姓网、久久信息网、简书、知乎等。

有了关键词，有了平台，接下来就是注册申请账号（也可以从淘宝购买），然后发文章。

这里笔者就用其中一个平台（云同盟：http://www.skxox.com/）来操作给大家看看。

我们先注册一个账号，然后登录进入后台，发表文章。

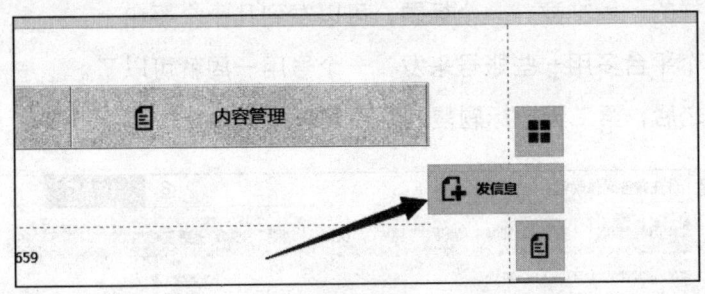

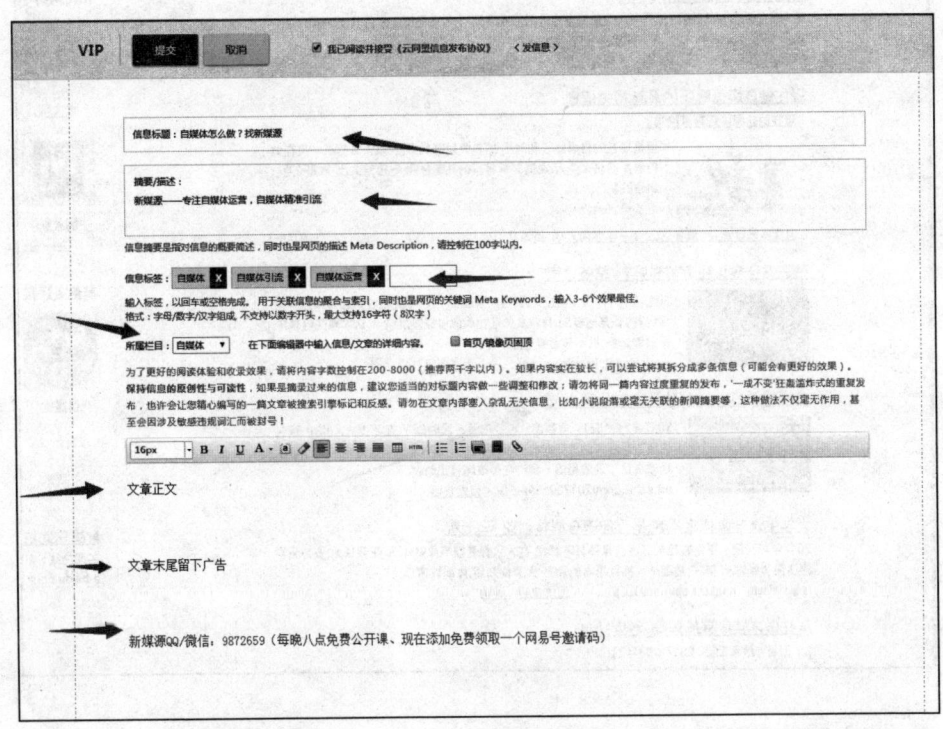

从上到下依次输入标题、关键词、正文文章，选择好分类，然后留下联

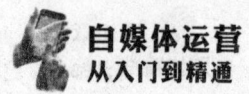

系方式。

注意：

- 标题要带有关键词，这样用户才能搜索到。
- 文章不一定非要自己写，可以东拼西凑，整合成一篇前后连贯的文章即可。
- 标题要复制 3 遍放在文章当中，增加用户的搜索度。
- 同样的一篇文章、一个标题，可以发到几十个平台上。
- 每个平台多用一些账号来发，一个号用一周就可以了。

发文之后，第二天把标题复制到百度去搜索。

以上，笔者说的方法，就是在高权重论坛发帖发文章，然后在百度收录。

百度引流的方法操作起来有一点难度，百度知道、百度贴吧、百科、百度文库、百度经验，这几个都是需要有高等级的账号才能完成的，所以也不建议大家做。

4.3 撰写引流软文的秘籍

换一种产品，只不过是换一种受众罢了。

一篇软文，要先立意，立意的过程，也是选择标题的过程。标题该如何拟定才能吸引精准粉丝？这个模式，也是非常有效的一种模式。

搜索"消防工程师"并不是为了找什么资料，而是让百度快速知道你对这个题材感兴趣。然后进入百度首页（手机版），下面都是百家的文章，很快，你会发现百度为你智能匹配了很多关于消防工程师的东西，包括文章，也包括百度匹配的广告。

一些大公司在百度上常年买量，之所以一直买量，就说明一直在赚钱，也就是说，它们的宣传标题一定能吸引很多精准粉丝。这种公司常年在各大门户网站买量，它的素材和标题是经过大数据分析的，而且不停地优化，时间长了会换新的素材和题目。你要做的事就是，紧跟着它们，在它们标题的基础上稍加修改，文章内容还需要一定的优势宣传，因为文章内容一定程度上也影响着下单率。当然，这种宣传要控制在理性的范围内，同时不能有欺骗行为。在内容上，你要尽量夸自己的产品的优势，然后举出成功的案例。

注意，这种软文属于直接引流，也就是说相当于是一篇广告。这样的文章，目前只适合在百家上发，一是百家审核较松，二是依托百度的权威性。

4.4 利用自媒体平台如何日引 300 精准粉丝

日引 300 精准粉丝，有人可能觉得这是在胡扯，其实这是完全可行的，关键在于你是怎样处理的。

4.4.1 百家号精准引流玩法

引流，就不要想着自己去申请账号了，直接购买即可，然后再用4.2节中讲到的百度霸屏知识去做，一直做下去就能达到霸屏效果。

注意：

- 每个百家号也就几十元的价格，不要心疼买账号的钱；
- 账号即使被封禁之后，文章在百度上也是能够打开的；
- 目前最安全的就是用"数字+汉字"的形式留下广告；
- 批量做；
- 百家号发的文章只要在百度上有收录了，阅读量会增长起来的。

下面笔者给大家介绍一下是怎样操作的。

首先就是标题，引流的文章是否能成功引来流量，很大一部分的因素与标题有关，毕竟用户首先看到的就是你的标题，如果连标题都不能吸引住用户的话，那么即使在内容中留下了联系方式，用户也是看不到的。

引流标题的核心主旨就是写"用户会搜索的词，用户会搜索的话"。

其次就是正文，一定要自己写，100字左右就行。为什么需要自己写，因为你这篇文章是否会出现在最新动态里面，和你文章的首尾有很大的关系，而首部的重要性又高过尾部。当然结尾也得自己写，中间可以复制粘贴别人的文章，再编辑起来就行。

最后就是广告，最好不要留在文首，留在文末最好，不要直白地留广告，可以中间穿插一些符号。比如这样：wxid9872659、微信987二65九、微信987—2659、98-微-26-信-59。

不建议用图片留广告，因为现在平台对图片的审核力度加大了，如果想靠图片引流的话，是比较不安全的。

4.4.2 搜狐号引流技巧

为什么要用搜狐号引流呢？因为它有如下这些优势。

- 百度收录排名好。
- 站内阅读量高。
- 单个账号便宜。
- 可批量用来引流。
- 操作简单，傻瓜式玩法。

具体操作方法如下所述。

1. 登录账号进入后台

这是笔者用一个小号，修改为笔者的名称，才发了6篇文章，平均每篇文章有500人阅读。

这个平台，我们需要先设置一下后台，因为有两个免费的推广位置。

2. 点击"推广"

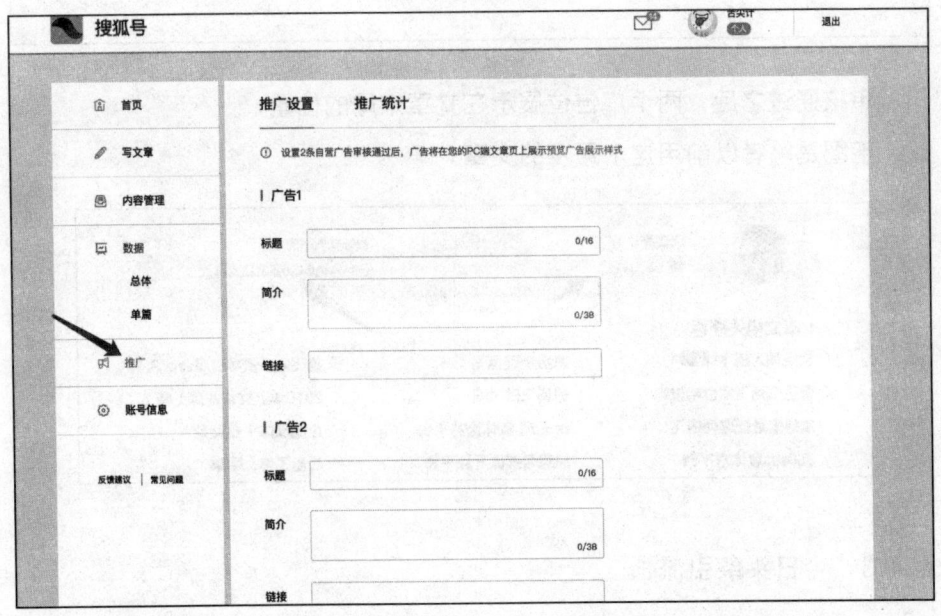

先填写信息，链接是可以直接跳转的。

3. 点击"提交",然后等待审核

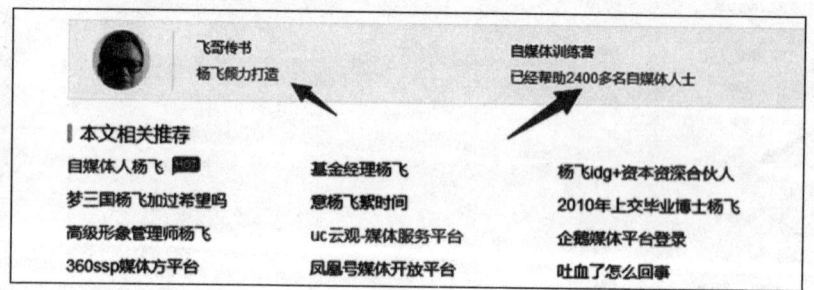

审核通过之后,两个广告位展示在文章末尾的位置。

下图是笔者以前用这个号发的文章。

4.4.3 今日头条引流

1. 头条号文章引流

不管今日头条如今管控得有多严格,为了它的庞大流量,大家都会想办法去它上面引流,只要思想不滑坡,我们也是可以用今日头条引流的。

当然在引流之前,要做好硬件准备。既然是引流,那必须要用多个账号,不需要自己申请,找合适的渠道购买就行,也不需要转正号,新手号就可以了，毕竟转正号比新手号价值大了许多，拿来引流的话比较得不偿失。在创作内容时必须要快速二次创作，这样你才能批量发文。

接下来就是怎样留广告了。

方法一，直接留联系方式

这种方式最容易被平台发现，但效果也是最好的，毕竟其他方法都是变花样地留联系方式，用户也没有那么多的耐心去思考怎样加你。

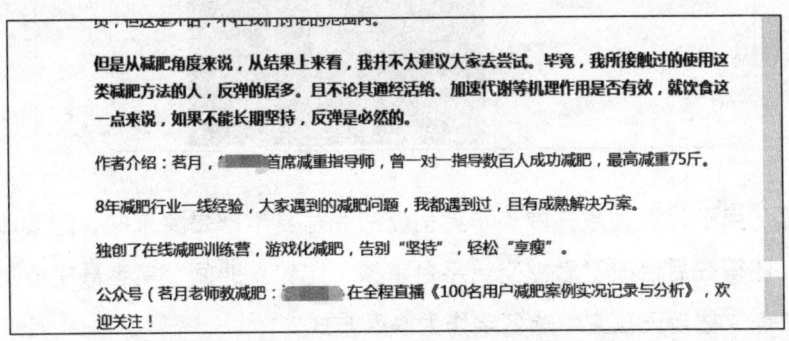

这是笔者自己做测试时写的一篇引流文章，联系方式稳稳地留在了上面。

方法二，用注释留联系方式

这种方法是我们公司的一位同事发现的，他在写引流文章时，发现用注释来留下联系方式，被平台审核通过的概率会大很多。

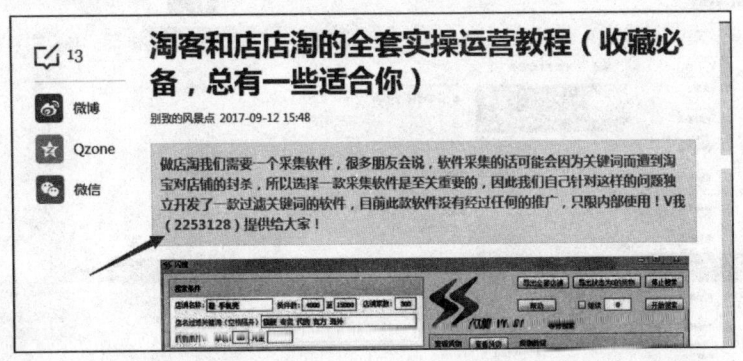

方法三，通过昵称留联系方式

这种方法主要包括两点：一是在申请账号时，就把自己的联系方式放在昵称里面；二是在文中指出自己是谁，然后这个名字就是你的联系方式。

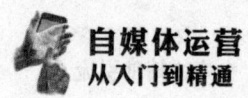

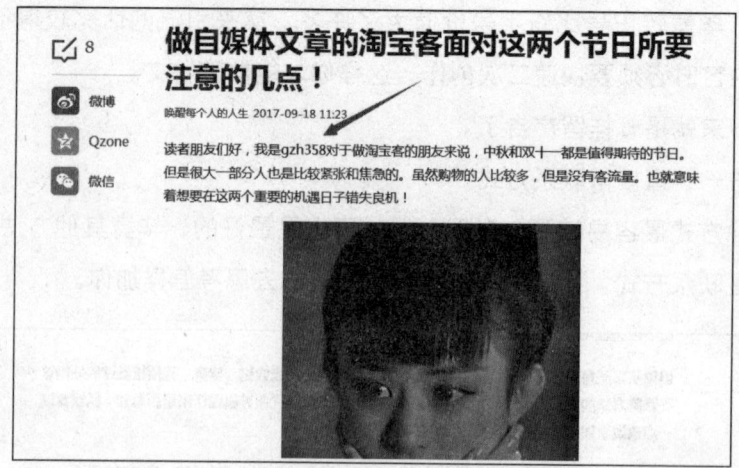

第一点不建议大家去做，毕竟引流的账号基本都是买来的，想要改名称的话，还得在后台改了后提交给平台审核，比较费时间。笔者最主要想说的是第二点，把自己在文中的名字作为联系方式。

方法四，私信引流

这个方法的核心就是把引流地点安排在了私信里，通过文章、悟空问答、微头条来实现用户和作者"私下交流"。尤其是靠着微头条来私信引流最好。下图为我们舌尖计的私信引流：

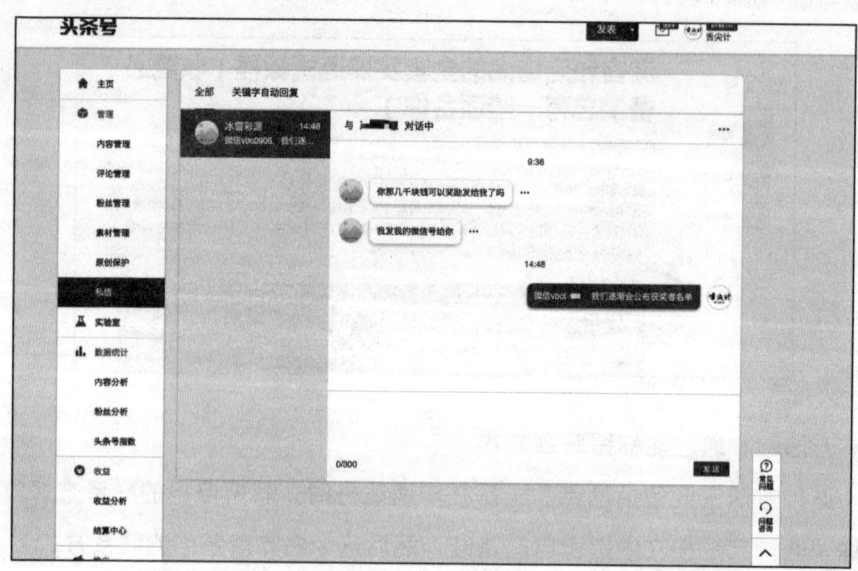

当然，在今日头条引流时，有些注意事项你不得不知道：
- 不要说出敏感词，如微信、V 之类的，直接把微信号放在那里，一看就懂的。
- 买账号来做，一个账号成本 50 元，只要发成功一篇文章而且阅读量高的话，就不要再用此号发文了。
- 一个头条号对应地推广一个微信号，千万不要联合推广。
- 每一次登录账号之前，都要清除浏览器的记录。
- 一个头条号成功发表文章之后，当天不要频繁登录上去操作后台。

2．头条短视频引流

短视频作为新兴的自媒体领域，大有赶上图文自媒体的势头，因此用短视频来引流也是一个非常不错的选择。

短视频引流主要有三种方式：
- 直接语音说出联系方式。
- 直接把微信号以字幕的形式打在视频当中。
- 暗示性的话语。

第一种方式很直接，通过语音说出来，远比通过文字写出来安全；第二种方式很普遍，如果你会编写字幕的话，那么你也就能把联系方式留在里面；第三种方式就是通过你的视频内容来暗示用户加你。

3．微头条引流

给大家一个参考，在头条号中搜索"一级建造师"，然后你去看他的动态，基本上都是在做微头条和问答引流，他的引流套路就是给用户送资料，那么你也可以套用到你的产品里面。比如你是做护肤的，可以免费提供一些护肤小知识、小秘籍；你是治脚气的，告诉用户一些可以快速治脚气的秘籍，毕竟想要免费拿到这些秘籍福利，就要添加你的微信或者公众号。这样的方式也很多，思维不要被固化了，一定要灵活运用。微头条也可以结合私信一起来做，方法是很多的，一定要转动自己的思维。

4．悟空问答引流

悟空问答就是今日头条问答，他就是在效仿知乎，想带着用户慢慢地往

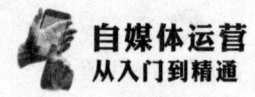

知识付费的轨迹走。但悟空问答的规则还没有健全，因此还有很大的机会在上面引流。如果你拿加 V 号去做问答的话，权重会大大提高。

这四种引流方式都是在头条号的基础上去实现的，前两种方式可以用新手号，后两种方式最好还是用加 V 号，以此提高内容的权重。

4.5　头条号商品功能如何助力销售产品增加订单

商品功能是头条号为了使头条号作者更便捷地找到高佣金收益商品而开设的一个新功能，这个功能自出现以后就一直被头条号作者认可，因为这样不仅可以内容变现，还能店铺引流，一劳两逸的事谁不喜欢。

开通商品功能的条件就是粉丝数要在 2 000 以上，头条号指数要在 650 以上，如果不能达到这两个条件，是开通不了的。

那么怎样使用商品功能呢？

- 点击商品，弹出添加商品提示框。填入已准备好的商品链接，系统将自动获取商品相关信息。
- 填入商品链接后，点击"获取信息"。其中标题、售价、图片皆可修改。修改完成后，点击"确定"，此商品信息即可插入文章中。
- 插入的商品信息无法修改，只可删除。可在发布框中根据需要调整上下位置。

注意：

- 商品卡不能插在正文最上方，建议放在文章末尾。
- 插入商品卡数量不得超过 5 个。
- 商品卡不能与标题和内容无关，比如标题写的是服装，推荐的是化妆品；或内容是科技，商品卡是服装。
- 插入的商品卡不能重复。
- 文中不可含有商家电话、QQ 号、个人微信号。
- 商品卡链接的商品不能是情趣用品、保健药品、医疗美容器械、枪械爆炸品、管制刀具等。其中，中草药、隐形眼镜必须确定是京东渠道商品，其他渠道暂不支持。

这些都是平台的一些规则，我们要做引流，怎样来操作呢？笔者的建议是：用低价来吸引用户购买，建立数据库，积累粉丝，因为粉丝只要购买之后，你就有了他们的联系方式。至于粉丝最后怎样来再次成交，得根据你的产品来看了。比如笔者做的是自媒体，需要的就是做自媒体的人群，笔者在用这样的账号来写文章，插入自媒体教程，全部都是1元的，只要用户下单购买，就会加我们的微信号领取课件，这就是很好的引流方式。

第5章
个人如何利用自媒体盈利

5.1 定位

万事开头难,其实很多事只要有了一个开始之后,做起来就变得比较有节奏了。自媒体亦是如此,虽然如今做自媒体的人越来越多,看起来好像大家都对自媒体比较有自信,但是并没有多少人能找到自己的明确目标,往往都是茫然地在自媒体中前行。因此想要做好自媒体,最重要的就是要找到自己的定位,有了定位,你才能把自己的精力集中在一条道路上,才能走得更平坦。

5.1.1 作者(小编)

作者该如何找准自己的定位呢?

1. 以兴趣为出发点

这个兴趣点其实很好理解,简单来说就是跟着自己的感觉走。那么你很容易靠你的兴趣点在某个领域做得很垂直。比方说，你喜欢写故事。那么你就可以运作一套自媒体号，以喜欢看故事的人群作为粉丝群体，定位就是分享一些离奇的故事以及一些自己的感慨，为猎奇用户提供一个可以抒发自己所见所闻的平台。而这样做就基本不会存在自己多么抗拒这件事，毕竟是自己喜欢做的事，继而还会去专门学习一些相关的知识。

当然，有些朋友说，我什么都不喜欢，就喜欢坐着发呆。那么我觉得这个也是可以作为自己的自媒体兴趣点的，在互联网这个千变万化的领域里，没有你做不到的，只有你想不到的，你要明白，最稀缺的不是内容，而是特别的内容。

2. 以自身特长为出发点

以兴趣为出发点做自媒体是本着爱好来做的，而以自身特长为出发点则是本着自己的硬条件来做的。特长和喜欢并不能混为一谈，做自己最擅长的，大部分是一些专业领域，跟自己的职业有关。比如你是从事网站建设的，那么你自然很擅长一些网站建设方面的工作；你是从事设计的，那么你自然会对设计比较专业。

所以，我们可以从自己擅长的方向做一个定位。打个比方，你以前是做前端工程师的，那么你就可以做一个关于前端方面的科技自媒体，利用独立博客、微信公众平台、专栏平台以及一些自媒体平台，来全力地打造个人IP。

所以说兴趣和擅长，并不是冲突的。有人说，我擅长的就是我最感兴趣的，那么恭喜你，你要做自媒体的话，要比别人快乐一些，因为一个人能做自己既擅长又感兴趣的事，这绝对是一件很奢侈的事。

3. 随主流

目前大多数的自媒体人是在随主流，这也是没办法的事，难道某个领域能有大量收益，就只准你进去而不准别人进去了吗？当然这么说并没有贬低以这为出发点做自媒体的人，毕竟无论是兴趣爱好还是自身特长，如果不跟主流搭配的话，那又怎么能找到大量的流量呢？

4. 做冷门

做定位的时候，可以选择一些热门领域，这样做的好处就是素材容易找，像搞笑的段子和娱乐新闻，每天都层出不穷，你永远都不会担心没有内容可选。

可是，有一些冷门领域，也是可以作为你的定位的。比如一些考古方面的信息，对一些出土文物的讲解、分析以及价值预估等。再或者对一些古玩方面进行鉴定鉴赏等。

这种冷门的领域最容易做成专家模式，因为一旦你是最先做这个的，你就具有行业优势了。

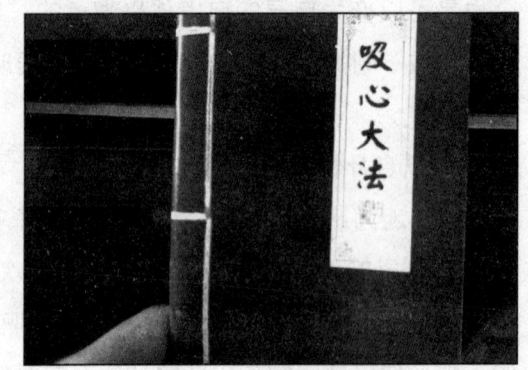

所以，一定要好好想想，想做自媒体，到底该选择如何去定位。

5.1.2 自媒体运营官

过去，我们常听到的有首席执行官、首席财务官、首席运营官，还有首席市场官，但从没有听说过自媒体运营官，那么他究竟是干什么的呢？

自媒体运营官，是由ZMO企业自媒体联盟提出的互联网时代新岗位。市场的强烈需求为这个岗位良好的发展前景指明了方向。自媒体运营官主要负责企业自媒体项目的运营及自媒体的团队建设，要主持、负责企业自媒体如企业官网、微博、微信、APP等自媒体平台的策划、运营及推广，并及时跟踪评估自媒体营销方案的实施效果，维护客户关系，拓展自媒体合作伙伴。

企业的客户在哪里，自媒体运营官就在哪里。若你想要做好自媒体运营官，那么你就要成为企业里最关心客户状态、最了解客户需求、最会优化项目的创新型人才，当然你还得有管理社群的能力，毕竟用户就是你的资源，若"照顾"不好用户的话，又何谈运营呢？

若你想要往自媒体运营官方向发展的话，那这条路是任重而道远的，但正所谓万事有头就有尾，只要你开始前进，路就已经成为过去。

自媒体运营官，简言之就是运营自媒体的人，那么首先你就得明确你是否对自媒体感兴趣，如果感兴趣，那你就得熟悉各种WEB3.0产品应用，对微博、微信、SNS、博客、论坛等产品有浓厚兴趣或深刻认识，并且善于把握用户的各层次需求，才能继续下一步定位。

其次就是要明确自媒体运营官是给企业服务的，既然如此，那么你就不能只想到运营内容，还要想到运营团队，处理和各级人员的关系，有较强的洞察力和创新能力，具有一定的敏感性，能够制订各类信息发布方案。

最后就是职业素养，这不是个人自媒体，而是企业自媒体，那么你就不能以个人自媒体人的角度来分析你的处境。正所谓干一行敬一行，想要做好自媒体运营官，最重要的还是具备良好的职业素质和敬业精神。

5.1.3 引流人员

这四个字就是你的定位！

你做自媒体的目的就是引流。在自媒体这个大染缸中，想要引流，主要可以从两个方向去思考你自己的定位——质引还是数引。质引的话，那你靠的就是质量，靠的就是品牌打造，靠的就是软广告；数引的话，那你靠的就是数量，靠的就是内容排名，靠的就是硬广告。

笔者比较推荐数引，因为这样成效很快，虽说质引的安全性高于数引，但想要看到效果的话是需要一段时间发酵的，并且对引流人员的文案功底要求比较高，方方面面来看，成本就偏高。而若是数引的话，那就比较简单了，基本十分钟左右就能做出一篇文章，再多平台去发布，这样的布局效果很快就能见到。要是你做得好的话，还能把在百度上的排名做起来，这样既收获了成果，又省去了在百度上推广的费用。

引流人员的定位就是数引或者质引，数引成效快，但对你做自媒体内容运营不是很好；质引效果好，但不能给你快速引流，两者的优劣，就需要你自己去厘清了。

5.2 大学生利用这几招做自媒体,轻松赚到学费和生活费

大学生怎样通过自媒体赚钱?和其他人一样,写文章、拍视频,然后获得平台广告分成,做得好的可以去想想自己接广告或者卖东西,布局得好的可以搞圈子,把粉丝牢牢地圈住,就什么事都好做了。

先来说说写文章,这个算是自媒体中最大的内容类型,原因无他,不需要多少的硬件需求,只要脑子里装着墨水,写出来就不愁没人看,同时还能得到收益,多好的事情。

目前大学生做自媒体的不占少数,可能与他们的环境有关,只要看看他们的文章就能感觉出里面没有多少的紧迫感,这也算是他们的优势吧。

笔者也接触了一些做自媒体的大学生,本着赚钱而做自媒体的还是占多数。其中有一位大学生接触自媒体的过程非常有意思,他说他做了两年的兼职,钱是挣到了一些,可挂科挂得很惨,于是就感觉很不划算。他喜欢看小说,然后看着那些人编故事都能成为大神(能挣很多钱),想想自己编故事的能力也不差,他就开始琢磨着怎么把自己的故事推送出去给别人看。说实话,如今的大学生虽然缺点较多,但有一个优点是我们这些"老同志"比不了的——使用"百度一下"的能力。

他自己在网上查到了该怎样去注册头条号,然后就在今日头条上发故事。头条故事这个领域算是一股清流吧,不怎么容易被抄袭,也没娱乐领域那么浮夸,但是看的用户有很多,这样没到一周的时间,他的头条号就转正了。忘记说了,他是 2015 年进入的自媒体,当笔者认识他时,他连公众号都有了,那时候他的公众号有两万多人关注,头条号每天的收益就在 100 元左右,虽然赶不上那些大咖,但一个月 3000 元左右的收入还是很可观的,并且他能在大学的时候就做自媒体,难保说不定以后会成为一个故事大王。

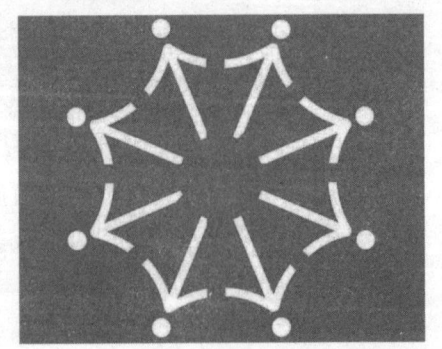

他是怎么从自媒体中赚到钱的呢?

第5章 个人如何利用自媒体盈利

首先是他想要赚钱，不想在玩游戏中耗过大学生活；其次是他雷厉风行，说做就做；再次就是他选择了自己喜欢的领域，并一直做到现在，中途无论收益如何，都一直在坚持做；最后他已经有了组建圈子的意识，知道把认可自己的人拉拢在一起，这样以后做其他事就更好办了。

不过笔者更加支持做短视频的大学生。为什么呢？因为如今正是短视频的红利期，无论是用户，还是平台，都对短视频另眼相看。

至于大学生做短视频，有如下几个优势。

第一，成本不高

过去拍摄视频，需要几十万元的专业设备，但是现在只要一台单反甚至一部手机就可以完成，哪个大学生不是随手一部手机；再者人力、精力也非常够，相对其他行业人士做短视频成本就更显廉价一些。

第二，分发渠道

视频拍摄完成后，之前只能选择在电视上播放，宣传成本极其昂贵。但是智能手机的出现改变了这一状况，如果制作了一部"病毒"视频，会引发人们主动分享，产生传播裂变。

大学生玩的花样很多，可能我们不知道的渠道他们都能知道，那么如果让他们来分发短视频的话，会有很好的效果。

第三，思维多变，敢秀自己

能做出优秀短视频的人，不是爱秀一族，就是爱拍一族，他们喜欢在自己的周围去发现不同的地方并拍摄下来，也喜欢让自己活在互联网这个打开窗子就能看到对方的环境，内涵段子、火山小视频等都是大学生的阵地。

第四，技术

一个常混迹在优酷的大学生，既能吐槽也能剪辑视频，然后发现了自媒体这个人池塘，跳了进去，专做视频混剪，慢慢地积累了很多的粉丝，也渐渐地出名了。知道她是谁了吧——"我是papi酱，一个集美貌与才华于一身的奇女子"。

papi酱能火，除了她有很好的文字功底，还有她的视频制作能力。作为一个大学生，肯定是会玩某些电脑软件的，比如PR、PS、AE、

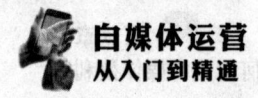

Webstorm 等。虽然短视频没有那么高的要求，但你想做出一部有景深、有光影的短视频，不懂得一些软件使用技巧是不行的。

当然，和本地商家、学校合作算是最有赚钱机会的方法了。怎么做呢？比如你在运营一个专注摩托车技术的微信公众号，久而久之就吸引了一批粉丝，这时你就可以考虑是否要靠这些粉丝卖点东西了。在大学里面，想要卖弄的人喜欢有个摩托车，但又不是每个人都能有那么多的零花钱来买车，于是二手摩托就成了大学生首要选择的目标。笔者读大学时，有个同学就靠卖二手摩托车赚差价，慢慢地竟然攒钱买了一台五万多元的小轿车，你说这利润高不高。

当然，那位同学并不知道自媒体，所以用户面比较窄，基本上来自邻近的三所大学，最多就在校园贴吧、地方贴吧中打打广告。那么以他的基础，加上自媒体的话，效果肯定是成倍增长的。首先从自媒体过来的人在购买了他的二手摩托车之后，会提高相互的信任，带来不错的口碑；其次是用户面的扩大，再也不用局限于那三所大学；再次就是能建立起一个基于公众号的类似于交易平台的圈子，只要圈子建立起来了，而且还是本地自媒体，吸引人进来是非常可靠的；最后他开始自己去找货源，其间肯定在交易过程中比较被动，但只要有了自己的阵营，那些摩托车店、卖主肯定会主动来找他，等于是卖广告位吧。

5.3 宝妈利用这几招做自媒体，自己可以在家创业

在此先说明一下，知识只是知识，没有执行力，即使你知识再丰富也没用。

以前有位带小宝宝的年轻妈妈抱怨笔者教给她的自媒体方法不能赚钱，还说浪费了很多的时间，根本就没有实操性可言。笔者也很是无奈，当时她对笔者说自己不想就那样无聊地待在家里无所事事，想要做一个在家里就能赚点小钱的事情，笔者想自媒体是很适合她的，并且她也喜欢玩这些互联网上的东西。

第5章
个人如何利用自媒体盈利

笔者给她详细地讲了从申请账号到怎样发文的全过程，她也说自己听懂了，那好吧，就拿一个月来看看成果。然后就有了她对笔者的抱怨：原来她的头条号一直没有过新手期。笔者看了她的文章之后，其实根本不用看，只看标题就不想点进去了。或许因为年轻的缘故吧，她写的内容偏美文的风格，但在今日头条这个大染缸中，美文也不是那么简简单单的一两句就能成文的。再者，向她强调过多次一定要按时发文，结果她根本就没有这样做，她给的理由也很简单——照顾孩子，有时候孩子生个病什么的，难道文章比孩子更重要吗？

其实她说得也没错，可这就真的不好解决了，虽说自媒体很自由很随便，但它也有自己的一套既定规则，如果你不能遵守它的规则，那么不好意思，自媒体还真不适合你。

宝妈族确实不容易，为了照顾孩子，舍弃掉固有的工作，全家老小都靠老公担着，这样不仅老公累，她们也很累（心累）。这时候网上的某些人看到了宝妈族这个大群体，于是各种专为宝妈打造的工作就诞生了，比如刷单、打字、刷评论，当然在这儿不论真假，反正宝妈族也在为充实时间作出各种努力。

不知不觉中，自媒体就这样火了起来，无论什么行业的人，都对自媒体抱着极大的兴趣，宝妈们也不例外，虽说刷单、打字能获得收益，但总归是从别人那儿拿任务，多做少做由不得自己，自媒体多好呀，完全是自己在给自己塑造发展的方向，多么自由。于是也就有了大批宝妈进入自媒体。不过还是那句话，不能把你的规则融入自媒体的既定规则中的话，那肯定是做不长久的。

一般宝妈做自媒体都是奔着平台广告分成去的（当然也有打赏），既然想要广告分成，你就得妥妥地把它给占据着，那么你的第一步就是要有账号，一定要自己去申请，毕竟后期收益可是要绑定银行卡的。那么把这些基础的东西弄好之后，该怎样去获取收益呢？

第一招，写文章吧，写出爆文就可以获得收益了，这时就得看你的文字功底以及对用户兴趣热点的把握程度了。不过与其把许多的时间花费在内容

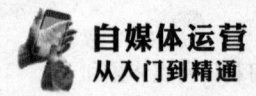

的架构上，倒不如用来取标题，如今的标题越来越长，目的就是要让用户看到标题就会对文章的内容感兴趣，多琢磨一下标题吧。前期别害怕没阅读，坚持写原创，不要抄袭别人的就行。

其实笔者不太赞成宝妈去大量地写文章，这样很费时间，而是比较推崇以自媒体来辅助其他行业获取收益。

做网红，当然你可以选择你自己是主角，也可以选择你的宝宝做主角。现在的人都在讲安静，大人看到大人不会安静，大人看到小孩肯定会安静，你每天就在网上通过自媒体渠道发布一些你的宝宝日常生活照片、视频，中间还可以穿插一些你是怎样带宝宝的视频，内容不需要多么地有层次感，只要看了能让人安静就行，现在晒娃还是很火的。

还有就是淘宝客，这是一种由淘宝官方作为平台给众多非专业推广人员提供推广产品以及佣金的渠道。

说得直白一点，就是作为一个自媒体人，本身你不是什么专业的推广人员，但是你有渠道分享，也愿意利用一些业余时间赚些零花钱，于是就可以以一名淘宝客的形式和身份登录淘宝客的平台，从这个平台，根据你的个人意向挑选一些产品，然后获取产品链接并将它们发布在你的店铺里或者个人合法拥有的一些网络公开形式的页面中，如果有人通过你的这个链接点击进去进行了购买，你便可以获得相应的佣金。每一个产品的佣金不同，这也是你可以挑选和决定的。

比如你在用淘宝客卖母婴产品，那么你就可以充分利用你的自媒体优势，在网上大力宣传。并且头条号不是有个商品功能吗，开通之后是可以直白地在上面留链接的。没有的话也没关系，多去如妈妈网、宝宝树等母婴分享平台上面宣传，你可以留链接，也可以留你的微信，不过不要留得太明显。

目前许多微商都在利用自媒体吸粉，而用户虽然讨厌朋友圈发广告，但不讨厌自媒体圈粉。举例说明：你是一名喜欢旅游的宝妈，那么你找到了泰国货源。自己试用了所有产品，选择好的、性价比高的产品进行推广，那么每个月轻轻松松在家就能赚钱了。

还有做手工赚钱，有很多类似的手工加工任务，像以前的串珠，操作简单，易上手，当然赚得也少，最主要的是能兼顾带孩子。只要在自媒体的那些手工社区中多宣传一下就行。

5.4　上班族利用这几招做自媒体，月收入轻松增加4 000元

我是强烈建议上班族做自媒体的，一来上班族的目的就是获取收益，这种心态是大学生不能相比的；二来上班族又不像大学生那样没有固定的收益，在很多上班族看来，做自媒体可以算作一份兼职，做好做差都不会太过影响自己，当然能做好是最好不过的了。

那么上班族该怎样运营自媒体，从而达到月收入轻松增加4 000元呢？

首先你要认清自己的定位，对上班族来说，你在自媒体中的定位就是第二份收获，也就是兼职，那么兼职就得有兼职的认知，你不能做了自媒体之后，反而影响了你的本职工作，那就得不偿失了。

接下来就是规划你的自媒体运营了。白天上班的时间，基本上固定。我们能拿来规划的时间，可能就在于中午及晚上那仅有的三四个小时。比如晚上9点至12点，这里有3个小时可以利用起来。

这3个小时里，有些人可能还写不出一篇文章，有些人则可以。虽然每个人的写作能力不同，但是有一点特别重要，就是选题材。

如果你所选的题材，本身的格局视野就很大，试问怎么可能在几个小时里完成呢？所以，在时间比较有限的情况下，多选择一些小题材，自己驾驭起来也轻松。

对于我们上班族兼顾的自媒体，其内容的输出尽可能做到小而美。这里的小，一是指行业细分领域，二是指小题材的选择。如此，我们才能够在有限的时间里，将自媒体的内容质量做起来。

自媒体运营当中的内容输出，如果你能够坚持下来，这已经是一件很不错的事情了。我们不可能跟专职运营自媒体的个人或团队去比较，我们就把它当成一个长期的目标，每天设定一个小目标，然后把小目标干掉。

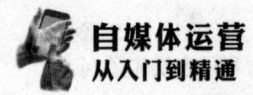

在认清自己的位置和每天的时间规划之后，你就可以开始思考做什么样的内容了，目前自媒体里面最被热捧的四个领域就是社会、娱乐、国际、三农。娱乐自不用说，谁不想看那些每天在电视上"飞来飞去"的明星的小故事？想当年伦敦奥运会期间，一个王宝强事件就盖过了整个奥运会的风采，妥妥地坐实了我国是一个娱乐大国的身份；至于社会领域文章为什么会火，原因就是如今的社会是有许多矛盾的，遇到不公的人有很多，那么就有很多人会和这种内容产生共鸣；国际领域算是最近一两年才开始大火的，这跟国家富强带给人们认同感有很大的关系，比如2017年发生的中印对峙，很多自媒体人踩着这个热点获得了大量收益，我们公司的一个学员就是踩到了这个热点，在百家上引到了大量的对军事非常感兴趣的愤青流量；至于三农，这个也是我最喜欢的一个领域，可能是大部分互联网用户待在城市里面，他们对农村的一些东西非常感兴趣，以前我做了一个实验，我上传了一个在老家抓田鸡的视频，点击量竟然达到了40 000，别看不是很多，我上传的那个视频是"最原版"的，没有美化任何地方，当然质量也不是很好，如果改了的话，那你可以想象这个播放量会有多高，所以三农领域是我最推荐大家涉足的一个领域。

最后一点也是最难做的一点就是开始做与坚持做，别觉得这个容易，我看过太多在上班的朋友说要做自媒体，结果在申请账号这一环节上就被卡住了，这可以算作技术上出了问题。而更令人遗憾的是某些朋友有账号，但就是坚持不下去，理由一般是每天都在那儿发内容，但收益太低了等。这也是没办法的事，"2+8"定理决定了无论哪一个行业都是成功的人占少数。不过你并不是全职做，就把他当作兼职、当作娱乐来做就行了，心态要摆正，这样你才能在运营自媒体的过程中不会感到心累。

5.5 微商利用这几招做自媒体，轻松日引300精准粉丝

微商做自媒体，肯定是奔着其高性价比的流量来的，那么目的就非常明确了，就是为了引流，就是为了转化。

那么微商该如何来靠自媒体引流呢？这儿笔者就给微商的朋友们支两招。

1. 把影响力做出来

影响力就是你的资本，为什么现在越来越多的人会想着靠自媒体成名，原因就是自媒体的受众广，推广成本低。所以，如果你在自媒体中把名声给做起来了，那么你会得到很多的好处。

怎样做影响力呢？我给你一个思路，先靠自媒体多平台推广，再靠自媒体社群推广。多平台推广时，要记得把你所能想到的所有平台都注册出自媒体账号，你可以自己去申请，也可以去网上买，反正你把这些自媒体平台当作你的传播入口就行。而如头条、百家、企鹅等这些大平台，你就可以用批量账号做，这样既起到了一定的引流作用，也对你的产品起到了推广作用。

其后就是社群推广，从自媒体上引流过来的人有个最大的缺点，那就是不精准，许多微商反映靠自媒体引流并不能带来多大创收，尤其是价格比较高昂的产品更加不容易卖出去。这也是没办法的事，自媒体本就是一个包罗万象的地方，那么引过来的人或许只是对你的产品感兴趣而没有购买的想法。这时你就要去进入社群了。为什么我不说做社群呢？因为想要从零开始做社群，会花费很多的时间，倒不如进入社群，可以把时间成本大大地减低。而且社群里面集结的都是对某个产品、项目非常认可的人，在这儿分享你的产品，对你的转化率会有很大的提升。

那么你可能会说自媒体引流根本就没有做的必要，因为流量完全可以从社群中引来。

其实这是个错误的想法，现在是互联网时代，你在给客户推荐你的产品时说得再天花乱坠，他也会通过自己的渠道去了解一下你的产品，大部分人会选择互联网。如果你不用自媒体来引流推广的话，那么最尴尬的情况就是别人在网上搜索不到你的产品，反而把其他同类产品给搜出来了。

另外，还有个建议，希望正在做微商的你可以做到拥有责任心。在微信上你做微商，你卖产品，你是否需要有影响力？如果你没有一定的责任心，谁向你购买产品？如果你能负起责任，别人就会购买你的东西。然后你做好

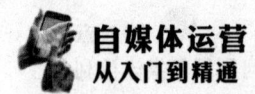

了服务,他还可能有二次购买、三次购买……购买率会更高。只有消费者不断地重复购买,才可能让你生存下去。

这么好的一个互联网时代、这么好的一个机遇,这里所有人在喊着,只要会敲文章会用手机电脑就可以赚钱。当所有人在欢呼的情况下你还赚不到钱,这说明什么?这说明一件事,就是你没有影响力。笔者觉得没有一个人天生就有影响力吧!哪怕你是富豪子弟,你也没有天生的影响力,或者明星子弟也没有天生的影响力。

2. 用执行力说话

笔者曾经给许多微商朋友推荐了一款收集关键词的工具,目的也非常简单,就是把你同类产品的关键词排名做起来。但是只有一部分人在执行这件事,大多数人不愿意做,为什么?因为短期内看不到效果。这也是没办法的事情,既然你走的是自媒体引流推广的模式,那么想要看到效果就会花费一段时间,毕竟与百度竞价排名还是有一定的差距的(百度竞价花费比自媒体引流推广高)。

坚持做下去的人肯定会有回报的,我的一个微商朋友坚持把关键词做了半年,结果别人只要搜索与减肥相关的产品时,就能看到他的品牌,无形中增添的影响力真的很有效果。

有人说:选择不对,努力白费。其实在任何一个点上都可以坚持,人都是一样的,只要想生存,只要他有手有脚他可以找到工作,都可以靠劳动来赚到钱,最终能生活下去。那么也就是说所谓的选择,就是每一个时期选择不一样的东西,坚持下去就可以收获到你想要的东西。

假如你听说自媒体可以引流,于是你就来了。但是通过接触后你觉得你在这里待这么久了还是没有赚到钱。那么说明什么?说明你的坚持力度还没有达到临界点,现在是你在对的路上,选择对的人很重要,然后能坚持下去。

很多时候有人说微商在朋友圈刷屏是不好的,疯狂刷屏是容易被人拉黑的一个事情。但笔者认为刷屏方式是需要加入我们的生活的。不刷屏,谁会知道你是个卖货的呢?不刷屏只有在一个期间可以展示你自己。那么这样的曝光率、这样的一个展示率就太低了。

刷屏是应该的，也是必须要有的，如果没有的话，你不能让别人知道你在做什么。不要怕被别人拉黑，拉黑你的就不是同频的人。

假如别人跟你不同频，拉黑你是一件很正常的事情，我们要坦然地接受，而不是去抱怨。这种坚持也是一样的，你坚持去跟一百个自媒体引流过来的人互动，你坚持分享，你坚持去加社群，那么你的人群就是源源不断的。你后期还要去删除，因为有些人不买你的货，但在用你的引流模式，这样是非常不好的。

执行力就是这样，说做就要做，其间的犹豫就不要有了，大胆地往前走吧，有自己的独立见解是最好的。

5.6 新手做自媒体，申请账号一定要注意这几点

现在主流自媒体平台一般都能产生收益，只要把内容做好就会有粉丝陆续地关注你。其中百家号比较容易有收益，只要注册后发文，如果有用户看的话，那么你就会有收益。但是百家号申请的难度非常不确定，有时候一下子就能通过，有时候申请几次都不让你通过。头条号不像百家号那样初期就能获取收益，因为它有一个新手期，只有过了新手期后才能有收益，不然你创作的内容随时都有被抄袭的可能，并且还是在给今日头条白白打工。公众号就没得说了，要有收益就得有粉丝，而粉丝不会主动来找你，是你去找粉丝。其他的如企鹅、网易、大鱼号的情况也差不多，只要用心做，就能有收益。

反正你先得有账号才能去折腾做收益，而且有些细节你若不厘清的话可能连账号都申请不下来。

下面以账号申请前和申请中来给大家讲一下申请账号时需要注意的事项。

1. 申请前

要成为自媒体人，首先需要注册一个自媒体平台。在注册前得有所准备，注册的时候才能有事半功倍的效果。

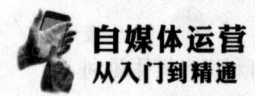

头条号、百家号等自媒体注册的时候需要支撑材料，也就是证明你有创作能力的材料，即你在其他平台，如 QQ 空间或者博客发过的文章的链接。当然这些文章也不是随便哪篇都可以，要和你注册的时候所选的领域契合，不然就是白费力。

还有至关重要的一点是，你的支撑文章链接必须足以证明是你创作的。怎么才能证明是自己创作的呢？其实很好办，比如你的支持材料来自 QQ 空间的文章，那么你可以在你 QQ 空间发的文章后面写上你要申请自媒体时候的账号名称或者干脆把 QQ 空间的名字改成你要注册的自媒体账号名称。

还有一个一致性的问题。什么是一致性呢？就是你做的材料都要和你注册自媒体时所选择的领域一致，比如你的支撑材料、你的自媒体账号名称、你的自媒体简介等。

2. 申请中

在申请的过程中，只要不是傻子，就会知道填一些敏感的东西是不会审核通过的。

并且现在一部分自媒体平台已经开通了实名认证，比如今日头条，在申请头条号的过程中，它会要求你到 App 上去自拍验证，那么你就要保证你的手机前置摄像头清晰，否则前面都没有错，到了这儿错了的话那就比较不划算了。

至于辅助材料，你最好用一周时间去准备，坚持每天发文，一周就有 7 篇，这 7 篇文章一定要认认真真地写，毕竟辅助材料的好坏在一定程度上决定了你能否注册成功。

注册自媒体其实还有个顺序问题。比如注册百家号时如果已经有微信公众号就最好不过了，要是注册头条号，你最好有个百家号来证明你的资质。所以，一般先注册微信公众号，再注册头条号，最后注册百家号是最好的顺序了。

还要多说一点，一定要注意发文规则，最好不要先跨领域发文，要专一发文，也就是最好发与你擅长领域相关的文章，即垂直度，也就是专业度要高。

要是过了新手期，垂直度还是要有的，但没有新手期那么在意罢了。

5.7 新手做自媒体，必须要掌握的几个思维点

每位成功的自媒体人都是从新手走过来的，新手这两个字听起来也没有那么刺耳，只不过晚进来一步罢了。新手做自媒体，会遇到很多困难，比如头条号一直不转正、没收益、没粉丝等，但这是正常的，如果你在做自媒体时没有遇到任何困难的话，那么要不就是你真是天才，要不就是你根本在做白日梦。

做自媒体就是一直在做推广，这与在大街上吆喝着卖小吃的商户一样，谁的声音大、东西好吃，谁的生意就会好。当然现如今自媒体发展得很好，即使你不去主动推广，只要内容质量不错的话，就会有用户点击观看，所以目前自媒体人的主流推广方式为被动推广。

为什么要先厘清这一点呢？因为这能改变你的主线思维。就拿笔者开始非常喜欢主动推广一样，在我看来，当我的内容创作出来之后，与其坐以待毙式地等待着平台给我推用户，倒不如自己去主动找，于是疯狂地加好友的日子开始了。

我的想法就是把这些人加到我的 QQ 或者微信上，然后把内容发至朋友圈。这样一来，我加的好友不就能与我的内容更近一步了吗。结果呢，阅读量还是非常少，原来我加的好友里面有许多是那种所谓的单向好友，也就是我能看到他的朋友圈，他却不看我的朋友圈，想象是美好的，但现实是非常残酷的。

自此我就没有再这样做了，而是专注于写文章投稿。在写了两个月之后，慢慢地我就发现我的文章除了投稿的主流平台之外，也被抓取进了一些网站、博客里面，主动加我为好友的人也开始增长了起来，当然大部分是来问我怎么做自媒体的。说实话我的第一批粉丝就是这样开始积累起来的，他们也是我时常聊天的对象。不过现在做久了，加我的人也变多了，但却没有当初的那种兴奋了，也算是一种损失吧。

我当时每天要写 2 篇文章，有时候还会写四五篇文章，要问我是怎么写下去的，这个我还真不知道拿出个什么样的回答。可能是我性格偏感性一点吧，

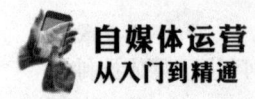

有什么想法就喜欢写下来,写着写着感觉自己还是有那么一丝文字天赋,于是就开始投稿,然后就有人加过来问我问题,这也算日积月累出来的收获吧。

内容为主,你的地盘你做主。文字真的是有生命力的,它比演说家的声音更有感染力。自媒体时代就是内容的时代,若只有好友没有内容,全是白搭,必须要有内容、有价值,才能在自媒体路上走得更远。很多人说,前期感觉写不完,写着写着就像被挖空了一样,开始出现内容空洞,不知道该怎么写了。在笔者看来,写作,一是坚持写,二才是天分。有人可能会说了,我也想写,可是不知道该如何去写。那你就去组合你的素材库呗,正所谓"巧妇难为无米之炊"呀。

比如你要写娱乐大事件,那你就得去想哪儿的素材最容易成热门,微博热搜榜、百度风云榜、新榜……上面都会有你想要找的素材,不用去在意别人也在写,即使你写的文章与别人的文章存在着高度的相似性,只要内容不坏的话,也是会有人看的。毕竟用户只有一双眼睛,机器只有一个系统,如果同一时间它推两篇相似的文章给同一用户看的话,你觉得它会这么做吗?

还有读书,想要改变自己的气质,最快的方法不是运动,也不是喝鸡汤,而是读书,气质发于心,心变了,整个人也就变了。

现在这个时代,我们其实很多时间都在阅读,只是阅读的渠道不一样。有的人从朋友圈阅读一些文章,有的人是在网页上阅读一些文章,而有的人则是关注自己喜欢的一些公众号来进行文章阅读。不管我们阅读的一篇文章是好的还是坏的,它都能带给我们一些思考。而对这篇文章进行思考,然后写作出来,它也可以是一篇不错的文章。

做任何事都不是一朝一夕能够完成的。正所谓"冰冻三尺,非一日之寒"。你只看到别人风光的一面,却从未看到别人背后的付出。细节决定成败,做就是答案。

5.8 新手做自媒体,最好掌握这4款视频制作软件

短视频,目前自媒体中最火的一个领域,它不同于图文那样需要用户自

己去想象出画面,而是直接就给了用户一系列画面,多直接呀。

那么作为新手的你,想要做一些短视频出来,有哪些视频制作软件值得你使用呢?

第一个,大名鼎鼎的 Adobe Premiere。

它是专业人士们目前常用的一款视频制作软件,单不说其他方面的好处,就拿兼容性来说,就是非常不错的。

PR 的优点真的很多,可以剪辑,可以制作简单特效,可以图层混合,可以互相遮罩,可以很容易的和 PS、AE 互通有无。

第二个,Edius。

Edius,非线性编辑软件,专为广播和后期制作环境而设计,特别针对新闻记者、无带化视频制播和存储。Edius 拥有完善的基于文件工作流程,提供了实时、多轨道、多格式混编、合成、色键、字幕和时间线输出功能。

Edius 与 PR 总是人们拿来比较的两个软件,如果是在同样的电脑配置下的话,PR 比 Edius 的渲染速度会慢上许多,一个 4 分钟的视频,PR 会用 1 个小时左右,但 Edius 只需用 PR 的四分之一时间。

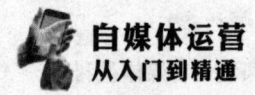

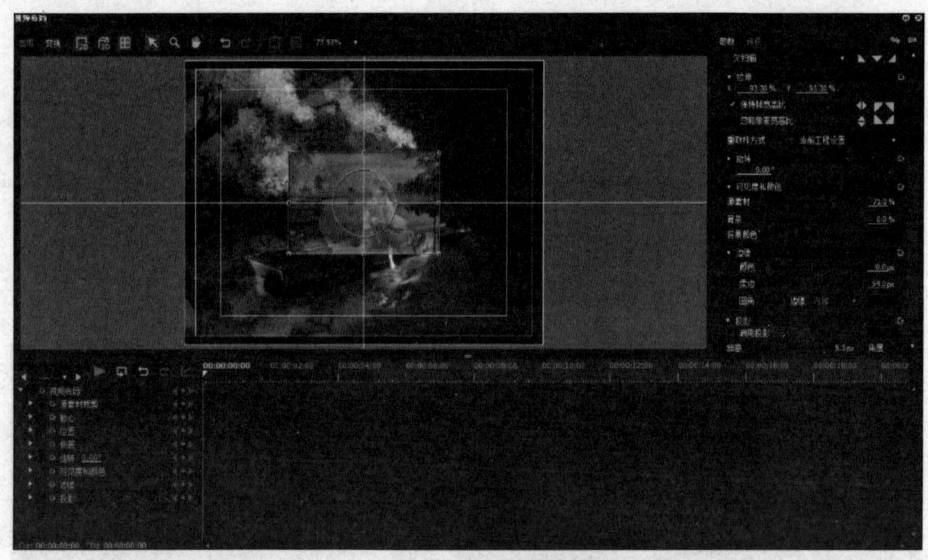

Edius 最大的优点就是制作出来的视频很稳定，不容易崩溃，可以多格式同轨道混编。

当然缺点也是有的，比如特效不多，不能同 PS、AE 等软件实现动态链接以达到相互调用项目和工程文件的目的。

第三个，会声会影。

第 5 章
个人如何利用自媒体盈利

会声会影是加拿大 Corel 公司制作的一款功能强大的视频剪辑软件,具有图像抓取和编修功能,可以抓取、转换 MV、DV、V8、TV,还可以实时记录抓取画面文件,并提供超过 100 多种的编制功能与效果。

会声会影的特点就是非常适合一般视频制作者,入门新手也可以在短时间内体验影片剪辑;同时会声会影编辑模式从捕获、剪接、转场、特效、覆叠、字幕、配乐到刻录,可以全方位剪辑出好莱坞级的家庭电影。

当然它也有缺点,首先制作的视频的音轨声音不能随时改变,这样就对声轨的制作带来了麻烦;特效也比较少,太过于东方化,魔幻化风格就没那么多;还有最令人诟病的一点,当我们在素材框内拖动素材时,里面的素材会乱跑,因此很容易丢失素材。

第四个,Avid。

Avid 能够加速和简化基于文件的工作流程,包括在使用高分辨率源素材输出高清内容时进行优化以及自动执行媒体操作。此外,最新版本还支持在 Mac 上使用 Interplay&reg、Sphere,实现了随时随地的实时制作。

很多的外国特效电影制作团队都在用 Avid，它们对这款编辑软件有着高度的认可。国外学校教的也是 Avid，据说适合 Multi-editor 和 Multi-camera 的项目。

以上这 4 款软件，各有各的优缺点，笔者最喜欢的是 Edius，而我们公司的短视频总监就比较喜欢用 PR，因为有时候要与美工协作一些事情，所以为了搭配 PS，她也就得用 PR。

当然，无论这 4 款软件优劣如何，关键还是内容，就如电视剧里面的一些画面一样，简单的几个镜头切换，只要换上一个恰如其分的背景音乐，格调马上就提升了许多。

5.9 学会爆文的几大要领，轻松写出 10 万 + 爆文

每个自媒体人都想写出爆文，因为爆文带来的不仅是收益，还有内心的满足。但爆文真的不容易写出来，笔者也不能时常写出爆文，只能说笔者写出爆文的概率比一般人多一些罢了。

在笔者看来，一篇文章是否会爆，跟它的内容是否与热点搭边有关，也就是话题敏感度，因此素材的选择就是最重要的。比如最近很火的娱乐圈人物、突发事件等，拿这些内容做素材，只要你文案功底还行，那么出爆文的概率就会高一些。这就是话题决定高度，好的话题就像给你加了一个 Buff 一样，自带大批流量。

那么怎样找到好的话题呢？前面也说了到微博热搜、百度风云榜上去找，其实这个基本都被大家知道了，有时候你是抢不到热点的，怎么办呢？再给你两种方法：去知乎、猫扑、天涯上面找热门话题，那么你得到的肯定是与在微博热搜上面的不一样，这三个网站上有许多牛人，他们在上面深入地解析了很多热门话题的某一点，看了之后你才会知道原来这件事是这样的原因；如果这个还不够你用的话，再给你一个地方去找——微博评论，现在一件事为什么会被弄得不明不白，原因就是广大的围观群众非常积极，大家在热门话题下"奋笔疾书"，看谁能把谁说赢。当然，我们做自媒体的也别

去较真，只要有素材就行。

首先好的话题容易引起读者的共鸣，要学会在鸡蛋里挑骨头，同时标题要有创新，要具有一定的争议性和互动性。不能写一些人云亦云的老掉牙的东西，要学会抓住人的阅读心理。

其次就是你的文章所要表达出来的观点。自媒体与传统媒体最大的不同就是带入了许多作者个人的主观色彩，往往都是作者认为对的就行，没有太过在意读者的感受，这也算是为什么这样的人总是写不出爆文的原因之一吧。

没有人喜欢被说教，也没有人喜欢被强加观点，大家喜欢的是你认为的正确跟我认为的正确一样。所以在写文章时，千万不要有这种心态："我说的是对的，并且我也没有强加观点，所以你们就要听我说。"这样会给用户带来一种受摆布的感觉，即使用户可能没生气，但他已经产生心理抗拒了。比如这两个题目：

这就是强者的世界，弱者必将淘汰

这是所有人的世界，只是没有看到一处罢了

可能内容都一样，但大部分用户会点击后者。为什么？社会就是如此，你我都是弱者，只不过谁愿意承认呢？"所有人"三个字会给用户带来认同感，他就会点击进去。再强调一遍，谁都不喜欢被说教。

所以说，观点要新颖，不能守旧，要学会耕新田，不能在一棵树上吊死。标题一定要含有关键词语，内容要切合主题，要有勇气去突破别人，要学会迎合读者。

再次，就是拼速度了。这是什么时代？信息跑得飞快的互联网时代，过去的那种存新闻稿的时期基本不存在了。为什么？等你存着准备第二天改改再发的话，别人早就发出去了。所以，看到热点就要第一时间写出内容，不要磨磨蹭蹭的，笔者就挺佩服今日头条上的一些国际自媒体人，那速度，只要哪个国家有一点什么风声，别说第一时间发出去，就连对方的老底都能给"揭穿"，这种素养值得我们自媒体人学习。

抢占先机才是王道。多写一些当下关注的热点，要学会引导读者去跟着

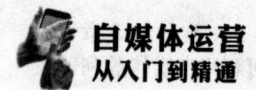

你的思路走才行。不要让读者花费精力去思考你的文章。

最后，信心是必不可少的，不能看着自己创作的内容没有推荐量就心灰意冷了，要知道，你与成功或许只有一墙之隔、一步之遥，要坚持不懈，胜利和成功往往就在前方。

第6章

企业如何抓住自媒体渠道

6.1 移动互联网对传统企业的冲击

移动互联网的到来,给大众生活、工作带来了方方面面的改变,被冠以"新四大发明"的高铁、共享单车、支付宝、网购,有三个与移动互联网有关,可想而知,我们所处的这个时代,没有一个人能够脱离移动互联网而生存下去。

传统企业是最先被冲击的对象。马云曾说:"没有传统的企业,只有传统的思维,传统思维只有一条就是捍卫信息不对称带来的既得利益。"移动互联网的最终目的,就是把所有的信息相连,消除不同行业的隔阂感,并由此改变用户不能掌握信息主动权并冲击一切信息不对等的商业行为。

那么移动互联网到底是怎样冲击了传统企业呢?

1. 凡是一切基于信息不对称的行业都将被互联网打击

比尔·盖茨曾经的一句经典名言是"未来的企业要么电子商务,要么无

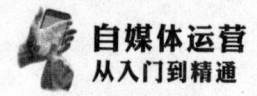

商可务"，这是可以预见的，并且如今的状况正在向这句话靠拢。

因为互联网打破了各类不对称信息的隔阂，使信息变得更加完整、更加透明，其中最大的意义就是用户掌握了信息，可以根据自身喜好来选择喜欢的产品。而原有生态链上的关键角色，如品牌商、分销商和零售商的权力在稀释、在衰退甚至终结，因此与之相关的利益集团的地位正在被动摇，传统的品牌霸权和零售霸权逐渐丧失发号施令的能力，用户可通过自媒体这个信息自由的新领域，巩固和深化这种自主意识。

传统思维的核心是产品，通过大规模生产、大规模推广、大规模销售实现盈利，赚的就是用户人数的优势。但是，在这个个性张扬的时代，随着互联网的普及，信息越来越对称，同质化越来越严重，这样的红利也就越来越少了。同时互联网把传统渠道不必要的环节、损耗效率的环节都拿掉了，让服务商和用户、让生产制造商和用户更加直接地对接在一起。用户的喜好可以快速地通过网络反馈给厂家，这样必然造成所有依赖信息不对称而存在的行业受到前所未有的打击。

2. 一切交易环节终将信息对称化，否则就会被边缘化

随着互联网思维的普及，那些靠中间环节获取利润空间的企业形态将消失；那些靠长尾、闭环效应实现壁垒或垄断的行业将被颠覆；那些强制性中心制的生产与制造方式将被取代；那些通过信息不对称和特殊渠道建立的差异化优势将会消融……取而代之的，是小米的产品理念和去中心化营销、苹果的审美与极致用户体验、安卓的开放，以及特斯拉重新定义汽车产业之卓绝。

信息的对称和零距离的沟通，使得商品交易中各相关利益方都可以自由、瞬时表达自己的价值诉求与价值主张，靠信息的不对称和黑箱运作获取利益的盈利模式及股东价值优先的思维定式被彻底颠覆，取而代之的是以用户价值和人力资本价值优先，相关利益者价值平衡基础上的盈利模式。

3. 靠着信息不对等获取收益的传统企业终将消失

传统企业的发展历程与市场的改变分不开，而传统企业中的霸主之所以能产生，就是因为它们垄断了市场，在市场里面没有能超过它们的对手。所

以在第二次工业革命开始至第三次工业革命开始，企业主们都会拿出一定的收益来维持品牌的打造以及多余市场供应的存货。而通过广告等营销手段来打造品牌，依赖渠道分销商品，不清楚用户确切需求的情况下导致库存增加，就造成了产品在到达用户手中后的成本会变得非常巨大。

而进入互联网时代，信息成本大大缩减，去中介化风潮日盛，渠道开始衰落。如特斯拉通过社会化媒体接触用户，在自有电商销售产品，根据用户预订量分批生产产品，从而实现"零营销费、零渠道费与零库存费"的成本结构，这对于传统厂商来说不可想象。而企业往往把这部分省出来的成本让利给消费者与用户，以后续递延利润的方式获得盈利。

当然传统企业也正在谋求改变，苏宁的线上线下共运营模式就是一个很好的例子，而且还非常成功。这就说明不是传统企业没有动力了，而是固有的模式还未改变；也并不是以产品为核心是错的，而是因为移动互联网时代，大部分用户是在知道你的品牌之后才会去了解你的产品。只要改变一下思维，传统企业就会做出非常好的适合移动互联时代的产品。

6.2 互联网时代下传统企业发展缓慢的原因

金钱豹关门了，湘鄂情不见了，百丽鞋王卖身了，曾经的零售巨头卜蜂莲花巨亏高达 11 亿元……互联网下半场，是什么原因让传统企业的倒闭潮来得如此迅猛？

当年湘鄂情为什么能发展得如此之好，很大的原因就是当时公款宴请很流行，因此它们的店大都开在政府机关单位旁。公款宴请一般都是想要求助于可以提供条件的人买单，这意味着此消费群体不缺钱，也不怕花钱，因为就算肉疼也要出手大方地花。所以在限制"三公"消费出台之前，湘鄂情的营业额一直保持上升趋势。但是限令一出，业绩就直线下滑，巨亏金额高达上亿元，没能成功转型的湘鄂情就此没落。

1. 相对竞争优势变了

传统生产要素是人、钱、物的流动。改革开放以来，在劳动力、土地等生产力要素价格低廉的基础上，中国经济取得了举世瞩目的成就。但随着计划生育政策的长久实行，一定程度导致中国社会劳动力人口锐减，中国正加速进入老龄化社会。正逐渐消失的人口红利，使中国制造发生了一系列的连锁反应，中国制造生产成本攀高，利润空间越来越小，以至于外企有撤出中国的趋势，本土企业也开始向海外转移。

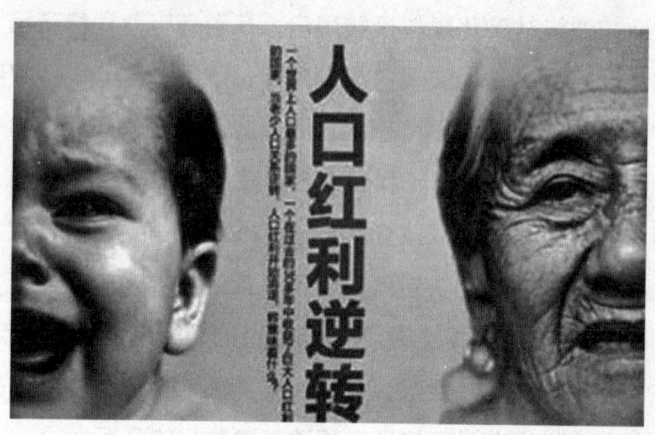

商业要素发生巨变，一方面是原生产要素突变，另一方面是来自移动互联网的冲击。我们看JBAT（京东、百度、阿里、腾讯），它们之间的竞争优势已经不再是人、钱、物，还增加了信息、智慧和社交的流动。所以，新时代，有钱有人有货，你不一定能有发展的机会。倘若你有数据、有云计算分发能力、有社交平台，那么你一定差不到哪去。

2. 消费行为模式变了

移动互联革命仿佛一夜春风来，有的人看到新机会和新希望，而有的人却因为适应换季的动作太慢而遭遇伤寒：积极拥抱互联网的流媒体分众逆市上扬PK掉了迅速衰落的报业、开机率急剧下降的电视等媒体；奈飞干掉了租赁传统零售巨头百事达。

随着手机的全民普及，人们不再像以前那样需要去被动地接收各种信息，而是拿着手机就能知天下事。因此大众

消费模式已经发生了很大的改变，只要在网上动动手搜索一下，许多的结果都会呈现在你的手机屏幕上，这在一定程度上决定了信息的公平性。

对于传统企业而言，因为位置的固定性，导致它的辐射范围就只是以它为中心的一个片区，那么在这个片区以外的人就没有多大的可能接触到它，即使现在物流非常发达，但传统企业的主要受众还是大街上走着的"路人"。

自行车厂倒闭了，共享单车却如火如荼；报纸没人看了，搜狗却上市了；酒店业经营困难，Aribnb 估值超过 300 亿美元。事实上，消费的总量是有增无减的，只是销售渠道和消费行为发生了改变。互联网是工具，更是思维，它不断地改变着人们的生活方式和思维习惯。一切以用户为中心，重新审视市场、用户、产品，搭建全新的企业价值链，成为新时期企业经营的重要课题。

6.3　传统行业面对自媒体的崛起该如何转型

移动互联网已成为我们日常生活中的一部分。

这是一个经济全球化、全球一体化的时代；
这是一个科技腾飞、物质文明价值共享的时代；
这是一个连我们自己都几乎来不及回看、难以去回忆的时代。

对于传统企业来说，移动互联网时代就如一个随时在变化的魔方，创业不再如以前那样需要很长的周期，因此竞争也变得无比地激烈。

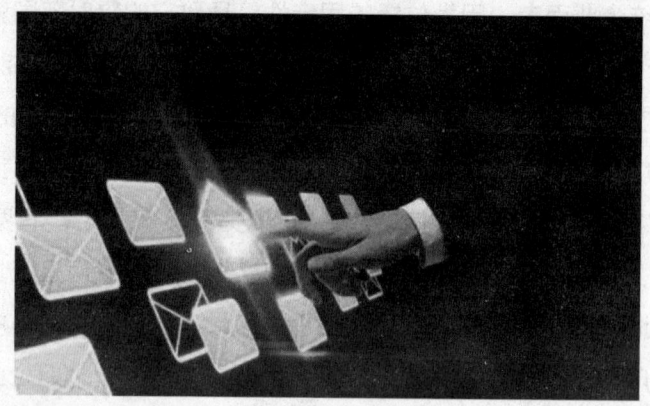

互联网基因的年轻企业对传统产业虎视眈眈，渴望打破传统行业与互联网行业的边界，冲破传统产业的壁垒，成为传统产业的颠覆者。

传统产业的大佬们，带着昔日的成功，眼睁睁地看着移动互联网技术、全新的思维重构以及年轻的新生力量逼近产业的边界、杀入传统企业的市场，才不得不思考如何避免"被颠覆"。

互联网的文化趋于信息自由共享的时候，传统企业的文化却是步步为营，不走偏锋，外部文化需求的变化和企业内部文化的固守格格不入、肃然对立，这样的企业怎么会不走上没落？

第6章 企业如何抓住自媒体渠道

什么是自我颠覆——被自己线上业务干掉总比被别人干掉好吧，被自己的产品更新业务总比被别人的产品替代掉好吧。

所有力挽狂澜光环的背后，殊不知，都是极其惨痛的代价，多是因为未能及时采取措施造成的。

传统企业的"互联网＋自媒体"应该具备一种勇气，叫自我颠覆；传统企业更应该建立一种互联网化的文化，叫不断进化适应。你的企业面对互联网的大趋势，应该像鲨鱼见到血之后的自然反应——具备自我调整的适应力，把变革和创新变成连续性的、组织固有的、渗透到文化的、融进骨髓的能力。

面对自媒体的崛起，传统企业最好能够大胆地、持续地、创新地入驻到自媒体中。

——从战略上的自我颠覆。如果把自媒体当作一样工具，那么自媒体与自媒体之间的区别就来源于内容，如果你的内容更新得快，用户就会有很大的机会接触到你的内容。不要把在传统企业中的慢慢扩大作为主要思想，毕竟自媒体就是这样，你的内容不一定是你的，他的内容也不一定是他的，唯一可以确定的就是谁的优质内容来得快，谁就能被用户记住。

——从思维上的自我颠覆。传统企业最注重的就是规则，任何员工都必须要在规则中工作。而若要入驻到自媒体中，那么企业就得有能与自媒体相搭配的思维，比如不要去限制员工的跳跃思维，高层也要去学习怎样用自媒体布局等。反正想要坐上自媒体这艘快船，那就得从思维上自我颠覆。

——从管理理念上的自我颠覆。新的管理理念中，冒险会得到鼓励，员工可以自由发表意见，创新自下而上地产生，信息传播导致信任成为主要的管理文化。

传统企业也是能搭上自媒体这艘快船的，而且若坐得稳的话，还能比大部分自媒体人走得更远，只要能放下传统企业的固有思维束缚，那变局就已经开始了。

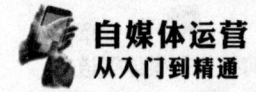

6.4 传统企业运用自媒体借势营销方法

借势营销,这个已经被当下人玩得不亦乐乎的四个字,非常适合传统企业拿来推广自己的产品,提升品牌知名度。尤其在自媒体中穿插了借势营销之后,其方式就变得越来越多样化,其影响范围也变得越来越广。

传统企业运用自媒体来借势营销,是将销售的目的隐藏于营销活动之中,将产品的推广融入一个用户自己寻找结果的环境里,使用户在这个环境中了解产品并接受产品的营销手段。

借势营销,最重要的就是前两个字——借势,借天时地利人和,反正只要有势的地方,你就能借到。就如打太极一样,自己没有打出很大的力量,但别人却能感受到力量,这就是借力打力。

借势其实有很多点都可以互相衔接,比如说在我们朋友圈有各种各样的热点,有娱乐圈的分分合合,有社会热点,有突发性的事件,还有国庆节、圣诞节、元旦这样的节日,在这些精彩纷呈的热点当中,总会有企业去巧妙地进行借势。

这就是一个企业必须具备的公关能力。公关直接影响企业的品牌在用户心中的形象,最终会影响品牌的销量。这方面做得最好的就是杜蕾斯了,只要看到有借势的地方,他们都会去插一脚。比如2012年伦敦奥运会上,飞人刘翔摔倒的消息爆出之后,杜蕾斯就第一时间发布了"最快的男人并不是最好的,坚持到底才是真正强大的男人!"一来鼓励刘翔不要泄气、坚持到底,二来暗指用杜蕾斯可以延时。此条微博一发出去就引来大量的点赞与评论,对于杜蕾斯的品牌形象传播效果可想而知。杜蕾斯像是借势营销的鼻祖一样,树立了一个标杆性的楷模形象。

借势营销就是如此强大,有时只需要一句话就能得到很好的效果。

然后你就得准备开始行动了,下面就从自媒体的角度,来告诉大家怎样借势。

1. 借节日喜庆之势

任何企业都知道逢年过节时容易把产品卖出去,而再经过自媒体这样一个扩大宣传度的风口之后,节日已经变成了各企业争相售卖产品的时间,并且这些节日的风靡除了迎合大众心理,更在于商家及强势品牌的持续炒作助推。

2. 借新闻热点之势

杜蕾斯就是最好的参考案例。杜蕾斯每天紧跟热点借势的效果是什么呢?就是把品牌的情怀、能量一遍又一遍地传达给潜在用户,一遍又一遍地增强已有用户的选择。方法也很简单,一张紧跟产品的图片以及一句内含双关的语句。

3. 借竞争产品之势

一种产品相对于竞争产品,会在很多方面产生优势:价格、性能、品种、包装、促销等。

这从手机厂商之间的竞争中就能看出来。比如小米与华为在微博、头条上的你拆我墙、我掀你瓦的"互黑",以及国产品牌面对苹果发售时的合力"讽刺",反正只要能突出自家产品的优势,就大力地宣传,其中还夹带着对同行产品的微微一黑。

4. 借跨界产品之势

跨界营销也是借势营销中的一种,让原本毫不相干的元素,相互渗透、相互融合,从而给品牌一种立体感和纵深感。

6.5 自媒体对新兴企业的潜在优势

随着商业模式的升级，地域之间的隔阂渐渐被取代，企业数量也变得多如繁星。但其发展规模非常不平衡，如果拿金字塔来比喻当前的企业，那在顶端的是少数，中层及低端根本就没有挑战顶端的能力，更多的则是依附于顶端。而低端才是企业金字塔的构成基础，这个群体中，大部分是新兴企业。

新兴企业的特点就是初期规模小，在找到一个利润非常高的点之后就切进去，但在成长之后不知道接下来该怎么办，不能很好地布置发展战略。

这些特点并不一定指的是新兴企业的缺点，一个公司，如果找不着自己的缺点，那么就很难完善自己的优点，这就是为什么新兴企业的干劲非常强，对任何新事物都采取学习并包纳的态度。比如自媒体，新兴企业学习并使用自媒体的时间跨度比传统企业快了不止一步，这也就是为什么我们现在谈到的成功企业自媒体基本上都是出自新兴企业之手。

那么到底有哪些潜在优势在吸引着新兴企业抱着如此大的热情踏入自媒体领域呢？

1. 推广成本

企业之间的竞争除了产品的质量优劣以外，还有品牌的推广能力。大型企业的推广完全是靠钱砸出来的，比如某部手机的发售，就请来了一二十个明星，这种大手笔，不是一般企业能做到的，这也就是为什么某些企业为了推广自家的品牌，即使负债也要把推广做到最好，反正就是一次赌，成功了就继续发展，失败了就跑路狂逃。而新兴企业呢，有句调侃它们的话：起步小，走得好，成功之后也能跳，英雄不问出处，谁家孩子不是枣。大致的意思就是在说新兴企业资金不足，不能大手笔进行品牌推广，也不能赔上全部家产去进行品牌推广，那就最好用自媒体了。

自媒体给新兴企业带来的第一个优势就是推广成本的降低。不需要去请大牌来给你捧场，也不需要你拿着大量的钱去推广告，这里只需要你拿出好的内容，吸引无数的粉丝。别忘了，推广品牌的目的就是呈现给用户，然后让用户认可你的品牌，继而购买你的产品。

而自媒体是直接与用户挂钩的，这也就是为什么自媒体能越来越被大众所接受的原因，因为它给了用户自主选择信息的权限，不再如以前那样，任何信息都是被动接受的。新兴企业在自媒体中推广，就等于是省去了中间无数次的转化环节，直接与用户"对话"，喜欢你的就会留下来，不喜欢你的就会离开，再也不用像某些大型企业那样强行地把信息映入用户的眼中，带来的不是正视就是漠视，反正效果真的不怎么样。

2. 赋予形象

每一个企业都会在企业形象上花足工夫，如果在形象上出了一丁点儿差错的话，其后果是不堪设想的，比如人人影视、快播、HTC等，它们的倒闭原因要么是对权益保护意识不够强，要么就是对自身品牌不够专注，总结起来就是在自身形象上没有下足功夫。

新兴企业最有利的一点就是因为新，所以用户对它没有太大的关注，这

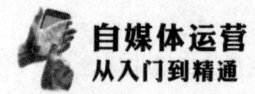

时就是新兴企业塑造形象的最好时刻,而且还是直接和用户"交流",这样在给企业塑造形象时可以随时优化。其实很多企业都涉猎到了一些自媒体的东西,比如公众号,但基本上它们拿来就是为了当作一个在线的通知栏,什么通知、广告,全部通过公众号发送出去,没有任何的色彩和情感在里面。真正做得好的企业会把公众号赋予人格形象,让用户感觉有温度有色彩,让用户打开公众号时就能感觉到在和一个客服小妹说话。一般公司都会把产品拟人化、形象化,文章的内容也应该把官话套话转换为接地气的话语,让用户和公司的距离更进一步。

3. 拉近与用户的距离,即时成交

之前我们查询信息都会打开电脑,输入网址,在官网上查询信息,可是现在是移动互联网时代,人们更多使用的是手机端,要随时随地查询自己需要的信息,所以一个自媒体对于拉近与用户的距离显得非常重要。人们可以在公众号上随时随地查询到信息,也可以随时随地和公众号的后台小妹沟通解决问题,实现了客服的功能。把公司产品的信息及时地推送到公众号里,时效性大为增强。

新兴企业踏入自媒体中,绝对是一个不错的选择。自媒体也没有兴起多少年,还没有建立起完整的产业链,别忘了自媒体也是一个潜力非常大的行业,如果新兴企业做得好,还能把自媒体转化成企业的一个项目板块,给企业带来额外的收入。

6.6 新兴企业利用自媒体快速发展的途径

上一节主要谈到了自媒体给新兴企业带来的潜在优势,这一节就主要谈新兴企业怎样利用自媒体快速发展。

企业与用户,两者在过去的关系就是买家与卖家的关系,基本就是我生产东西,你买就行了。而到了移动互联网时代,两者的关系还增加了"被告"与"原告"的关系,也就是说在企业销售产品时,还得防止用户因为对产品的不满意而损坏企业形象。为了使两者的冲突点减至最低,企业就得找方法来更多地听取用户的心声，然后再做出令用户满意的产品，这就是以人为本。

这样的思维也要用到自媒体中去，因为企业做自媒体的目的就是塑造形象，那么企业就得把人群给定位出来，而不是一味地以自我为中心，发布出去的全部是与用户不协调的内容。这样做的后果虽不会导致失败，但肯定会增加各种成本。比如你是专门卖手机膜的，那么你就应该去把内容重心放在屏幕保护上。

对用户提供有价值的内容。内容是否有价值，用户一眼就能看出来，有价值，用户才会成为粉丝；无价值，用户扫一眼就走。做自媒体的目的就是把粉丝集中在一个圈子里，然后等时机成熟之时，再提供更加吸引粉丝的内容，比如专给粉丝提供的有奖竞答、手气转转盘等。大家可以参考小米，其官方 App、公众号、微博都做得非常好，这也是为什么只有它家连手机系统都能搞出一个粉丝级别，其他手机厂商基本都是更新系统时会全部推送出去。

说人话，既然你的媒体是以人为中心，不是以企业为中心，不是以内容为中心。那么对人肯定是要说人话。不要再在官方自媒体上简单贴新闻稿了，不要再以一个冷冰冰的机构口吻说话了。要人格化，先梳理你品牌的性格关键词，然后用具有这样性格的人的口吻说话。

借势热点。借势比造势容易，用小成本博来大关注。企业官方自媒体就要做到很强的灵活性和很快的反应速度，面对热点，结合自己企业的传播信息，快速反应。相信只要是给企业做自媒体推广的人，都应该知道软文届鼎鼎大名的"一柱擎天"——杜蕾斯，它们的文案做得非常好。下面给大家列举三个它们的精彩文案：

- 十年如一日（苹果 X）
- 我们，永远，永远，永远……（李晨和范冰冰）
- 角度不同，大有不同（微信换图）

看吧，可能只是几个字，就能把自家品牌的特性和当下热点结合起来，既蹭到了热点，又娱乐了用户，多么好的方法。

当然，新兴企业在做自媒体时也不要忘记和其他自媒体互动，一个好汉

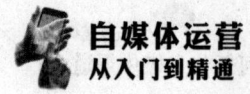

三个帮,当你在首发某款产品时,如果有其他自媒体给你推的话,无形中就是在给你打造矩阵,有朋友帮忙肯定是好的。

上面所有的思维结合起来就是在给企业打造矩阵,无论是多平台发布,还是多渠道推广,最终的目的还是获取粉丝,只要企业以这个目的为导向,相信还会有更多的途径来增加粉丝。